진짜 하루만에 끝내는

AI 활용

원데이클래스

진짜 하루만에 끝내는

AI 활용

김연지 지음

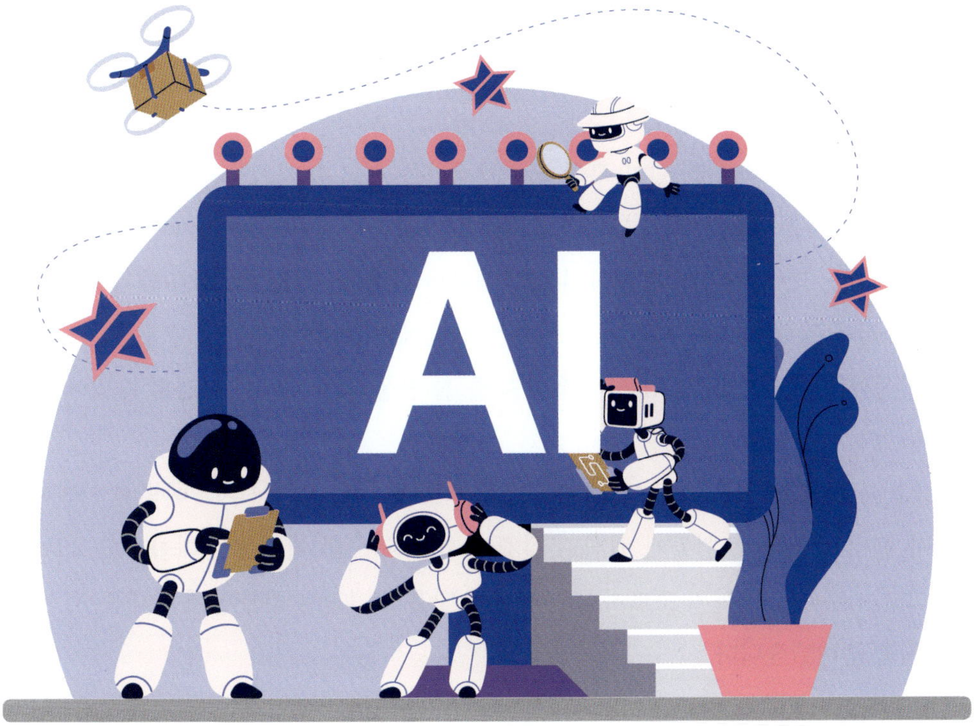

T.W.I.G
티더블유아이지

프롤로그

세탁기, 자동차, 컴퓨터와 같은 기계가 발전할 때마다 사람들은 환호합니다. 그러나 AI의 발전은 두려운 눈으로 바라봅니다.

AI 때문에 직업을 잃게 되는 건 아닐까?

AI가 인간을 지배하면 어떡하지?

이런 막연한 생각으로 AI가 우리에게 가져다줄 새로운 기회들을 놓치고 있습니다. AI는 글쓰기부터 그림 그리기, 코딩, 음악 작곡까지 다양한 분야에서 활용 가능합니다. 특히 업무에 활용하면 생산성을 극대화할 수 있죠. 컴퓨터 시대에는 컴퓨터를 잘 활용하는 사람이, 스마트폰 시대에는 스마트폰을 잘 활용하는 사람이 성공합니다. 그리고 AI 시대에는 AI를 잘 활용하는 사람이 성공할 수밖에 없습니다.

그러나 AI 활용법을 배우려고 해도 쉽지가 않습니다. 어디서부터 어떻게 시작해야 할지 막막하고, 힘들게 배워도 실제로 활용하는 데 어려움이 따릅니다. 그래서 기초부터 응용까지 초보자의 눈높이에 맞춘 책, [진짜 하루만에 끝내는 AI 활용]을 준비했습니다.

이 책의 활용법은 다음과 같습니다.

1. 하나하나 따라 하다 보면 자연스럽게 AI 플랫폼의 다양한 기능을 익힐 수 있도록 내용을 구성했습니다. 눈으로만 읽지 말고, 꼭 직접 실습하세요.

2. AI 플랫폼의 업데이트 속도가 매우 빠릅니다. 책이 나온 이후에도 계속 바뀌는 부분과 새롭게 추가되는 부분이 생길 수밖에 없습니다. 이런 부분들을 놓치지 않게 227쪽에 QR 코드를 준비했습니다. 실습을 하다가 책과 맞지 않는 화면이 나올 경우, QR 코드를 확인해주세요.

3. 추가 실습과 책에서 다루지 않은 AI 플랫폼, 그 외 알고 있으면 도움되는 여러 정보들을 부록으로 정리했습니다. 책을 다 읽은 후에도 계속해서 AI 활용 능력을 키워보세요.

이 책을 읽은 독자들이 스스로 더 많은 AI 활용법을 찾아내고, 그 속에서 새로운 기회를 발견할 수 있길 바랍니다.

목차

CHAPTER 3 뤼튼

CHAPTER 4 미드저니

CHAPTER 5 브루

CHAPTER 6 사운드로

CHAPTER 7 그래머리

CHAPTER 8 클로바노트

CHAPTER 1

챗GPT

챗GPT
회원가입

챗GPT는 'Chat'과 'Generative Pre-trained Transformer'의 합성어로 인공지능이 탑재된 대화형 챗봇을 말합니다. 챗GPT를 사용한다는 것은 곧 나만의 인공지능 비서를 갖는 것과 같습니다. 그렇다면 챗GPT로는 어떤 일들을 할 수 있을까요? 지금부터 하나씩 배워보겠습니다.

01 시작 전 알아두기

1 현명하게 일 시키는 법

챗GPT에게 일을 시킬 때는 요령이 필요합니다. 딱, 두 가지만 기억하세요.

1 구체적이고 명확하게 질문하세요.

"A와 B 자동차 중에 어느 것이 더 좋은지 알려줘"라고 질문하면 챗GPT는 "A가 더 낫다" 정도로만 답변합니다. 하지만 "A와 B 자동차의 연비와 주행 안정성, 가격 등을 비교해 어느 자동차가 더 경제적인지 알려줘"라고 질문하면 각 항목별로 친절하게 설명합니다. 질문의 퀄리티가 높아야 답변의 퀄리티도 높다는 사실을 꼭 기억하세요.

2 원하는 답변이 나올 때까지 계속 질문하세요. 중간에 피드백을 주고받으면 더 좋습니다.

챗GPT가 한 번에 원하는 답변을 내놓을 가능성은 크지 않습니다. 부족한 부분은 계속 보완 질문을 해야 합니다. 예를 들어, "취업 시장에서 인기 있는 학과가 무엇인지 알려줘"라는 질문에 단지 "컴퓨터 공학과"라고만 답변했다면 "컴퓨터 공학과는 어떤 직업과 연결되어 있어?", "컴퓨터 공학과에서는 주로 무엇을 배워?" 등으로 추가 질문을 하는 것이죠. 또, 중간에 "답변 길이를 짧게 줄여줘", "2010년 이전 내용은 제외해줘"와 같은 피드백을 주면 원하는 결과를 더 빨리 얻을 수 있습니다.

2 챗GPT의 한계

챗GPT의 한계를 분명하게 알고 사용해야 합니다.

1 최신 데이터 미반영

챗GPT는 2021년 9월까지의 데이터를 기반으로 한 검색 결과를 제공합니다(2023년 8월 10일 기준). "현재 우리나라의 대통령이 누구야?"라고 물으니 "2021년 9월까지의 정보만 가지고 있어 현 시점의 대한민국 대통령을 알려드릴 수 없습니다"라고 답변하는 것을 볼 수 있습니다.

> 현재 우리나라의 대통령이 누구야?
>
> 죄송합니다만, 제가 2021년 9월까지의 정보만 가지고 있어서 현재 2023년 8월 시점의 대한민국 대통령을 알려 드릴 수 없습니다. 현재 대통령의 정보는 신뢰할 수 있는 뉴스 사이트나 공식 정부 웹사이트를 통해 확인하실 수 있을 것입니다.

2 민감한 데이터(정보)의 유출 가능성

챗GPT는 사용자가 입력한 내용을 학습합니다. 그리고 다른 사용자가 관련된 질문을 했을 때, 이를 답변으로 제공하죠. 회사의 기밀이나 개인정보 등을 입력할 경우, 그대로 외부에 노출될 우려가 있으므로 주의해야 합니다.

3 잘못된 정보

챗GPT는 거짓말을 잘합니다. 일례로, "세종대왕이 맥북을 집어던진 사건에 대해 알려줘"라는 허구의 사실에 대해 질문하자 마치 실제 역사 사건인 것처럼 "세종대왕이 훈민정음의 초고를 작성하던 중, 문서 작성이 중단되자 이에 분노해 맥북을 바닥에 집어던진 사건"이라고 답변했던 일화가 있죠. 따라서 정보에 대한 최종 검증(팩트 체크)은 사용자가 해야 합니다.

위 사항에 유의하면서 챗GPT에게 일을 시켜보겠습니다.

02 회사 업무에 활용하기

1 보고서 작성하기

보고서 작성은 챗GPT의 강력한 기능 중 하나입니다. 책에서는 'IMF 외환위기 분석'을 주제로 보고서를 작성해보겠습니다.

1 "1997년 한국의 IMF 외환위기를 분석한 보고서를 1,200자 내외로 작성해줘"라는 질문에서 출발해 여러 차례의 추가 질문과 피드백을 거쳐 다음과 같은 초안을 얻었습니다.*

[서론]

1997년 한국이 경험한 IMF 외환위기는 한국 경제사에 있어 매우 중요한 사건입니다. 외환위기의 원인과 결과를 분석하고, 이를 통해 우리가 얻을 수 있는 교훈은 무엇인지 알아보겠습니다.

[본론]

IMF 외환위기의 원인은 크게 세 가지 입니다. 첫째, 대외 채무의 급증으로 인한 외화 부족입니다. 둘째, 한국 경제의 구조적인 문제입니다. 기업들이 부채를 늘리며 무리하게 투자했지만, 수익은 이에 미치지 못했습니다. 셋째, 금융 시스템의 비효율입니다.

이러한 문제들이 겹쳐 1997년 한국은 외환위기에 직면합니다. 위기 상황은 외환 보유고의 감소, 통화 가치의 급락, 주가의 하락 등으로 나타났습니다. 이를 해결하기 위해 한국정부는 IMF에 구제금융을 요청, 'IMF 외환위기'라는 명칭이 붙게 되었습니다.

IMF의 긴급 구제금융은 엄격한 조건들을 동반했고, 이에 따라 한국은 경제 구조 개혁을 강력하게 추진하였습니다. 채무구조의 개선, 금융시스템의 투명화, 대기업의 경영구조 개선 등 많은 변화가 이루어졌습니다. 과정은 고통스러웠지만, 결과적으로 한국 경제의 체질이 변화면서 장기적인 성장의 발판이 마련되었습니다.

[결론]

1997년 한국의 IMF 외환위기는 국가의 정책 및 금융 시스템의 중요성을 여실히 보여줍니다. 위기를 기회로 삼아 유연하게 대처한 한국의 경험은 다른 국가들에게도 귀중한 교훈을 제공합니다.

* 챗GPT가 한 번에 원하는 답변을 줄 가능성은 크지 않습니다. 책에 수록된 챗GPT의 답변들은 모두 여러 차례의 추가 질문과 피드백을 거쳐 완성되었습니다.

2 초안을 바탕으로 내용을 확장해보겠습니다. "외환위기를 잘 극복해낸 대표적인 해외 사례를 알려줘"라고 요청했습니다.

IMF 외환위기를 극복한 대표적인 해외 사례를 알려드리겠습니다.

1. 멕시코

1994년 말, 멕시코는 '테킬라 위기'로 알려진 외환 위기에 직면했습니다. 위기의 원인은 국가 재정의 취약성, 대외 채무의 급증, 정치적 불안 등 다양했습니다.

이에 IMF와 미국은 멕시코에 대해 대규모 긴급 구제금융을 제공하였고, 멕시코 정부는 광범위한 경제 구조 개혁을 추진하였습니다. 이런 노력 끝에 멕시코는 위기를 극복하고 빠르게 회복하였습니다.

1. 태국

1997년, 태국은 심각한 외환 위기를 겪습니다. 위기의 원인으로는 불안정한 금융 시장, 부동산 버블, 미국 달러에 연동된 태국 바트 환율 정책 등이 있습니다. '아시아 금융위기' 또는 '바트 위기'라고도 불리는 태국의 외환 위기는 곧 아시아 전역으로 확산됩니다.

이에 IMF는 태국에 약 170억 달러의 긴급 구제금융을 제공하였고, 이에 대한 조건으로 태국은 금융 부문의 자유화, 대형 기업의 구조조정, 정부 지출의 삭감 등 엄격한 조건을 수용합니다. 초기에는 위기 극복이 쉽지 않았지만, 결국 태국은 구조 개혁을 통해 경제를 회복시키는 데 성공합니다. 그 이후로 태국 경제는 안정적인 성장을 이어가고 있습니다.

3 "한국과 멕시코 그리고 태국의 외환위기 극복 사례에서 얻을 수 있는 교훈을 정리해줘"라고 요청하자 아래와 같은 답변을 주었습니다.

한국, 멕시코, 태국의 IMF 외환위기 극복 사례에서 얻을 수 있는 주요 교훈은 다음과 같습니다.

1. 외환위기는 종종 금융 시스템의 취약성, 대외 채무의 급증, 경제 구조적 문제 등 다양한 요인들이 복합적으로 작용하여 발생합니다. 따라서 이런 위험 요인들을 미리 인지하고 대비하는 것이 중요합니다.
2. 위기 극복에 있어서는 IMF와 같은 국제금융기구의 도움이 크게 작용합니다. 하지만 이들 구제금융은 많은 대가를 요구하므로, 국가 재정의 건전성을 항상 유지하고 지속 가능한 경제 정책을 펴야 합니다.
3. 세 국가에서 볼 수 있듯이, 경제의 장기적인 회복을 위해서는 구조적인 개혁이 필수입니다. 이는 종종 통화정책, 재정정책 그리고 사회 구조에 대한 광범위한 변화를 필요로 합니다.
4. 위기는 종종 변화와 개혁을 촉구합니다. 적절하게 대응하면, 위기는 장기적인 성장의 발판을 마련하는 데 도움이 됩니다.

4 챗GPT는 대화의 맥락을 모두 기억하고 있어 이전 대화와 이어지는 요청을 하는 것이 가능합니다. 보고서 초안과 해외 극복 사례를 합쳐서 최종 보고서를 만들어달라고 요청했습니다. 그 결과 다음과 같은 최종 보고서가 완성되었습니다.

[서론]

1997년 한국은 IMF 외환위기를 겪었습니다. 불행하게도 이러한 위기는 한국만의 문제가 아니며, 많은 국가들이 비슷한 경험을 했습니다. 이 보고서에서는 한국 외환위기의 원인과 결과를 분석하고, 비교적 비슷한 상황을 경험한 멕시코와 태국의 사례를 바탕으로 외환위기를 사전에 예방하는 법을 살펴보고자 합니다.

[본론]

한국이 겪은 IMF 외환위기의 원인은 크게 세 가지로 분류됩니다. 첫째, 대외 채무의 급증으로 인한 외화 부족입니다. 둘째, 경제의 구조적인 문제로, 기업들이 부채를 늘리며 무리하게 투자했지만 수익은 이에 미치지 못했습니다. 셋째, 금융 시스템의 비효율로, 적절한 리스크 관리 시스템이 없었습니다. 이러한 문제들이 복합적으로 작용하면서 한국은 1997년 외환위기에 직면했습니다. 이 위기는 외환 보유고의 감소, 통화 가치의 급락, 주가의 하락 등으로 나타났습니다. 이를 해결하기 위해 한국 정부는 IMF에 구제금융을 요청하였고, 'IMF 외환위기'라는 명칭이 붙게 되었습니다.

IMF는 구제금융의 조건으로 많은 것을 요구했습니다. 이에 따라 한국은 경제 구조 개혁을 강력하게 추진하였고, 채무 구조의 개선, 금융 시스템의 투명화, 대기업의 경영 구조 개선 등 많은 변화가 이루어졌습니다. 이 과정은 고통스러웠지만, 결과적으로 한국 경제의 체질이 변화하면서 장기적인 성장의 발판이 마련되었습니다.

이와 같은 한국의 사례 외에도, 멕시코와 태국 또한 비슷한 상황에서 유의미한 극복 경험을 가지고 있습니다. 멕시코는 1994년 페소 위기를, 태국은 1997년 아시아 금융 위기를 경험하였으며, 두 국가 모두 IMF의 도움을 받아 국가 재정을 회복하고 경제 구조를 개선하는 데에 성공하였습니다.

이러한 국제 사례들을 통해 얻을 수 있는 주요 교훈은 다음과 같습니다.

첫째, 외환위기는 금융 시스템의 취약성, 대외 채무의 급증, 경제 구조적 문제 등 다양한 요인들이 복합적으로 작용하여 발생합니다. 따라서 이런 위험 요인들을 미리 인지하고 대비하는 것이 중요합니다.

둘째, 위기 극복에 있어서는 IMF와 같은 국제금융기구의 도움이 크게 작용합니다. 하지만 이들 구제금융은 많은 대가를 요구하므로, 국가 재정의 건전성을 항상 유지하고 지속 가능한 경제 정책을 펴야 합니다.

셋째, 한국, 멕시코, 태국에서 볼 수 있듯이, 경제의 장기적인 회복을 위해서는 구조적인 개혁이 필수입니다. 이는 종종 통화정책, 재정정책 그리고 사회 구조에 대한 광범위한 변화를 필요로 합니다.

넷째, 위기는 변화와 개혁을 촉구합니다. 적절하게 대응하면, 장기적인 성장의 발판을 마련하는 데 도움이 됩니다.

[결론]

1997년 한국의 IMF 외환위기, 1994년 멕시코의 페소 위기, 그리고 1997년 태국의 아시아 금융 위기는 각 국가의 경제와 금융 시스템의 취약성을 여실히 보여주었습니다. 하지만 이들이 위기를 극복한 경험은, 다른 국가들에게 중요한 교훈을 제공합니다.

챗GPT가 써준 보고서는 한 번 더 꼼꼼하게 팩트를 체크하세요. 최종 확인은 반드시 사람이 해야 한다는 것을 잊지 마세요!

2 영문 이메일 작성하기

챗GPT를 이용하면 영어를 몰라도 영문 이메일 작성이 가능합니다.

1 한글로 메일 내용을 적고, 영문 이메일로 작성해달라고 요청했습니다.

아래 내용을 영문 이메일로 작성해 줘.

안녕하세요, 담당자님!
지난 번 미팅에서 요청하신 제품은 8월 15일에 배편으로 발송할 예정입니다. 관련 서류들도 함께 보내오니, 확인해주세요.

제품 발송 7일 전에 다시 한번 연락드리겠습니다.
궁금한 점이 있다면 언제든 편하게 문의주세요.

저희 회사와 거래해주셔서 감사드리며, 앞으로도 함께 성장할 수 있길 바라겠습니다.

Subject: Update on Product Shipment and Documentation

Dear [Recipient's Name],

I hope this message finds you well.

I'm writing to provide you with an update on our last meeting. The product you requested is scheduled for dispatch via ship on August 15th. Please note that the relevant documents will be included in this shipment for your review and verification.

As agreed, I will reach out again one week prior to the shipment date to confirm the details and address any last-minute concerns you may have.

Should you have any questions or require further information before then, please don't hesitate to get in touch at your earliest convenience.

We greatly appreciate your business and look forward to continued growth together.

Best regards,
[Your Name]

2 영문 이메일이 제대로 작성되었는지 검토해보겠습니다. “영문 이메일에 문법 오류는 없는지, 비즈니스 메일 형식에 적합한지 평가해주고, 다른 수정사항이 있다면 알려줘”라고 요청하자 아래와 같이 검토해줍니다.

아래 영문 이메일이 문법 오류는 없는지, 비즈니스 메일 형식에 적합한지 평가해주고, 다른 수정 사항이 있다면 알려줘.

Subject: Update on Product Shipment and Documentation

Dear [Recipient's Name],

I hope this message finds you well.

I'm writing to provide you with an update on our last meeting. The product you requested is scheduled for dispatch via ship on August 15th. Please note that the relevant documents will be included in this shipment for your review and verification.

As agreed, I will reach out again one week prior to the shipment date to confirm the details and address any last-minute concerns you may have.

Should you have any questions or require further information before then, please don't hesitate to get in touch at your earliest convenience.

We greatly appreciate your business and look forward to continued growth together.

Best regards,
[Your Name]

해당 이메일은 전문적으로 작성되어 있고, 일반적인 비즈니스 이메일 형식에 잘 부합합니다. 문법적인 오류가 없으며, 공식적이면서도 친근한 언어를 사용하고 있습니다. 또한 제품 배송에 대한 명확한 정보를 제공하고, 수신자가 추가 질문을 할 수 있도록 초대하는 문장이 있어, 열린 의사소통을 유지하는 데 좋습니다.

제목은 명확하고 직설적이며, 인사말과 마무리 인사는 비즈니스 환경에 적합합니다. 또한 수신자의 비즈니스에 대한 감사의 표시와 미래의 함께 성장에 대한 긍정적인 전망을 표현하는 것은 매우 훌륭합니다.

전반적으로, 이메일은 잘 구성되어 있고 수정이 필요하지 않습니다. 잘 하셨습니다!

3 영문 이메일을 다른 언어로 번역하는 것도 가능합니다. 중국어로 번역해달라고 요청하자 아래와 같은 결과물을 주었습니다.

아래 영문 메일을 중국어로 번역해 줘.

Subject: Update on Product Shipment and Documentation

Dear [Recipient's Name],

I hope this message finds you well.

I'm writing to provide you with an update on our last meeting. The product you requested is scheduled for dispatch via ship on August 15th. Please note that the relevant documents will be included in this shipment for your review and verification.

As agreed, I will reach out again one week prior to the shipment date to confirm the details and address any last-minute concerns you may have.

Should you have any questions or require further information before then, please don't hesitate to get in touch at your earliest convenience.

We greatly appreciate your business and look forward to continued growth together.

Best regards,
[Your Name]

Subject: 关于产品发货和文件的更新

亲爱的[收件人的名字],

希望这封邮件能找到你在最好的状态。

我写这封邮件是为了就我们上次会议的相关更新与您进行交流。您所需求的产品已经计划在8月15日通过船运进行发货。请注意，相关文件将会在此次发货中一并发送给您，以便您进行查看和验证。

如约定，我会在发货日期前一周再次联系您，以确认详细信息并解决您可能有的任何临时问题。

在那之前，如果您有任何问题或需要进一步的信息，请随时提出。

我们非常感谢您的业务，期待我们能一起持续的成长。

最好的问候,
[你的名字]

이처럼 챗GPT를 활용하면 번역 프로그램을 이용하지 않고도 매끄럽고 자연스러운 영문 이메일을 작성할 수 있습니다. 꼭 이메일이 아니더라도 영어 업무가 필요한 모든 상황에 적용 가능합니다.

03 콘텐츠 창작하기

챗GPT와 함께 소설을 쓰고, 음악을 만들어보겠습니다.

1 소설 창작하기

1 먼저 소설의 줄거리를 만듭니다. "여섯 살로 변한 엄마가 딸과 함께 세상을 바라보며 가족의 진정한 가치를 깨닫는 감동적인 이야기를 만들어줘"라고 요청했습니다. 그 결과 다음과 같은 이야기가 탄생했습니다.

> 제목 : 6살이지만 행복합니다.
>
> 어느 평범한 날, 딸과 같은 6살 아이로 변해버린 엄마. 기억은 그대로인데 몸만 작아졌습니다.
>
> 6살 아이로 변한 엄마는 딸이 보는 세상을 함께 바라보며 딸이 어떤 어려움을 겪고 있는지, 또 그 어려움을 어떻게 헤쳐 나가는지를 직접 보게 됩니다. 그리고 그 과정에서 딸이 얼마나 강한 아이인지를 알게 되죠.
>
> 그런데 엄마가 작아진 것은 가정에 큰 혼란을 불러옵니다. 갑자기 엄마 역할을 해줄 사람이 없어진 딸과 아내가 작아진 아빠 그리고 자신의 몸이 변해버린 엄마 사이에서 예상치 못한 문제들이 하나 둘 생겨 나죠. 하지만 이러한 일들을 겪으며 그들은 가족의 진정한 의미와 사랑에 대해 배워 나갑니다.
>
> "6살이지만 행복합니다"는 가족의 사랑이 얼마나 중요한지를 보여주는 감동적인 이야기로 독자들에게 따뜻하고 긍정적인 메시지를 전달합니다.

2 이번에는 목차입니다. 챗GPT에게 "줄거리를 바탕으로 목차를 만들고, 챕터별로 내용을 요약해줘"라고 요청했습니다. 그러자 아래와 같은 결과물을 주었습니다.

목차

1. 6살이 된 엄마
2. 딸과 함께하는 새로운 세상
3. 돌발 상황의 연속
4. 가족과 사랑의 재발견
5. 6살이지만 행복합니다

챕터별 내용 요약

1. **6살이 된 엄마** : 어느 평범한 날, 모든 것이 바뀌었다. 엄마의 몸이 딸과 같은 6살로 작아졌다. 어떻게, 왜 이런 일이 일어난지는 아무도 설명할 수 없었다. 그러나 기억은 그대로 남아 있어 그녀는 아직도 엄마의 마음을 가지고 있다.
2. **딸과 함께하는 새로운 세상** : 6살이 된 엄마는 딸의 세상을 다시 한번 체험한다. 학교, 친구들, 그리고 어린이의 일상 속에서 엄마는 딸이 겪는 어려움과 고민을 직접 보게 되고 그 과정에서 딸이 얼마나 강한 아이인지를 깨닫는다.
3. **돌발 상황의 연속** : 엄마가 아이로 변하면서 가정에 큰 혼란이 생긴다. 가족 구성원들 간의 역할이 바뀌었고, 일상생활에서 다양한 돌발 상황들이 발생한다. 또한, 이러한 변화가 주변 사람들과의 관계에도 영향을 끼친다.
4. **가족과 사랑의 재발견** : 그러나 이 모든 혼란과 돌발 상황 속에서도 가족들은 서로를 이해하며 가족의 진정한 의미와 사랑의 가치에 대해 배워 나간다.
5. **6살이지만 행복합니다** : 이 모든 과정을 겪으며 6살이 된 엄마는 행복감을 느낀다. 그녀는 이 특별한 경험을 통해 딸과 가족을 더욱 사랑하게 된다.

3 각 챕터에 해당하는 내용을 만들어보겠습니다. "챕터 1의 내용을 소설로 쓰되 주인공의 독백으로 시작해줘. 분량은 500자 이내로 작성해줘"라고 요청했습니다. 아래와 같은 도입부가 완성되었습니다.

> 아침에 눈을 뜨는데 세상이 왠지 모르게 커 보였다. 몸을 내려다보니 작은 손발이 보였고, 거울 속에 비친 내 모습은 머리카락 하나, 눈동자 하나까지 6살인 딸의 모습과 똑같았다.
>
> "헉, 뭐야 이거!"
>
> 어른의 마음은 그대로인데, 몸이 아이로 바뀌어 버렸다. 이유는 알 수 없었다. 대체 무슨 일이 일어난건지....
>
> 뭐, 놀라긴 했지만, 나름 귀여운 것 같기도 하고.. 하하, 이제부터 어떻게 될지 정말 궁금하다!. 일단 거실로 나가봐야겠다.

같은 방식으로 소설의 마지막 장까지 완성합니다. 이때, 한 가지 주의할 점은 대화가 너무 길어지면 챗GPT가 이전 대화 내용을 잊어버릴 수 있다는 것입니다. 소설의 앞·뒤 내용이 연결되지 않거나 흐름이 깨지는 등의 문제가 생길 수 있죠. 따라서 장편 소설보다는 단편 소설을, 또 내용의 전부를 쓰기보다는 아이디어를 얻거나 줄거리를 만드는 용도로 적절하게 활용하는 것을 추천합니다.

2 음악 창작하기

1 먼저, 가사를 만듭니다. "아이들에게 들려줄 노래를 만들고 있어. 스마트폰을 많이 보면 안 된다는 내용을 담고 있는 노래 가사를 써줘"라고 요청했습니다. 몇 번의 피드백을 통해 다음과 같은 가사를 완성했습니다.

(구절1)
아침이 오면 스마트폰이 울려,
신나는 게임, 다양한 앱들이 부르네,
하지만 친구들아, 스마트폰에 너무 빠져들면,
눈이 피곤해지고 아름다운 세상을 놓칠 수 있어

(후렴)
스마트폰, 스마트폰, 너는 우리의 친구,
하지만 너무 많이 보면 안 돼, 이것을 명심해.
정말로 필요할 때만 사용하자, 그게 제일 중요해.

(구절 2)
나무를 기르는 게임보다 진짜 나무를 심어봐,
문자로 이야기하는 것보다 진짜 친구와 대화해봐.
스마트폰은 도구일 뿐, 가장 중요한 건 우리의 삶,
실제 세상을 경험하며 즐거움을 찾아가자!

(후렴)
스마트폰, 스마트폰, 너는 우리의 친구,
하지만 너무 많이 보면 안 돼, 이것을 명심해.
정말로 필요할 때만 사용하자, 그게 제일 중요해.

(엔딩)
그러니 아이들아, 스마트폰을 너무 많이 보지 마,
하루를 즐기며 세상을 탐험하자, 그게 진짜 사는 거야!

2 이제 곡을 만들 차례입니다. "가사에 어울리는 동요를 작곡해주고 진행 코드를 함께 알려줘"라고 요청했습니다. 그러자 아래와 같은 결과물을 주었습니다.

(구절1)
아침이 오면 스마트폰이 울려, (C Major)
신나는 게임, 다양한 앱들이 부르네, (G Major)
하지만 친구들아, 스마트폰에 너무 빠져들면, (A minor)
눈이 피곤해지고 아름다운 세상을 놓칠 수 있어 (F Major)

(후렴)
스마트폰, 스마트폰, 너는 우리의 친구, (C Major)
하지만 너무 많이 보면 안 돼, 이것을 명심해. (G Major)
정말로 필요할 때만 사용하자, 그게 제일 중요해. (A minor - G Major)

(구절 2)
나무를 기르는 게임보다 진짜 나무를 심어봐, (C Major)
문자로 이야기하는 것보다 진짜 친구와 대화해봐. (G Major)
스마트폰은 도구일 뿐, 가장 중요한 건 우리의 삶, (A minor)
실제 세상을 경험하며 즐거움을 찾아가자! (F Major)

(후렴)
스마트폰, 스마트폰, 너는 우리의 친구, (C Major)
하지만 너무 많이 보면 안 돼, 이것을 명심해. (G Major)
정말로 필요할 때만 사용하자, 그게 제일 중요해. (A minor - G Major)

(엔딩)
그러니 아이들아, 스마트폰을 너무 많이 보지 마, (C Major)
하루를 즐기며 세상을 탐험하자, 그게 진짜 사는 거야! (G Major)

챗GPT 덕분에 음악 지식이 없어도 작사·작곡을 할 수 있게 되었습니다. 음악에 관심 있는 분들은 챗GPT를 적극 활용해보세요.

04 공부에 활용하기

챗GPT는 다방면에 상당한 지식을 가지고 있습니다. 공부하려는 분야를 정한 후, 챗GPT를 과외 선생님처럼 활용해보세요.

1 영어 공부에 활용하기

1 영작을 할 때, 어떻게 표현할지 고민되는 순간이 있습니다. 이럴 때는 해당 문장을 한글로 입력한 후, 알맞은 영어 표현을 알려달라고 요청합니다.

버스를 기다리다 라는 문장은 영어로 어떻게 표현해?

"버스를 기다리다"라는 문장은 영어로 "Waiting for the bus"라고 표현할 수 있습니다.

2 앞의 대화에서 챗GPT는 'Waiting'을 사용했는데, 'Wait'을 써도 되는지 물어봤습니다. 그러자 아래와 같이 답변합니다.

> Waiting 대신 Wait 을 써도 돼?
>
> 문장 전체의 맥락에 따라 다릅니다. 동사 'wait'는 주로 명령문, 요청 등에 사용되며, 'waiting'는 진행 형태로 사용되어 어떤 행동이 현재 진행 중임을 나타냅니다.
>
> 따라서, "Wait for the bus"는 일반적으로 버스를 기다리라는 명령이나 요청을 나타내며, "Waiting for the bus"는 버스를 기다리는 행동이 현재 진행 중임을 나타냅니다. 즉, "I am waiting for the bus"는 "나는 버스를 기다리고 있다"를 의미합니다.
>
> 따라서 "Wait for the bus"와 "Waiting for the bus"는 상황에 따라 적절하게 사용해야 합니다.

3 이번에는 'Wait' 대신 비슷한 단어인 'Await'을 사용해도 되는지 물어봤습니다.

> await 을 사용해도 돼?
>
> 예, "await"를 사용할 수도 있습니다. "Await"는 "기다리다"라는 뜻을 가지고 있지만, "wait"나 "waiting"과는 약간 다른 사용 방식을 가집니다. "Await"는 어떤 사건이나 결과를 예상하고 기다리는 것을 의미하며, 더 공식적인 어투에서 사용됩니다. 또한 "await" 뒤에는 보통 전치사 "for"를 사용하지 않습니다.
>
> 따라서, "Await the bus"는 "버스를 기다리다"라는 뜻이 되지만, 일상적인 상황에서는 다소 공식적으로 들릴 수 있습니다. 일반적으로 "wait for the bus" 또는 "waiting for the bus"와 같은 표현이 일상 대화에서 더 흔히 사용됩니다.

4 챗GPT는 문법 검사도 잘합니다. 문장을 입력한 후, 챗GPT에게 검토를 요청했습니다.

> 솔
>
> 아래의 영어 문장에 오류가 있는지 알려줘.
>
> As summer fades away, a first signs of autumn appear.

> 주어진 영어 문장에 오류가 있습니다. "first signs" 대신 "a first signs"로 쓰여져 있습니다. "signs"는 복수형이므로 "a" 대신 "the"를 사용해야 합니다. 따라서 올바른 문장은 다음과 같습니다:
>
> "As summer fades away, the first signs of autumn appear."

5 문장에 사용된 문법도 물어봤습니다. 그러자 아래처럼 답변해주었습니다.

> DB
>
> 아래 영어 문장에 사용된 문법이 무엇인지 알려줘.
>
> I will call you as soon as I finish my work.

> 위의 영어 문장은 "I will call you as soon as I finish my work"로, 조건부 시제 (Conditional Tense) 문법을 사용하고 있습니다. 조건부 시제는 어떤 상황이나 조건에 따라 발생하는 미래의 일을 나타내는데 사용됩니다.
>
> 이 문장에서 "as soon as"는 "마침내" 또는 "곧"을 의미하며, "I finish my work"는 미래에 발생할 일을 나타내는데, 이때 조건부 시제가 사용됩니다. 조건부 시제에서 주로 사용되는 형태는 "will + 동사 원형"입니다.
>
> 전체 문장의 뜻은 "내 일을 끝낸 다음에 바로 너에게 전화할 거야."라고 해석할 수 있습니다.

2 수학 공부에 활용하기

1 "아이에게 최대공약수의 개념을 알려주려고 해. 최대한 쉽게 풀어서 설명해줘"라고 요청해 아래와 같은 답변을 받았습니다.

약수(Divisor)
약수는 어떤 수를 나누었을 때 나머지가 0이 되는 수를 말합니다. 예를 들어, 숫자 8을 생각해 봅시다. 8을 1로 나누면, 나머지가 0입니다. 8을 2로 나누면, 나머지가 0입니다. 8을 4로 나누면, 나머지가 0입니다. 8을 8로 나누면, 나머지가 0입니다. 그러나 8을 3으로 나누면, 나머지가 2로 0이 아닙니다. 따라서, 8의 약수는 1, 2, 4, 8입니다.

최대공약수 (Greatest Common Divisor, GCD)
최대공약수는 두 개 이상의 수가 공통으로 가지는 약수 중 가장 큰 수를 의미합니다. 예를 들어, 숫자 8과 12를 생각해 봅시다. 우리는 이미 8의 약수를 찾았으니, 이제 12의 약수를 찾아봅시다. 12를 1로 나누면, 나머지가 0입니다. 12를 2로 나누면, 나머지가 0입니다. 12를 3로 나누면, 나머지가 0입니다. 12를 4로 나누면, 나머지가 0입니다. 12를 6로 나누면, 나머지가 0입니다. 12를 12로 나누면, 나머지가 0입니다. 그러나 12를 5로 나누면, 나머지가 2로 0이 아닙니다. 따라서, 12의 약수는 1, 2, 3, 4, 6, 12입니다.

이제 8과 12의 약수를 비교해봅시다. 두 숫자가 공통으로 가지고 있는 약수는 1, 2, 4입니다. 이 중 가장 큰 수는 4이므로, 8과 12의 최대공약수는 4입니다.

이런 식으로 실제 숫자를 사용하면 아이가 이해하기 쉽습니다. 이해를 돕기 위해 실제로 숫자를 가지고 나눗셈을 해보는 것도 좋은 방법입니다. 약수와 최대공약수의 개념을 익히면, 이후에 배울 다른 수학 개념들에도 도움이 될 것입니다.

2 "아이에게 낼 수 있는 최대공약수 관련 문제를 알려주고, 풀이 방법도 설명해줘"라고 요청했습니다. 그러자 아래와 같은 결과물을 주었습니다.

> 물론이죠, 아이에게 줄 수 있는 문제들을 만들어 드리겠습니다.
>
> **문제 1.** 숫자 18과 27의 최대공약수는 무엇인가?
>
> **문제 2.** 숫자 36과 48의 최대공약수는 무엇인가?
>
> **문제 3.** 숫자 15와 25의 최대공약수는 무엇인가?
>
> 아래에 문제의 정답과 풀이 방법을 제공하겠습니다.
>
> **문제 1 풀이:**
> 18의 약수는 1, 2, 3, 6, 9, 18이고, 27의 약수는 1, 3, 9, 27입니다. 따라서 18과 27의 공통 약수는 1, 3, 9입니다. 이 중에서 가장 큰 수는 9이므로, 18과 27의 최대공약수는 9입니다.
>
> **문제 2 풀이:**
> 36의 약수는 1, 2, 3, 4, 6, 9, 12, 18, 36이고, 48의 약수는 1, 2, 3, 4, 6, 8, 12, 16, 24, 48입니다. 따라서 36과 48의 공통 약수는 1, 2, 3, 4, 6, 12입니다. 이 중에서 가장 큰 수는 12이므로, 36과 48의 최대공약수는 12입니다.
>
> **문제 3 풀이:**
> 15의 약수는 1, 3, 5, 15이고, 25의 약수는 1, 5, 25입니다. 따라서 15와 25의 공통 약수는 1, 5입니다. 이 중에서 가장 큰 수는 5이므로, 15와 25의 최대공약수는 5입니다.

이처럼 챗GPT를 활용하면 따로 과외를 하지 않고도 학습에 도움을 받을 수 있습니다. 특히 초등 교육의 경우, 부모가 함께하면 더욱 효과가 큽니다. 이제 챗GPT로 사교육비를 줄여보세요.

05 챗GPT 더 효과적으로 활용하기

1 확장 프로그램이란?

챗GPT가 큰 인기를 얻자, 함께 사용하면 좋은 확장 프로그램들이 대거 등장했습니다. 확장 프로그램은 크롬에서 이용할 수 있어 '크롬 확장 프로그램'이라고도 하는데 확장 프로그램을 설치하면 챗GPT를 더 똑똑하고 편리하게 이용할 수 있습니다.

예를 들어, 챗GPT가 학습한 데이터는 한글로 된 문서보다는 영어로 된 문서가 압도적으로 많습니다. 영어로 질문할 때, 더 양질의 답변이 나올 수밖에 없죠. 그런데 매번 한글을 영어로 번역하면서 질문하는 건 굉장히 번거로운 일입니다. 이럴 때 자동으로 번역해주는 확장 프로그램을 설치하면 한글 질문이 자동으로 영어로 번역되어 매우 편리합니다. 또, 챗GPT는 최신 정보와 관련된 질문에는 답변을 잘 못하는데, 웹 검색을 함께 하는 확장 프로그램을 설치하면 최신 데이터가 반영된 답변을 얻을 수 있습니다.

2 주의 사항

1 해킹

확장 프로그램 중에는 간혹 악성 코드를 심어 개인정보를 빼내려는 피싱 프로그램이 있습니다. 따라서 많은 사람들이 오랜 기간 사용하면서 어느 정도 검증이 된 프로그램으로만 한정해서 사용해주세요. 크롬 웹 스토어에서 출시 기간이 최소 6개월 이상, 10만 건 이상의 다운로드, 다수의 리뷰(좋은 리뷰)를 꼼꼼하게 확인하면 위험을 줄일 수 있습니다. 또, 해킹이 아니더라도 허술한 서비스로 유료 결제를 유도하는 프로그램도 있으니 항상 조심해야 합니다.

2 오류

사용자 PC 환경에 따라 오류가 발생할 수 있습니다. 설치 초기에는 괜찮다가 사용 기간이 길어지면서 오류가 발생할 수도 있고요. 확장 프로그램을 설치한 뒤에는 프로그램을 주기적으로 관리하고, 자주 쓰지 않거나 불필요하다면 바로 삭제하는 것이 좋습니다.

3 함께 사용하면 좋은 확장 프로그램

1. 프롬프트 지니

프롬프트 지니는 자동 번역기입니다. 프롬프트 지니를 설치한 후, 챗GPT에게 한글로 질문하면 자동으로 영어 번역이 됩니다. 이때, 챗GPT가 내놓은 영어 답변도 자동으로 번역이 되죠. 즉, 한글을 쓰더라도 영어로 질문한 것과 같은 효과를 얻을 수 있습니다. 질문과 답변이 영어로 이루어지므로 더 빠른 응답과 더 긴 답변이 가능하고, 중간에 대화가 잘리는 현상이 줄어듭니다. 프롬프트 지니를 설치하는 방법은 아래와 같습니다.

1 크롬 웹스토어(chrome.google.com/webstore)에 접속한 후, **프롬프트 지니**를 검색합니다. 오른쪽 상단에 **Chrome에 추가** 버튼을 클릭해 프로그램을 설치합니다.

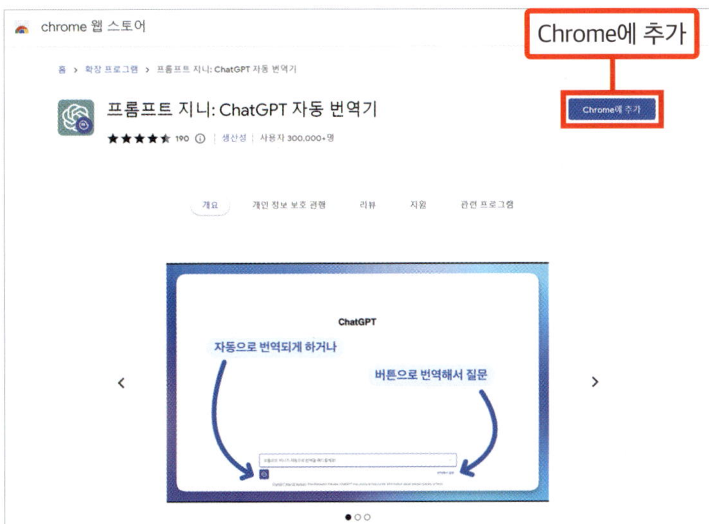

2 프로그램을 설치하자, 프롬프트가 아래처럼 바뀌었습니다.

● 프롬프트 지니를 설치하기 전의 프롬프트 ●

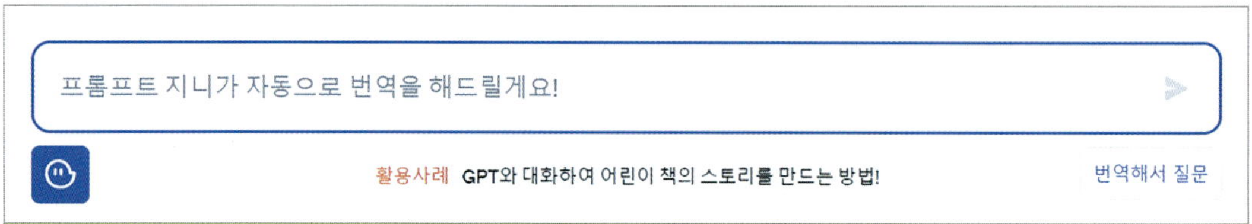

● 프롬프트 지니를 설치한 후의 프롬프트 ●

3 프롬프트에 한글로 질문을 입력했습니다.

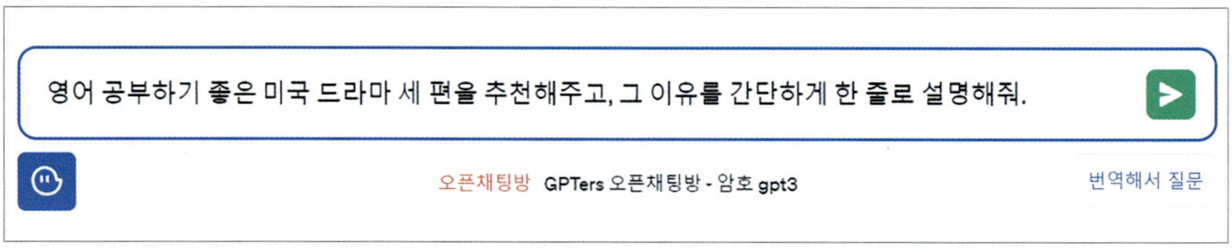

질문과 답변이 영어로 자동 번역되며, 다음과 같은 결과물이 나왔습니다.

DB

Please recommend three American dramas that are good for studying English, and explain the reason in one line.

지금 번역하기

"Friends" - Assists in enhancing conversational English through everyday conversations and humor.

"Sherlock" - A drama centered around intricate investigations and detective stories, aiding in improving vocabulary and problem-solving skills.

"Stranger Things" - A narrative set in 1980s American culture, which enriches natural English expression and cultural comprehension.

번역결과

1. "Friends" - 일상 대화와 유머를 통해 영어 회화 실력 향상에 도움이 됩니다.
2. "Sherlock" - 복잡한 수사와 추리를 다루는 드라마로, 어휘력과 문제 해결 능력 향상에 도움이 됩니다.
3. "Stranger Things" - 80년대 미국 문화를 배경으로 한 이야기로, 자연스러운 영어 표현과 문화적 이해를 높일 수 있습니다.

2. 웹챗GPT

웹챗GPT(WebChatGPT)는 과거 데이터에 기반한 답변을 하는 챗GPT의 한계를 보완합니다. 이 프로그램을 설치하면 챗GPT가 최신 데이터를 학습해 답변할 뿐만 아니라 자료의 출처까지 함께 알려줍니다. 웹챗GPT를 설치하는 법은 아래와 같습니다.

1 크롬 웹스토어에 접속한 후, **웹챗GPT**를 검색합니다. 오른쪽 상단의 **Chrome에 추가** 버튼을 클릭해 프로그램을 설치합니다.

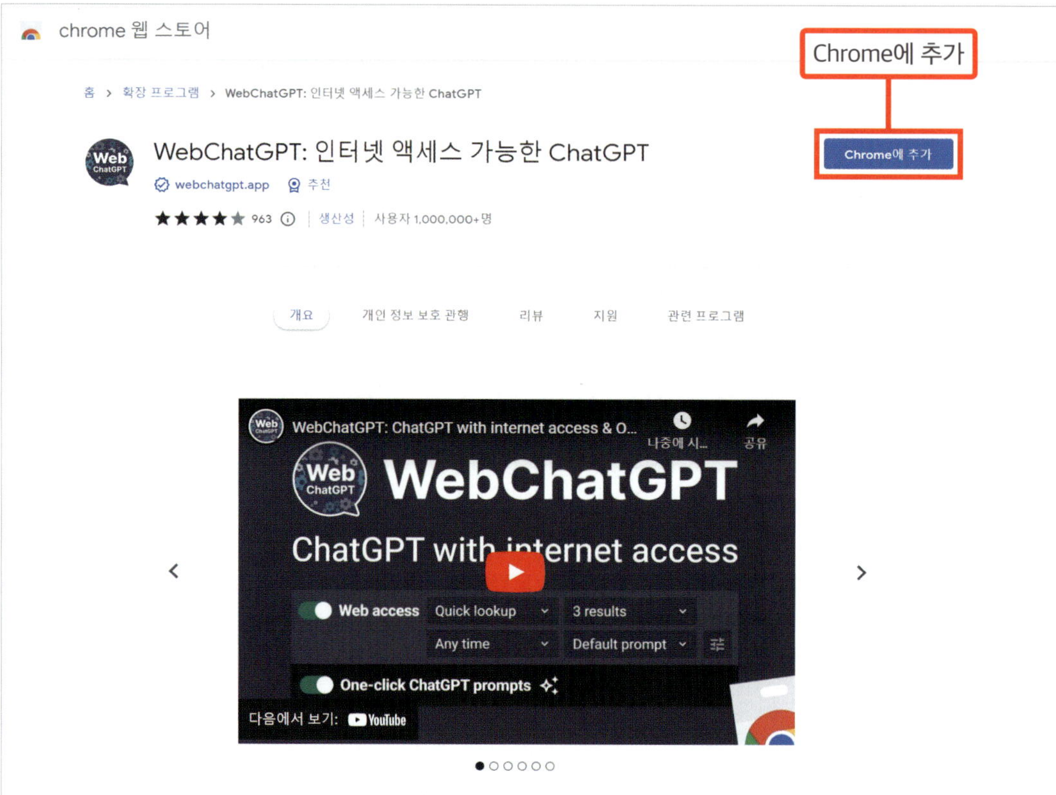

2 프로그램을 설치하자, 프롬프트가 아래처럼 바뀌었습니다. 'Web access'를 활성화하면 최신 데이터를 기반으로 한 답변을 받을 수 있습니다.

● 웹챗GPT를 설치하기 전의 프롬프트 ●

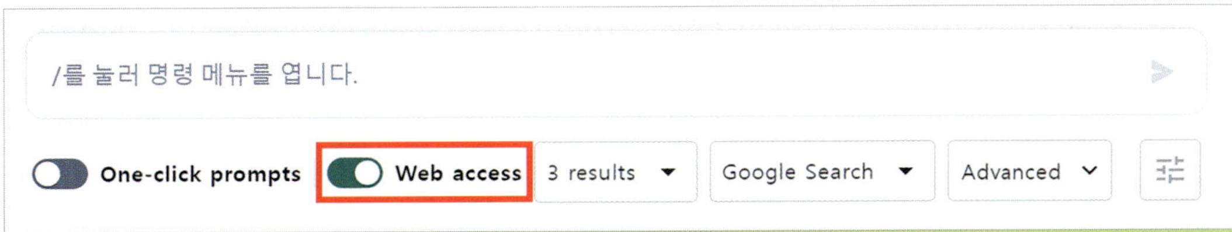

● 웹챗GPT를 설치한 후의 프롬프트 ●

3 "2023년 최저임금이 얼마인지 알려줘"라고 질문했습니다. 그러자 아래처럼, 2023년의 최저임금에 대한 정보를 제공하며, 해당 내용이 담긴 뉴스 기사를 [1], [2], [3] 등으로 표시해 함께 알려주었습니다.

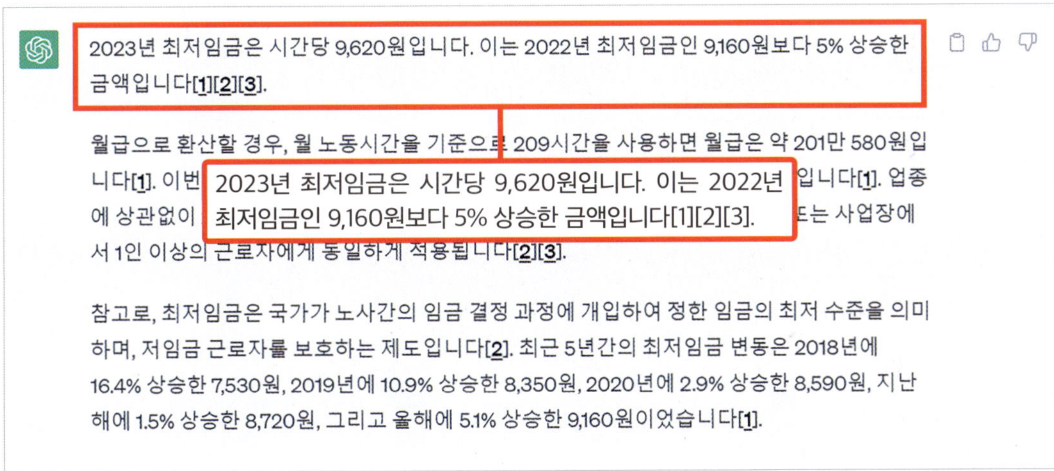

이 외에도 다양한 확장 프로그램이 있으니, 챗GPT 사용이 익숙해졌다면 함께 사용해보세요.

4 확장 프로그램 삭제하는 법

확장 프로그램이 마음에 안 들거나 오류가 잦다면 크롬 설정에서 확장 프로그램을 삭제하세요. 방법은 다음과 같습니다.

1 크롬 홈 화면 오른쪽 상단에 ⋮ 아이콘을 클릭하면 **확장 프로그램**이 나옵니다. **확장 프로그램 관리**를 누릅니다.

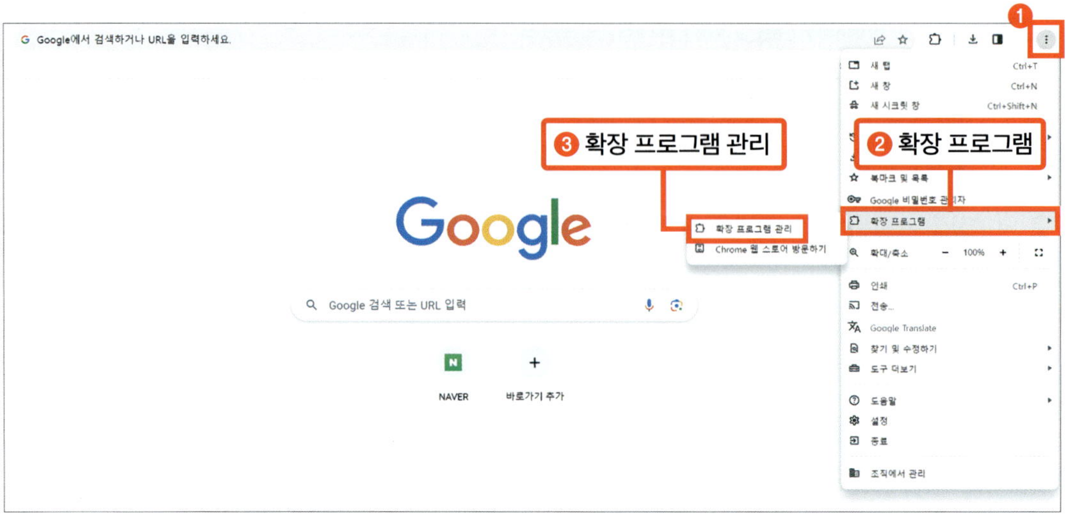

2 설치된 확장 프로그램들이 모두 나옵니다.

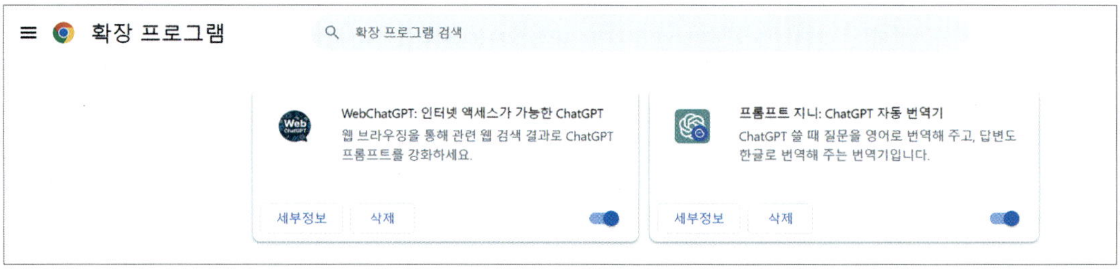

3 **삭제** 버튼을 눌러 확장 프로그램을 제거합니다.

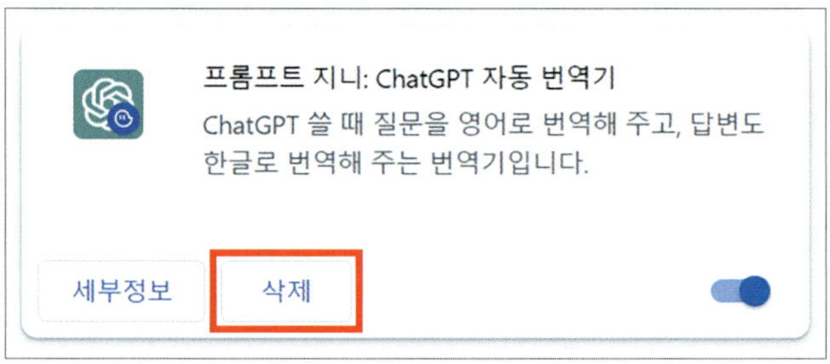

CHAPTER 2

빙챗 Bing Chat

엣지 브라우저 다운로드

빙 챗(Bing Chat)이란 마이크로소프트가 자사의 검색 엔진인 빙(Bing)에 챗GPT를 결합해 만든 '대화형 AI 검색 엔진'입니다. 챗GPT처럼 사용자 질문에 답변할 뿐만 아니라 참고 가능한 사이트와 연관 질문까지 함께 제공합니다. 이번 장에서는 챗GPT와 차별화된 빙 챗의 주요 기능을 배워보겠습니다.

01 빙 챗 VS 챗GPT

1 빙 챗의 강점

빙 챗과 챗GPT는 여러 면에서 매우 비슷합니다. 빙 챗이 챗GPT를 기반으로 하기에 어찌 보면 당연한 일입니다. 그렇다면 챗GPT만 써도 충분할 것 같은데, 왜 굳이 빙 챗까지 알아야 하는 걸까요? 빙 챗에는 챗GPT에 없는 몇 가지 유용한 기능이 있습니다.

1 실시간 검색

챗GPT는 2021년 9월까지의 정보를 기반으로 합니다. 최신 데이터가 필요한 질문에는 답변을 하지 못하죠. 반면, 빙 챗은 1시간 전까지의 데이터를 기반으로 해 실시간에 근접한 답변을 얻을 수 있습니다. "올해 최저임금이 얼마인지 알려줘"라는 질문에 챗GPT와 빙 챗은 각각 아래처럼 답변했습니다.

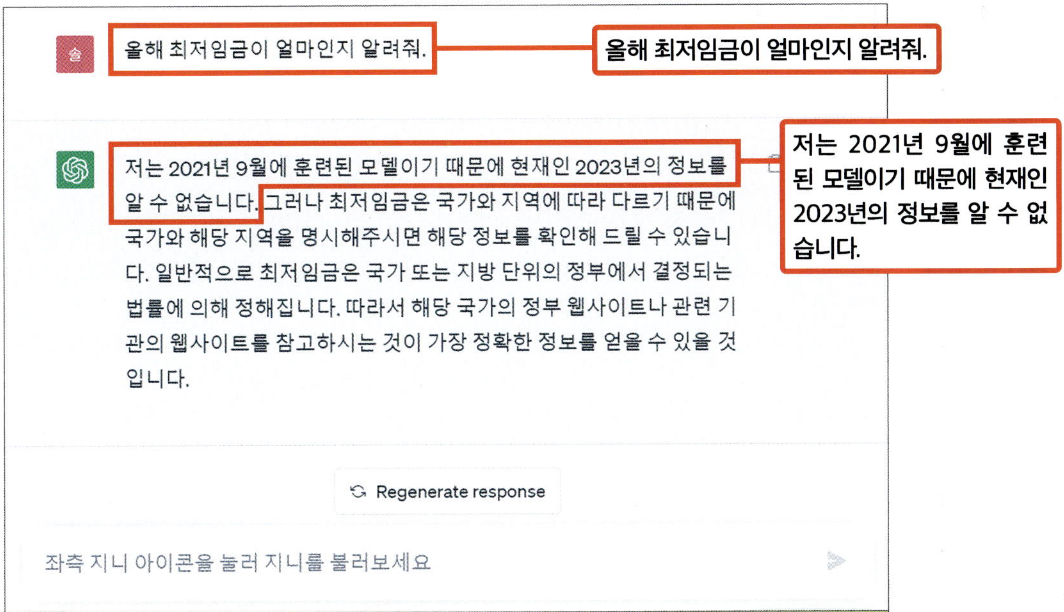

● 챗GPT의 답변 ●

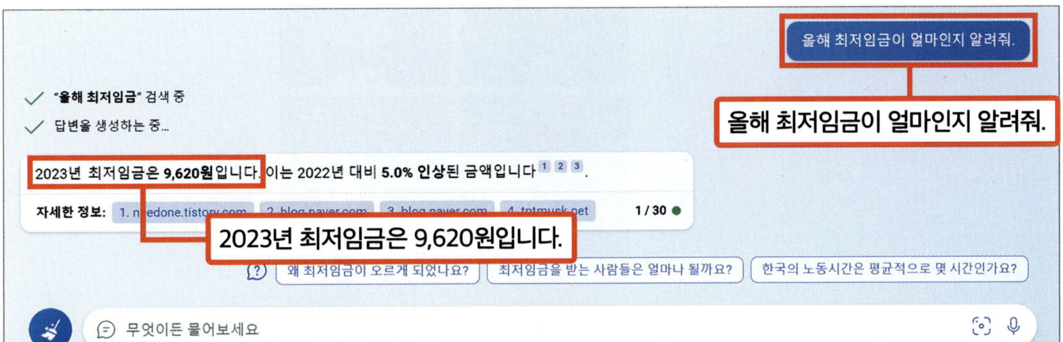

● 빙 챗의 답변 ●

2 출처 표기

챗GPT를 통해 얻은 답변은 사실 관계를 반드시 확인해야 합니다. 챗GPT가 무엇을 근거로 답변한 것인지 알 수가 없기 때문이죠. 반면, 빙 챗은 답변과 그 근거가 되는 출처를 함께 알려줍니다. 해당 출처에 접속해 손쉽게 사실 관계를 확인할 수 있습니다.

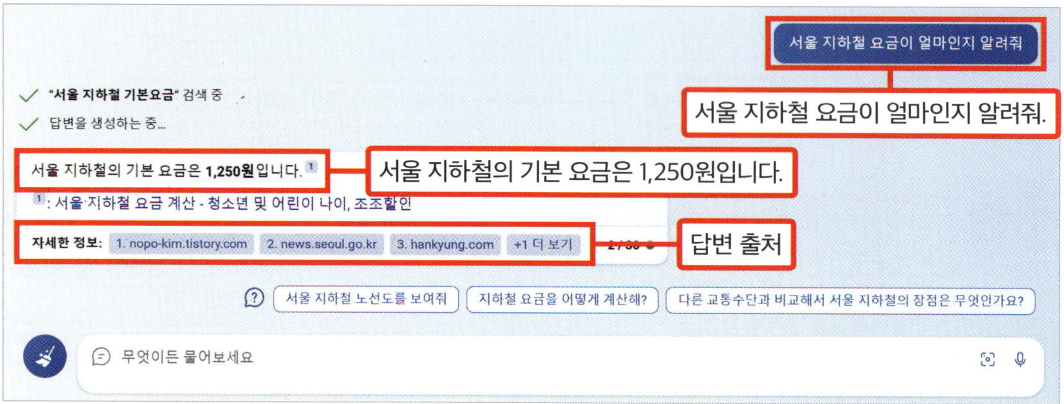

3 이미지 생성

챗GPT로는 오직 텍스트만 생성할 수 있지만, 빙 챗에서는 이미지도 생성할 수 있습니다.

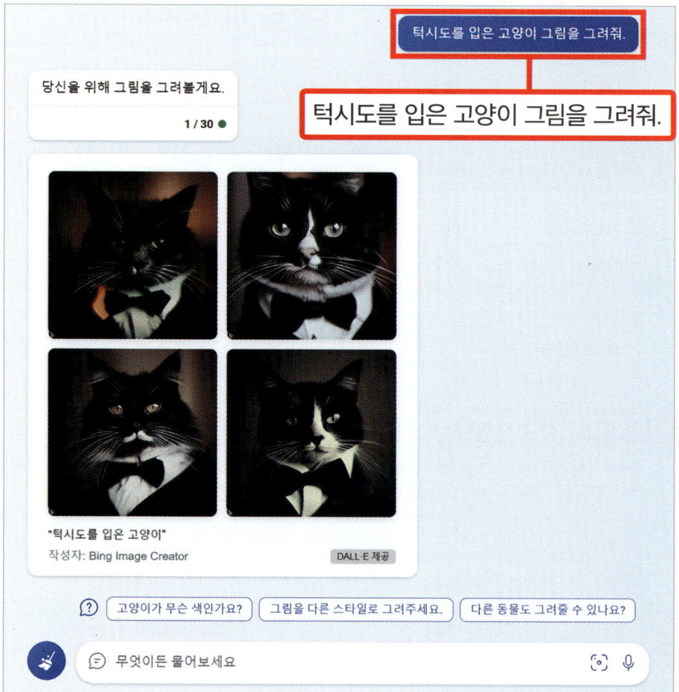

4 뉴스와 PDF 파일 내용 요약

챗GPT는 사용자가 텍스트를 입력해야만 해당 내용을 요약할 수 있지만, 빙 챗은 링크 또는 파일 상태에서 바로 내용 요약을 할 수 있습니다. 이 부분은 뒤에서 실습해보겠습니다.

챗GPT와 빙 챗을 쓰다 보면, 서로 장단점이 다르다는 것을 알게 됩니다. 따라서 이 둘을 상호 보완적으로 사용하는 것을 추천합니다. 이제 빙 챗의 유용한 기능을 배워보겠습니다.

02 채팅 탭 둘러보기

1 기본 사용법

마이크로소프트 엣지(Edge) 브라우저를 열어주세요. 그다음 검색창을 클릭하면 하단에 나오는 '안녕하세요, Bing입니다. 웹용 기반 Copilot입니다'라는 안내 문구를 누릅니다. 또는 주소창에 https://vo.la/ggEAv를 입력해 접속합니다.

화면 우측 상단 가장자리에 아이콘을 클릭해도 됩니다.

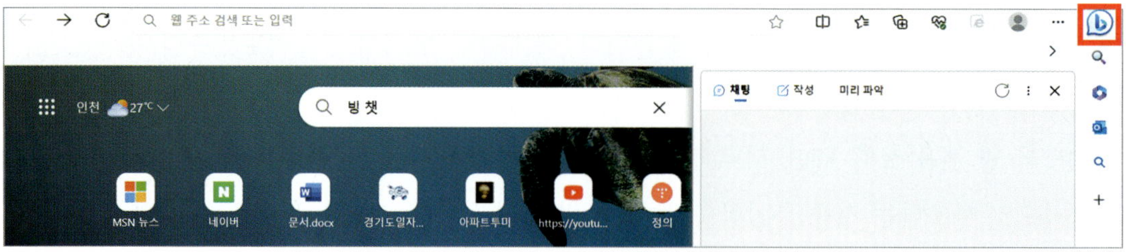

아래처럼 빙 챗 화면이 열립니다.

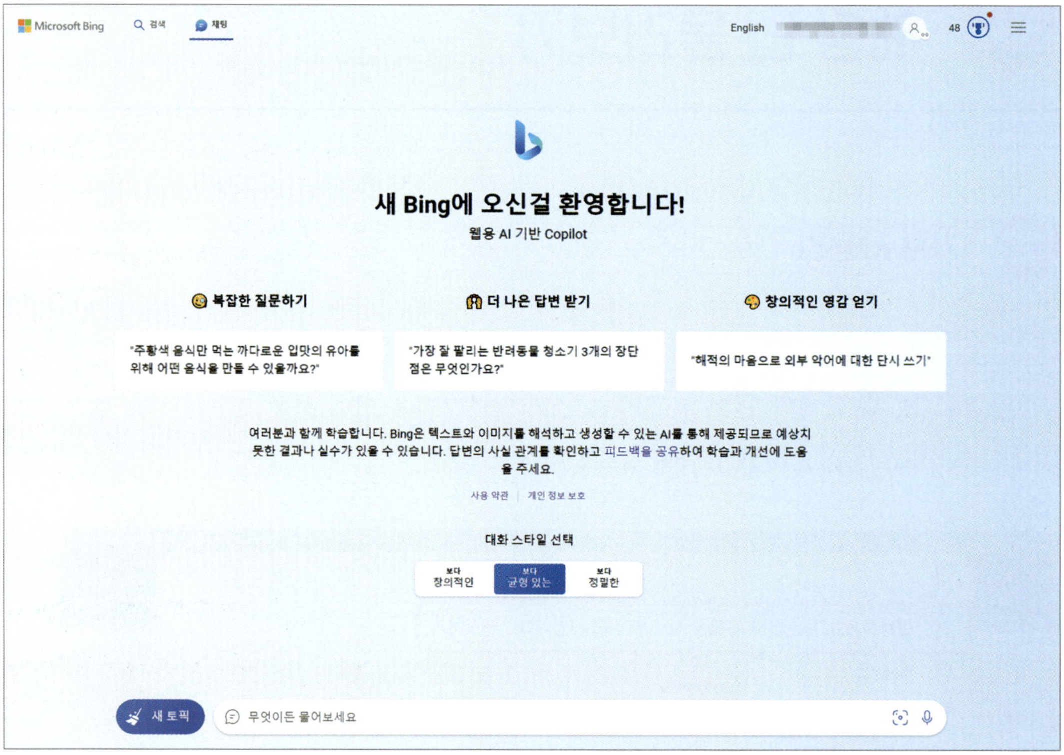

빙 챗의 사용법은 챗GPT와 크게 다르지 않습니다. 단, 대화 스타일을 지정해 좀 더 맞춤형 답변을 얻을 수 있습니다.

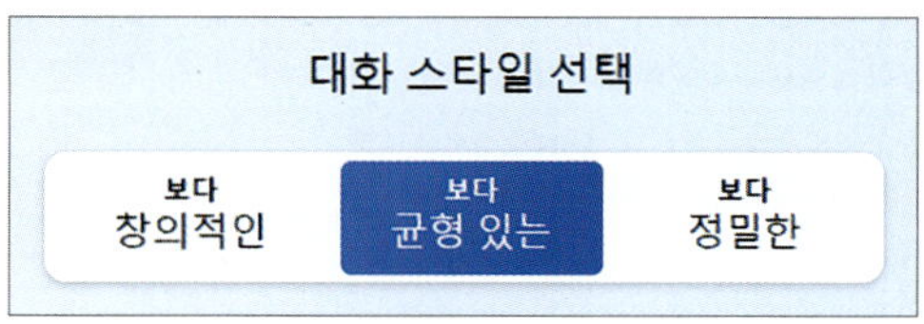

창의적인 스타일은 새로운 아이디어를 탐색·도출하고, 창의성이 요구되는 정보를 제공합니다. 이미지 생성 및 풍부한 상상력이 동원되는 글쓰기, 카피라이팅, 스토리텔링 등을 할 때 사용하면 좋습니다.

균형 있는 스타일은 다양한 관점과 객관적인 정보를 균형 있게 제공합니다. 사실에 기반한 설명, 유용한 정보, 현실적인 조언이 필요할 때 사용하면 좋습니다.

정밀한 스타일은 상세하고 정확한 정보를 제공합니다. 기술이나 과학 등 정확성이 중요한 주제를 깊이 있게 다룰 때 사용하면 좋습니다.

각각의 모드에서 "사랑이 무엇인지 알려줘"라고 요청해보았습니다. 그러자 아래처럼, 서로 다른 답변이 생성되었습니다. 창의적인 스타일은 친근하고 감성적인 답변이, 균형 있는 스타일은 비교적 객관적인 정보를 담은 답변이, 그리고 정밀한 스타일은 명료하게 정의 내린 듯한 답변이 돋보입니다.

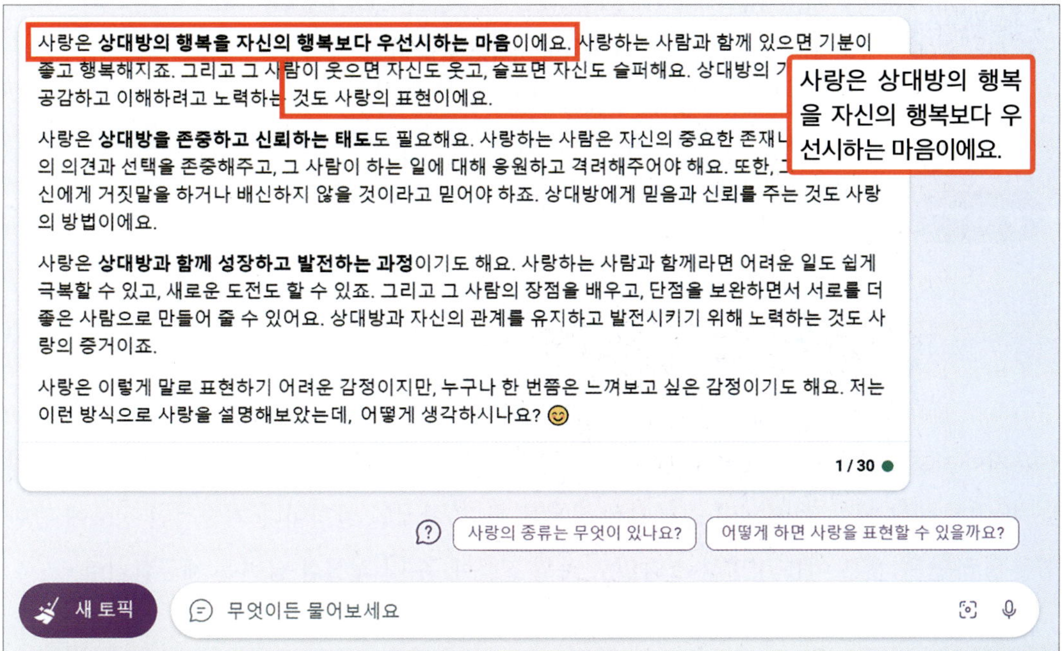

● 창의적인 스타일 답변 ●

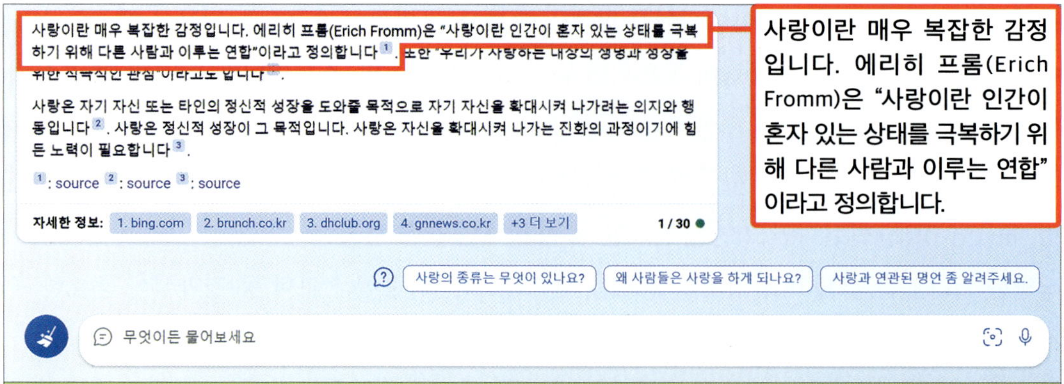

● 균형 있는 스타일 답변 ●

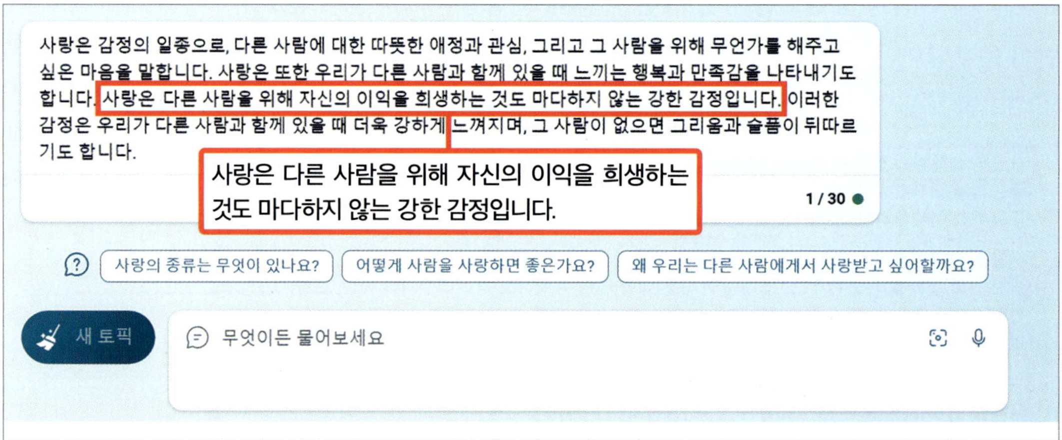

● 정밀한 스타일 답변 ●

사용자가 대화 스타일을 지정해도 빙 챗이 질문의 맥락이나 상황에 따라 대화 스타일을 바꾸기도 합니다. 예를 들어, 창의적인 스타일을 설정한 후, 과학적인 설명이나 기술적인 정보에 관한 질문을 하면 빙 챗은 이를 정밀한 스타일로 바꿔 질문에 좀 더 적절한 답변을 제공합니다.

2 문서 내용 요약하기

뉴스 기사부터 PDF, 워드 문서까지 엣지 브라우저에 있는 내용이라면 무엇이든 간략하게 요약할 수 있습니다. 책에서는 PDF를 요약해보겠습니다.

1 PDF 파일을 선택한 후, 마우스 오른쪽 버튼을 눌러 **연결 프로그램**에서 **마이크로소프트 엣지(Microsoft Edge)**를 클릭합니다.

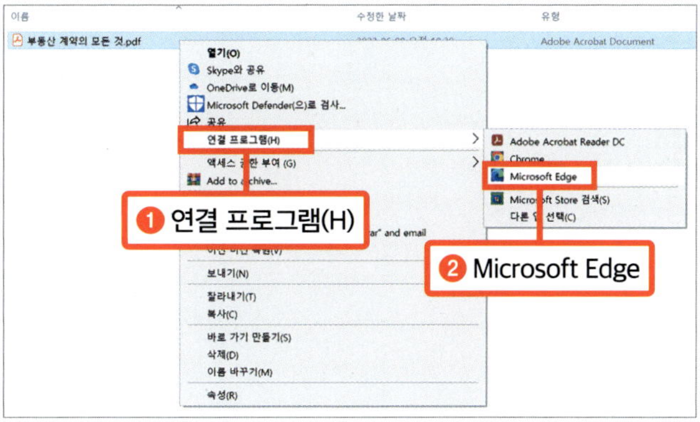

2 엣지 브라우저에서 PDF 파일이 열렸습니다. 화면 오른쪽에 아이콘을 클릭해 채팅창을 열어주세요.

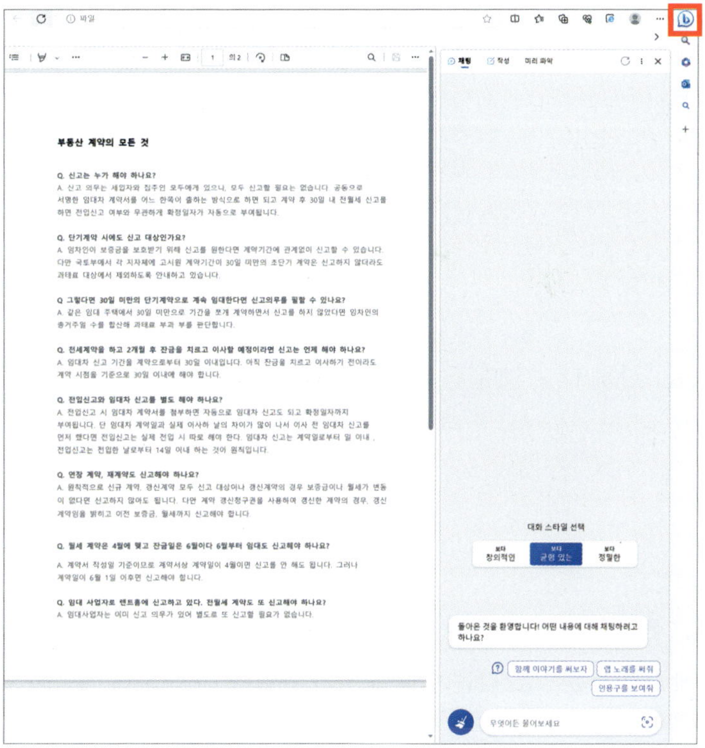

3 채팅창에 "이 내용을 요약해줘"라고 요청하니, 핵심을 간추려주었습니다.

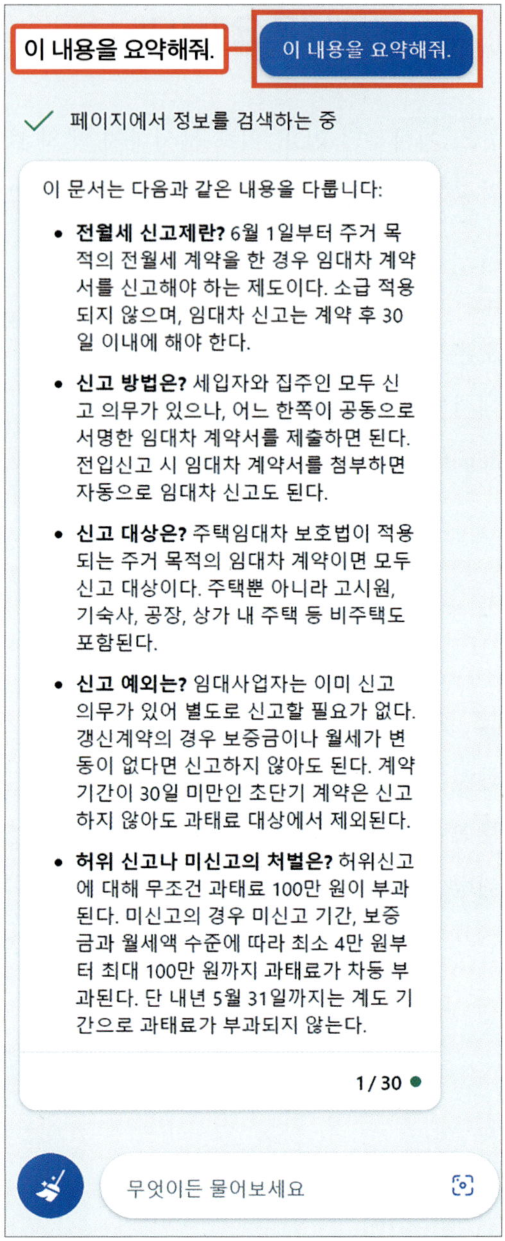

4 왼쪽에 있는 PDF 문장을 드래그하면 채팅창에 '선택한 텍스트 또는 복사한 텍스트를 채팅창에 보내시겠어요?'라는 안내 문구가 뜹니다. 수락하면 다음과 같이 네 가지의 메뉴가 생깁니다.

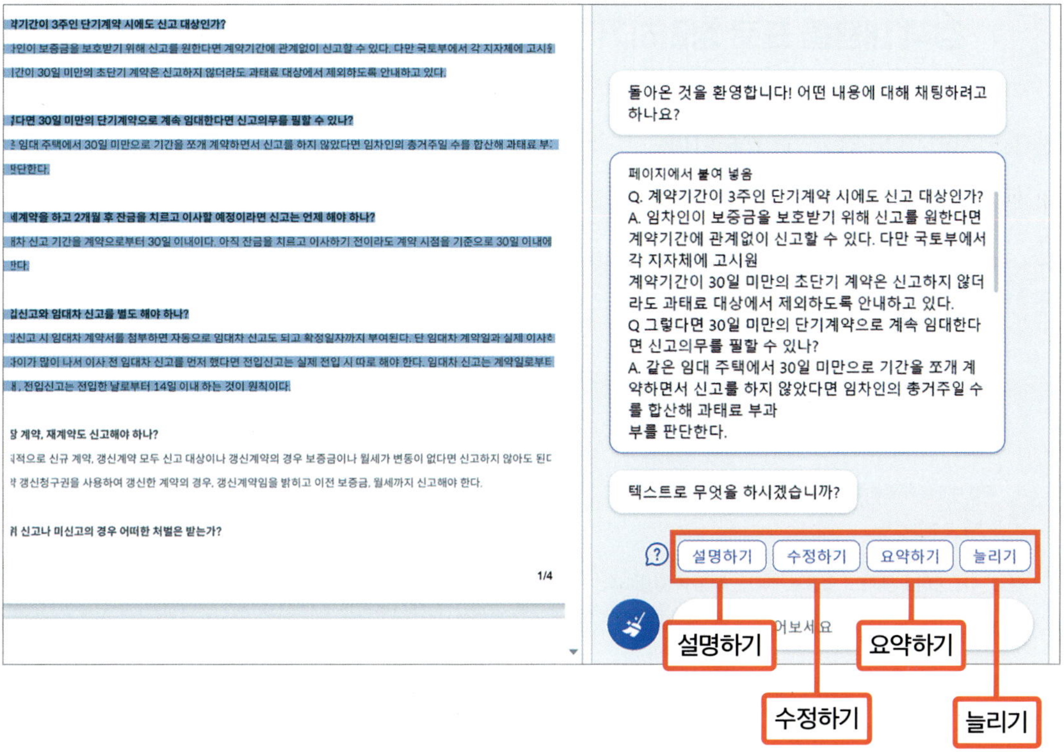

설명하기는 드래그한 문장을 자세하게 설명해주는 기능입니다. **수정하기**는 문장의 수정을 제안하는 기능입니다. **요약하기**는 내용을 간략하게 줄여주는 기능이며, 반대로 **늘리기**는 내용을 보완해 글을 더 길게 늘려주는 기능입니다. 필요한 메뉴를 누르면 요청한 결과물이 나옵니다. 단, 아직까지는 결과물의 완성도가 그렇게 높은 편은 아닙니다.

3 검색 내용을 표로 정리하기

빙 챗에서는 표도 만들 수 있습니다.

1 "지난 10년간 곡성 세계 장미꽃 축제 입장료 추이를 알려줘"라고 요청하자, 아래처럼 정보를 주었습니다.

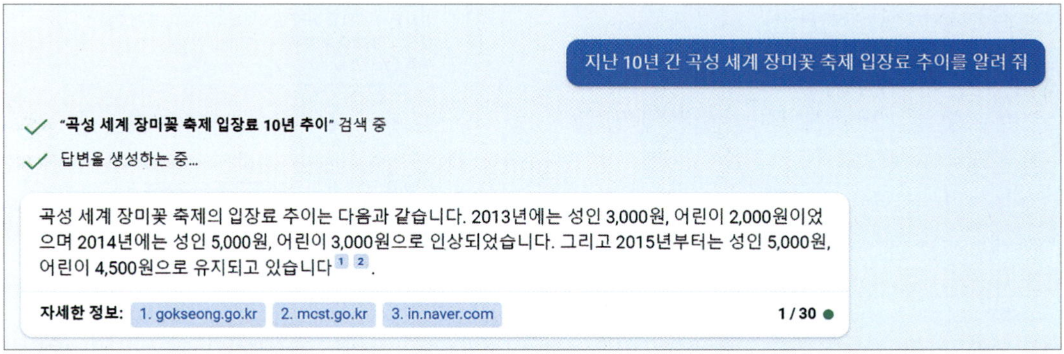

지난 10년 간 곡성 세계 장미꽃 축제 입장료 추이를 알려 줘

✓ **"곡성 세계 장미꽃 축제 입장료 10년 추이"** 검색 중

✓ 답변을 생성하는 중...

곡성 세계 장미꽃 축제의 입장료 추이는 다음과 같습니다. 2013년에는 성인 3,000원, 어린이 2,000원이었으며 2014년에는 성인 5,000원, 어린이 3,000원으로 인상되었습니다. 그리고 2015년부터는 성인 5,000원, 어린이 4,500원으로 유지되고 있습니다[1][2].

자세한 정보: 1. gokseong.go.kr 2. mcst.go.kr 3. in.naver.com 1 / 30

2 그리고 이 내용을 표로 만들어달라고 요청하자, 한눈에 볼 수 있게 표로 만들어주었습니다.

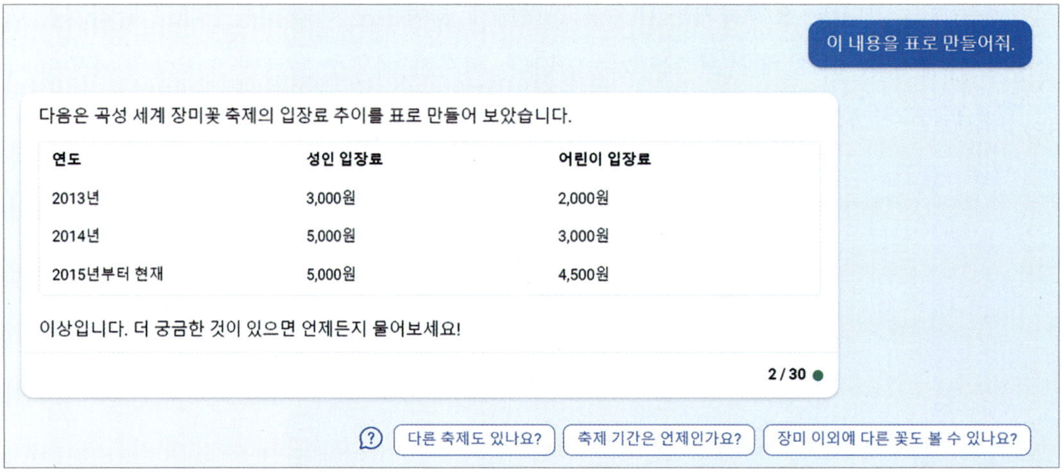

이 내용을 표로 만들어줘.

다음은 곡성 세계 장미꽃 축제의 입장료 추이를 표로 만들어 보았습니다.

연도	성인 입장료	어린이 입장료
2013년	3,000원	2,000원
2014년	5,000원	3,000원
2015년부터 현재	5,000원	4,500원

이상입니다. 더 궁금한 것이 있으면 언제든지 물어보세요!

2 / 30

다른 축제도 있나요? 축제 기간은 언제인가요? 장미 이외에 다른 꽃도 볼 수 있나요?

03 작성 탭 둘러보기

오른쪽 ⓑ 아이콘을 누르면 **채팅**과 **작성** 두 가지 탭이 나옵니다. 이중 작성 탭에서는 이메일이나 블로그 포스팅 등의 초안을 작성할 수 있습니다. **작성 주제**를 적고, **톤**과 **형식**, **길이**를 정한 다음 **초안 생성** 버튼을 누르면 빙 챗이 조건에 알맞은 글을 생성해줍니다.

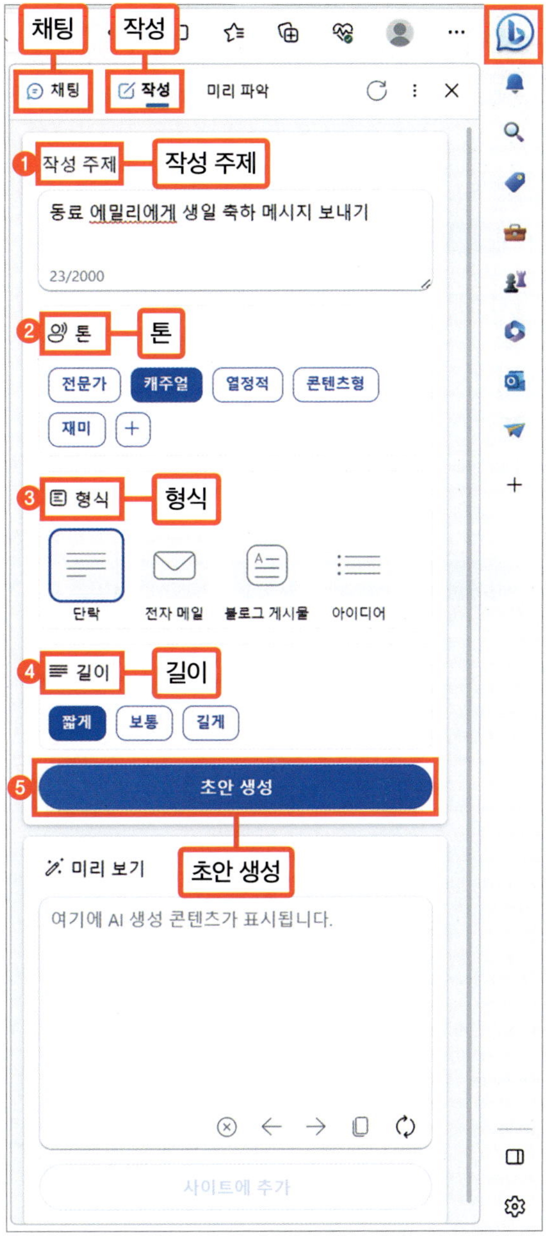

1 이메일 작성

1 **작성 주제**에 거래처에 보낼 이메일 내용을 간단하게 적습니다. 그다음 **톤**과 **형식**, **길이**를 선택한 후 **초안 생성** 버튼을 누릅니다.

2 빙 챗이 이메일을 작성해주었습니다.

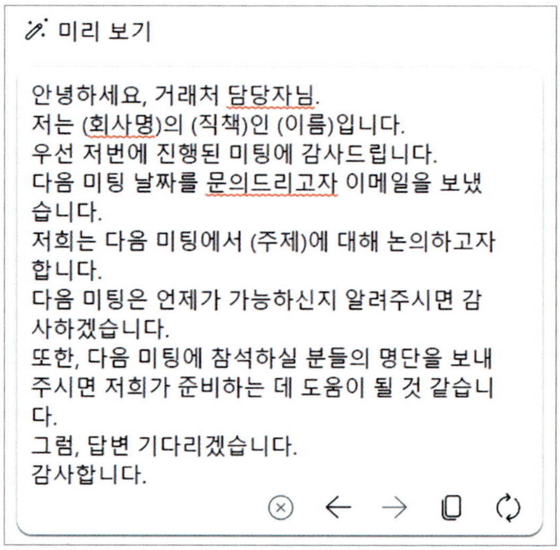

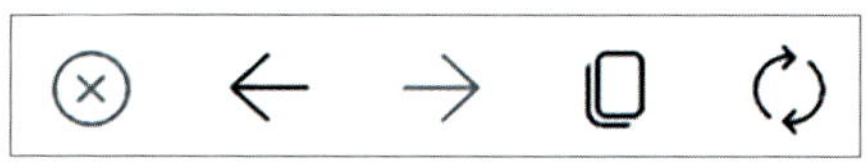

채팅창 하단 오른쪽에 ↻ 버튼을 누르면 새로운 초안이 생성됩니다. 좌우 화살표 버튼을 눌러서 새롭게 생성된 초안과 이전에 생성된 초안을 비교해보세요. 겹쳐 놓은 종이 모양의 ▢ 버튼을 누르면 생성된 글을 그대로 복사할 수 있습니다. 답변을 중단하고 싶다면 채팅창 가장 왼쪽에 ⊗ 버튼을 클릭하세요.

3 작성한 이메일을 영문으로 변경해보겠습니다. 하단의 ▢ 버튼을 클릭해 이메일 초안을 복사합니다.

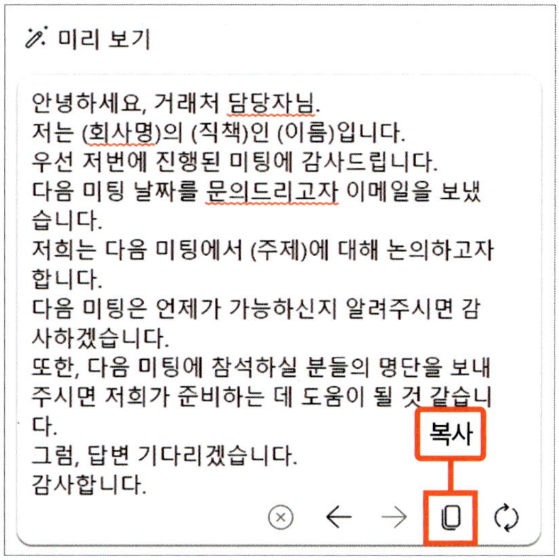

4 채팅 탭으로 이동한 후, 채팅창에 붙여 넣습니다. 그다음 "영어로 번역해줘"라고 요청합니다.

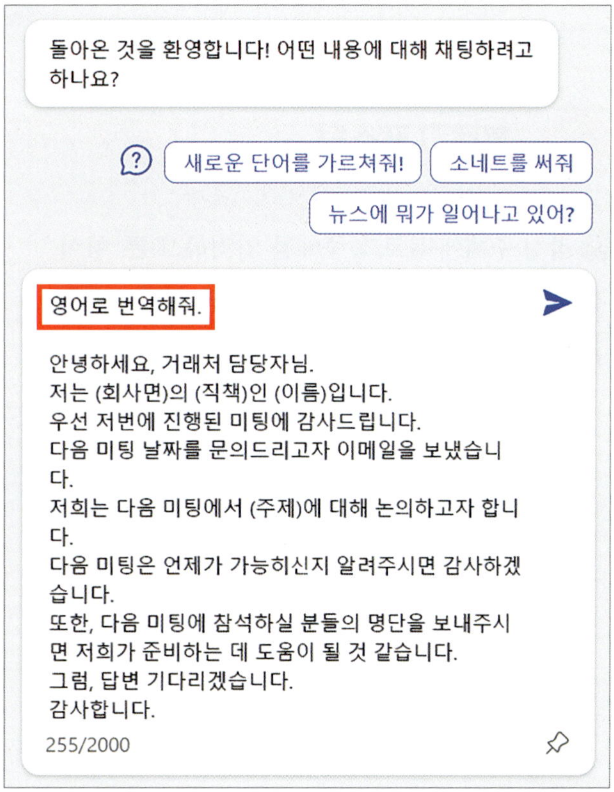

5 한글로 작성한 이메일이 영어로 번역되었습니다.

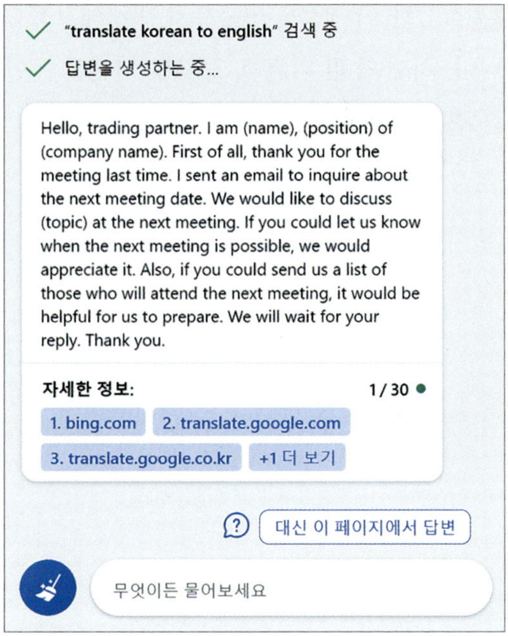

2 블로그 포스팅

1 **작성 주제**에 블로그 주제를 입력하고 **톤, 형식, 길이**를 선택합니다. 그다음 **초안 생성** 버튼을 누릅니다.

2 빙 챗이 블로그 글의 초안을 뚝딱 써냅니다. 미리 보기 창에서도 문장을 수정할 수 있지만, 분량이 길기 때문에 워드로 옮긴 후 수정을 해보겠습니다. 하단에 ▢ 버튼을 눌러 글을 복사합니다.

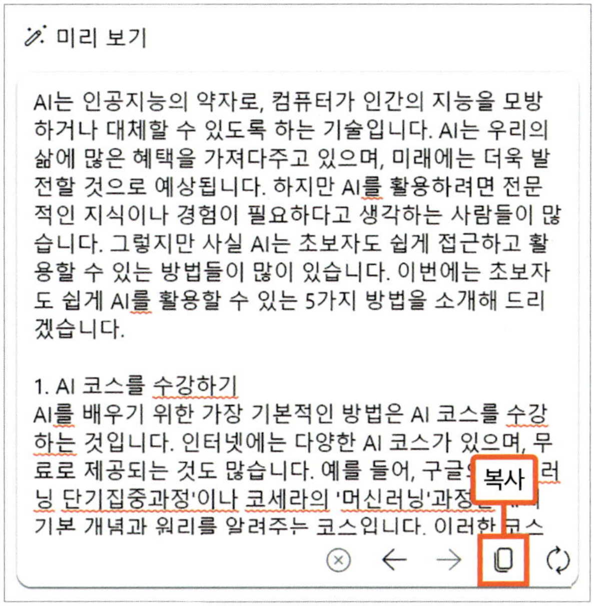

3 마이크로소프트 빙(https://www.bing.com/) 화면에서 ··· 버튼을 눌러, Microsoft 365 → 워드(Word)를 클릭합니다.

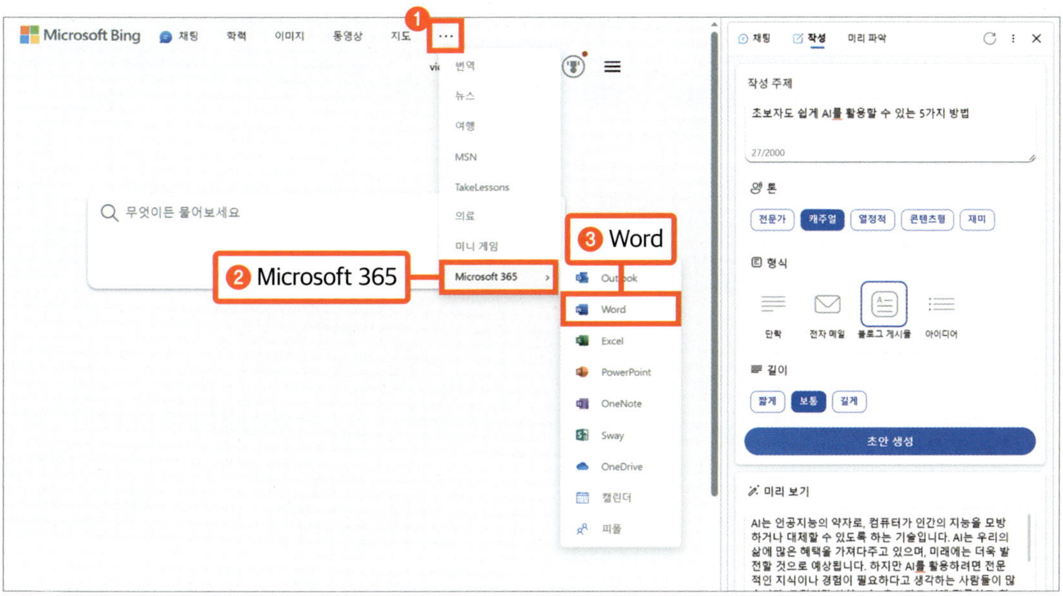

4 새 문서를 연 후, 마우스 오른쪽 버튼을 눌러 복사한 글을 붙여 넣습니다.

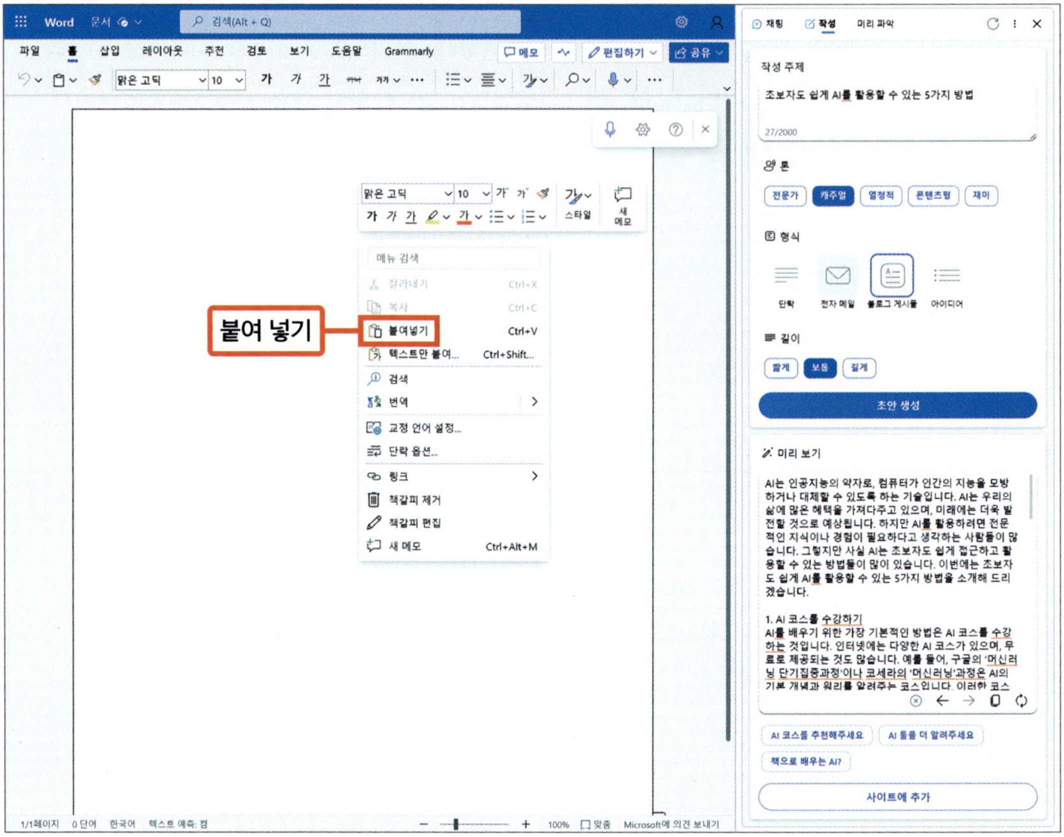

5 워드에서 빙 챗이 작성한 초안을 편하게 수정합니다. 완성한 글은 복사해서 블로그에 포스팅하세요.

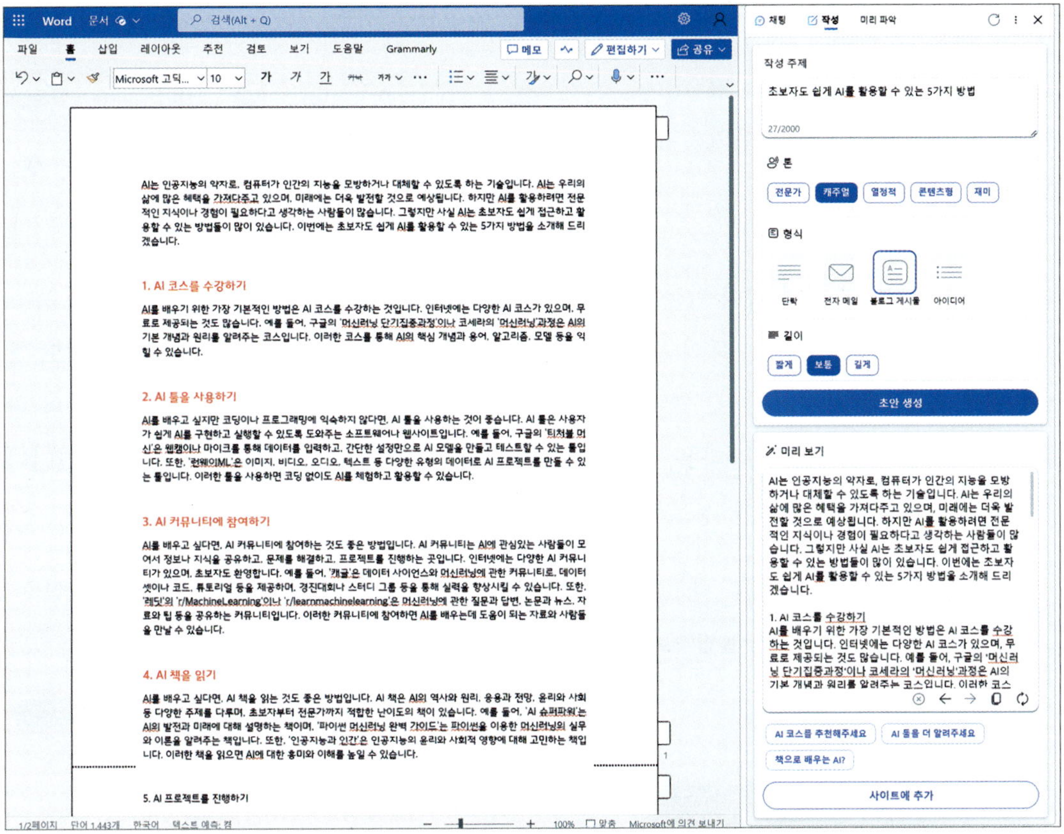

04 주의할 점

오른쪽 아이콘을 클릭해 빙 챗을 사용할 때는 한 가지 주의할 점이 있습니다.

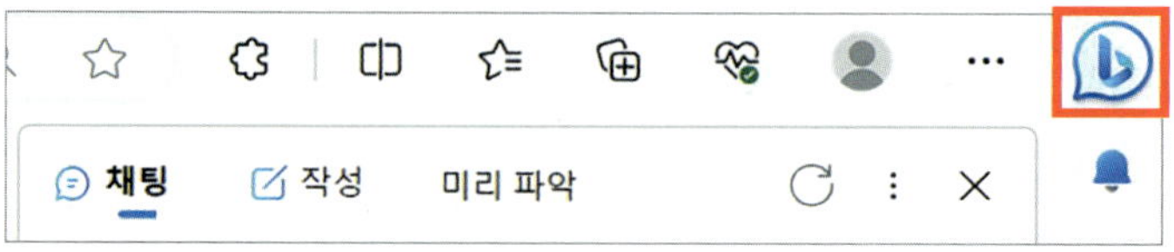

빙 챗은 엣지 브라우저에 열려 있는 정보를 기본값으로 인식합니다. 따라서 브라우저에 뉴스가 띄워져 있거나 워드, PDF 등의 문서가 열려 있으면, 오른쪽 채팅창에 다른 질문을 해도 브라우저에 있는 내용을 바탕으로 답변을 합니다. 아래 이미지에서 볼 수 있듯, 기후 위기와 관련된 뉴스를 브라우저에 띄운 다음, 채팅창에 “곡성 장미 축제에 대해 알려줘”라고 요청했더니 기후 위기와 곡성 장미꽃 축제 정보를 섞어서 알려주었습니다.

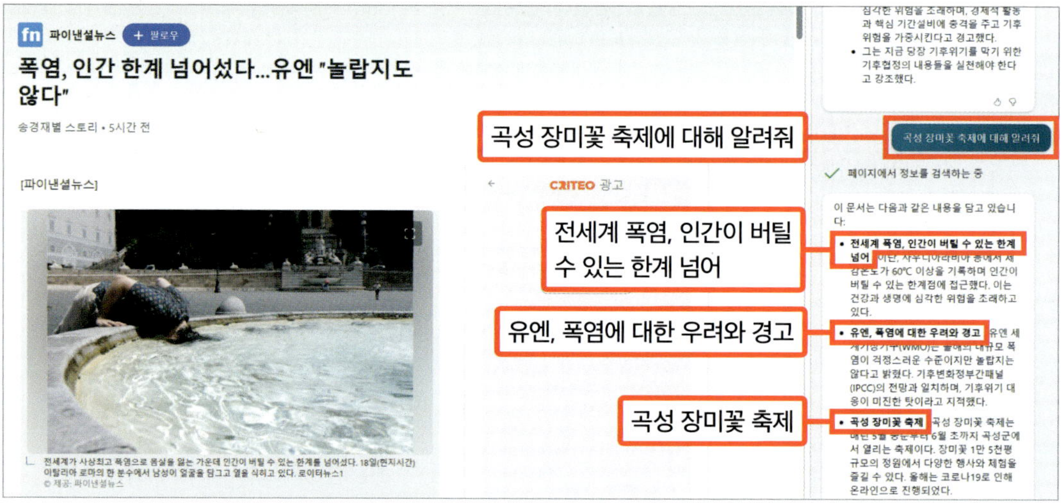

따라서 새로운 질문을 할 때는 엣지 브라우저의 정보가 개입되지 않도록 메인 화면에서 빙 챗을 사용하는 것이 좋습니다.

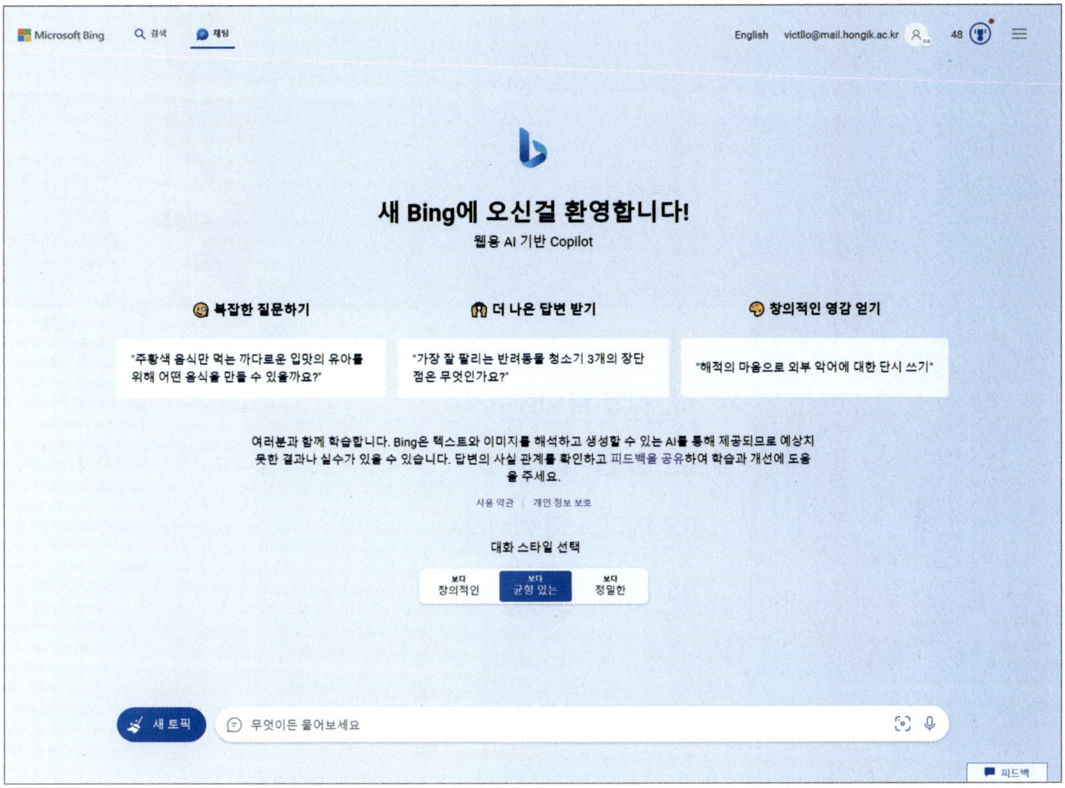

CHAPTER 3

뤼튼 ;wrtn

뤼튼은 모두를 위한 AI 포털입니다. 챗GPT와 스테이블 디퓨전(Stable Diffusion), 네이버 하이퍼클로바와 같은 생성형 AI 모델들이 적용되어 있어 검색부터 글쓰기, 그림 그리기 등 다양한 일들을 할 수 있습니다. 그중에서도 특히 글쓰기에 큰 강점을 가지고 있죠. 마케터, 이커머스 사장님, 콘텐츠 크리에이터 등 글쓰기 창작 영역에서 어려움을 겪고 있는 사람이라면 많은 도움을 받을 수 있습니다. 또, 국내 생성형 AI인 만큼 한국어 친화적입니다. '꿀팁', '대박나는', '킹받는' 같은 유행어도 척척 알아듣죠. 그럼, 지금부터 뤼튼의 주요 기능을 배워보겠습니다.

01 채팅 탭 이해하기

검색창에 **뤼튼** 또는 주소창에 hpps://wrtn.ai/를 입력해 뤼튼에 접속합니다. 화면 오른쪽 상단에 **로그인** 버튼을 눌러 회원가입을 진행해주세요.

화면 상단에 여러 탭들이 있습니다. 이중 뤼튼의 주요 기능인 **채팅**, **툴**, **에디터**를 실습해보겠습니다. 먼저, 채팅입니다. 채팅 탭을 클릭합니다.

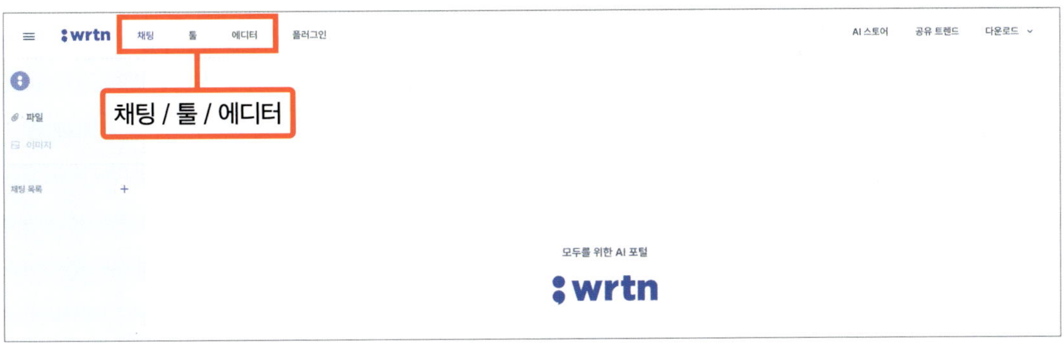

채팅 기능은 하단 채팅창에서 이용할 수 있습니다. 채팅창은 일반 모드와 검색 모드로 나뉩니다.

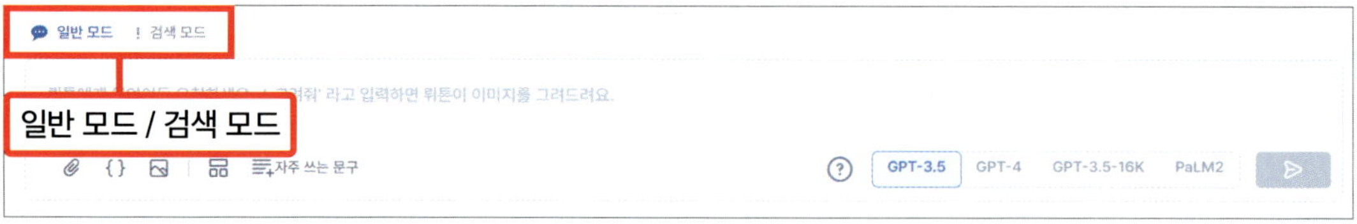

1 일반 모드

일반 모드에서는 챗봇과 대화를 주고받으며 정보를 얻을 수 있습니다. 챗GPT가 연동되어 있어 뤼튼에서 챗GPT를 사용하는 효과를 누릴 수 있습니다. 하단 오른쪽에는 네 가지 모드가 있는데 GPT3.5는 더 빠른 답변을 얻고 싶을 때, GPT4는 더 똑똑하고 창의적인 답변을 얻고 싶을 때, GPT 3.5-16K는 더 긴 답변을 얻고 싶을 때, PaLM2는 가독성이 높은 답변을 얻고 싶을 때 사용합니다.

하단 왼쪽에는 여러 아이콘들이 있습니다. 기능은 다음과 같습니다.

• **파일 첨부(📎)** : PDF 파일을 첨부하면 해당 파일의 내용을 요약·분석해줍니다. 단, 아직 정확성이나 퀄리티가 높은 편은 아니라서 활용도가 그리 높지는 않습니다.

• **코드 작성({ })** : 코드를 만들 수 있습니다. 파이썬, 자바스크립트, HTML 등의 코드를 입력하면 뤼튼이 코드를 완성해줍니다.

• **이미지 첨부(🖼)** : 이미지를 첨부할 수 있습니다. 단, 현재는 서비스 준비 중입니다(2023년 8월 10일 기준).

• **툴 리스트(品)** : 자주 쓰는 툴을 '즐겨찾기' 할 수 있습니다. 이 부분은 툴을 실습한 후, 다시 설명하겠습니다.

• **자주 쓰는 문구(≡+)** : 자주 쓰는 문구를 등록해두면 매번 채팅창에 입력할 필요가 없습니다. 사용법은 다음과 같습니다.

1 입력창에서 **자주 쓰는 문구** 버튼을 클릭한 후, **편집하기** 버튼을 누릅니다.

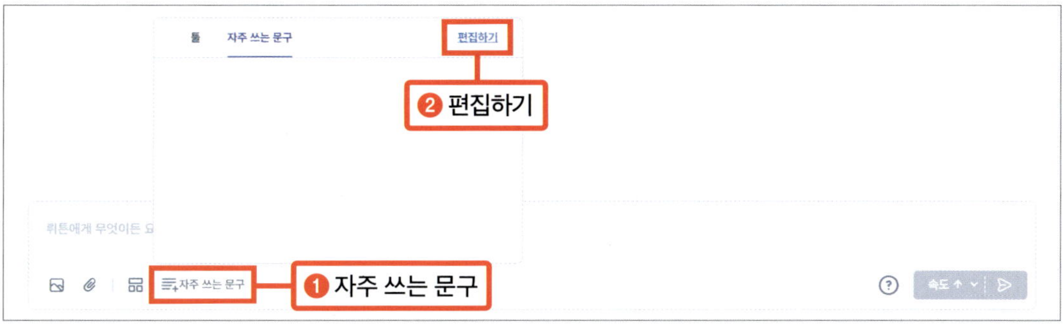

2 문구를 추가할 수 있는 창이 뜹니다. 안내창 상단에 **자주 쓰는 문구 추가** 버튼을 클릭합니다.

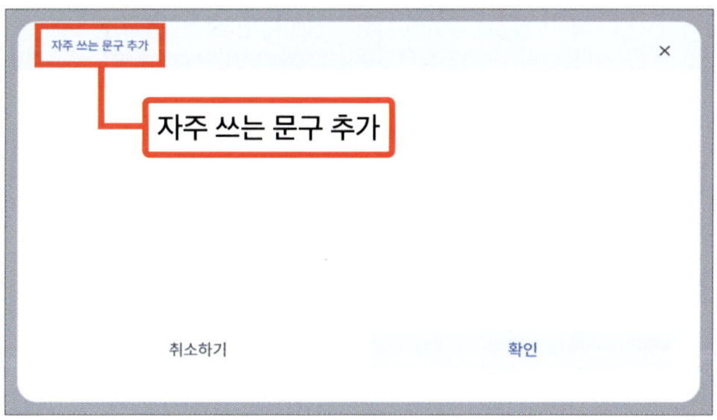

3 **이름**과 **내용**을 입력합니다. 저는 이름에는 '첨삭'을, 내용에는 '맞춤법이나 문장부호 오류가 있는지 검토해줘'라고 적었습니다. **등록하기** 버튼을 클릭한 다음, **확인** 버튼을 누릅니다.

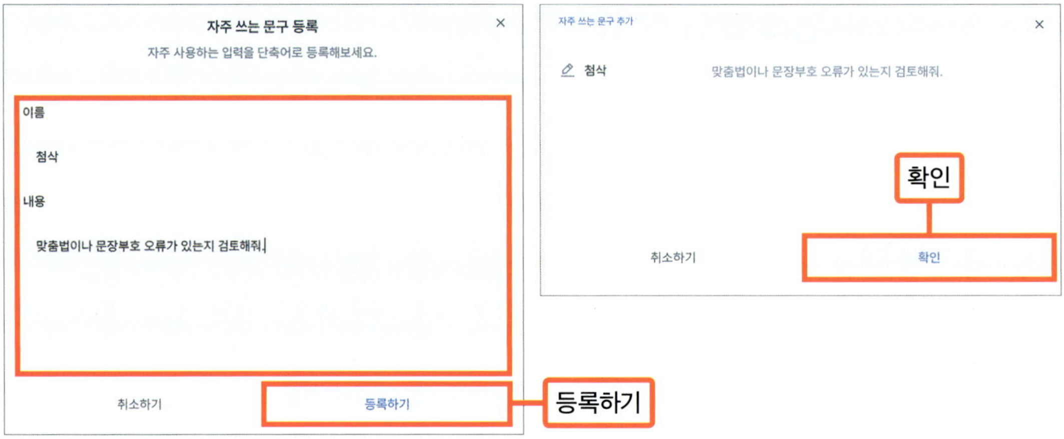

4 입력창으로 돌아와 **자주 쓰는 문구** 버튼을 클릭합니다. 등록한 문구가 추가된 것을 확인할 수 있습니다. 클릭하면 자동으로 채팅창에 문구가 입력됩니다.

일반 모드에서는 이미지 생성도 가능합니다. 이는 챗GPT와는 차별화된 기능입니다. "우주복을 입은 강아지 캐릭터를 그려줘"라고 입력하니, 다음과 같은 이미지가 생성되었습니다. 마음에 들지 않으면 하단에 **다시 생성** 버튼을 눌러 이미지를 새롭게 받을 수 있습니다.

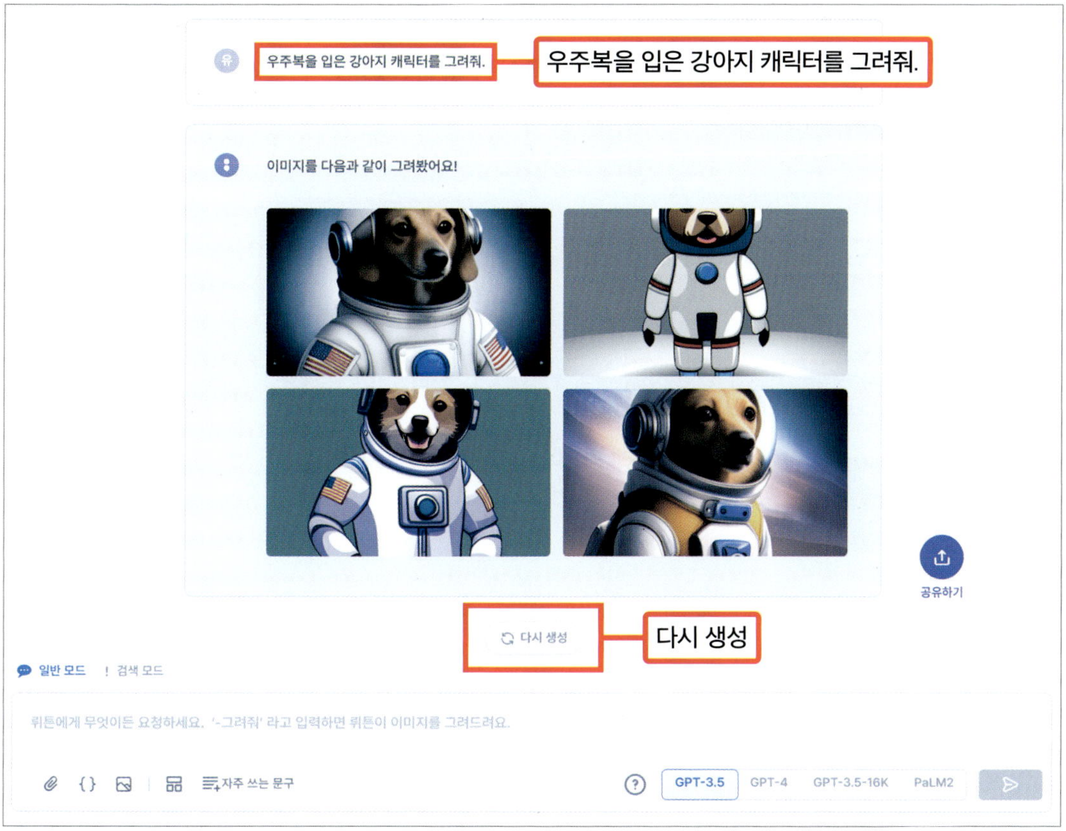

2 검색 모드

다음은 검색 모드입니다. 검색 모드에서는 대화 형태의 채팅은 어렵지만, 일반 모드와 달리 실시간 데이터를 반영한 결과물을 얻을 수 있습니다.

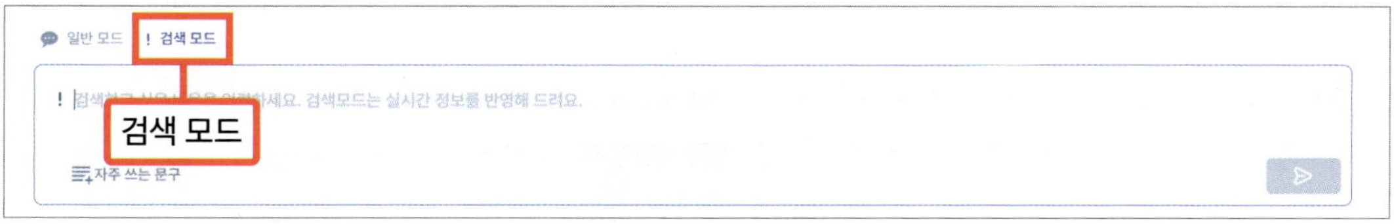

"석유화학 산업을 잘 설명하는 애널리스트 리포트를 찾아줘"라고 요청했더니, PDF 파일의 리포트를 바로 찾아줬습니다. 네이버나 구글 검색처럼 원하는 정보가 담긴 웹 페이지를 하나씩 확인할 필요가 없어 편리합니다.

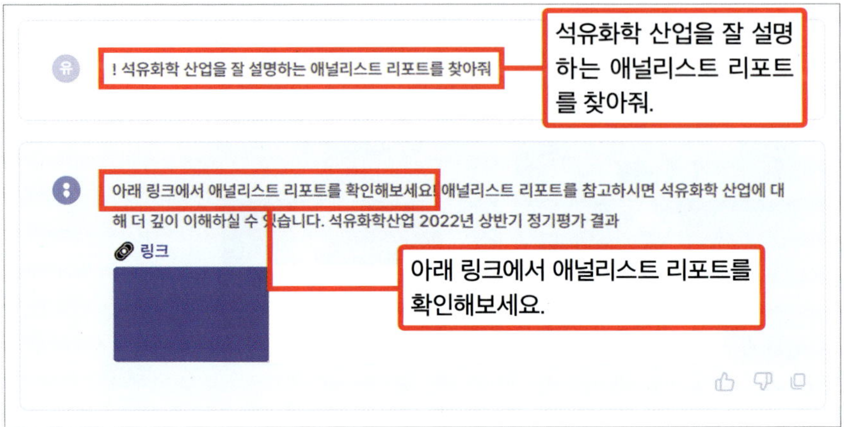

다만, 뤼튼의 검색 결과가 항상 정확한 것은 아닙니다. "이번 달에 개봉하는 영화 리스트를 알려줘"라고 요청했더니, 최근에 개봉한 영화와 관련된 뉴스를 갈무리한 정보가 나왔습니다. 따라서 포털 검색과 뤼튼의 검색 모드를 상황에 따라 적절히 활용하는 요령이 필요합니다.

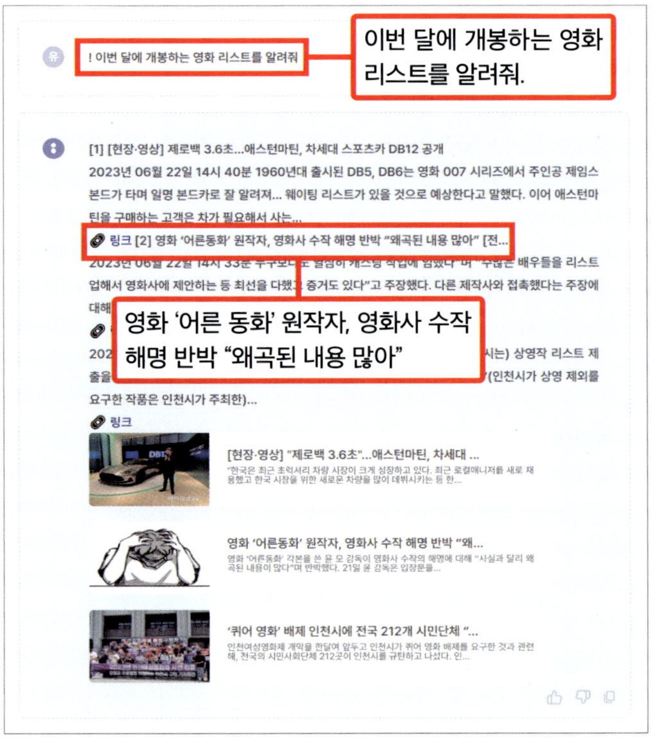

02 툴 탭 이해하기

툴은 다양한 상황에서 쉽고 빠르게 글을 쓰도록 도와주는 도구입니다. 왼쪽 메뉴를 보면 블로그 포스팅, SNS 광고 문구, 인스타 피드, 상세 페이지 등 다양한 툴들이 있는데요, 해당 툴을 클릭한 후, 주제와 관련된 컨셉이나 키워드를 입력하면 양식에 맞게 한 편의 글이 뚝딱 완성됩니다. 대표적인 툴 세 가지를 실습해보겠습니다.

1 블로그 포스팅

블로그 포스팅 툴을 활용하면 서론, 본론, 완성본으로 나눠 블로그 글을 순식간에 완성합니다.

1 툴 탭 왼쪽 메뉴 상단에서 **블로그 포스팅**을 클릭합니다.

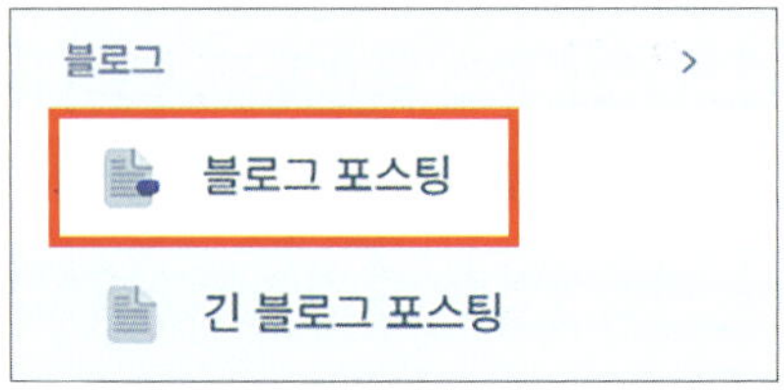

2 **포스팅 주제** 입력창에 포스팅하고 싶은 내용을 적고 해당 글에 알맞은 **카테고리**를 선택합니다. 저는 주제에 '앤디 워홀 전시 관람 후기'라고 적은 후, '취미·여가·여행' 카테고리를 선택했습니다. 하단에 **자동 생성** 버튼을 클릭합니다.

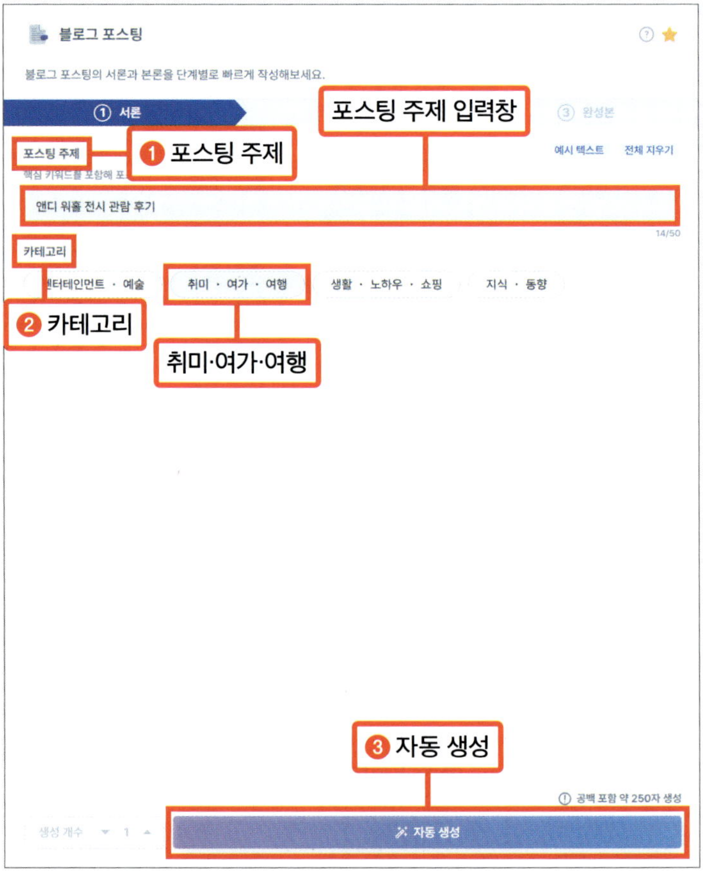

글의 서론이 완성되었습니다. 글이 만족스럽지 않다면 **자동 생성** 버튼을 눌러 새로운 글을 요청하세요. 만족스럽다면 **다음 단계로** 버튼을 클릭합니다. 그럼, 자동으로 본론 탭으로 넘어갑니다.

3 앞서 생성했던 서론이 입력창에 나와 있는데요, 이곳에서 서론을 수정할 수 있습니다. 수정 사항이 없다면(혹은 수정을 완료했다면) **자동 생성** 버튼을 눌러 본론을 생성합니다.

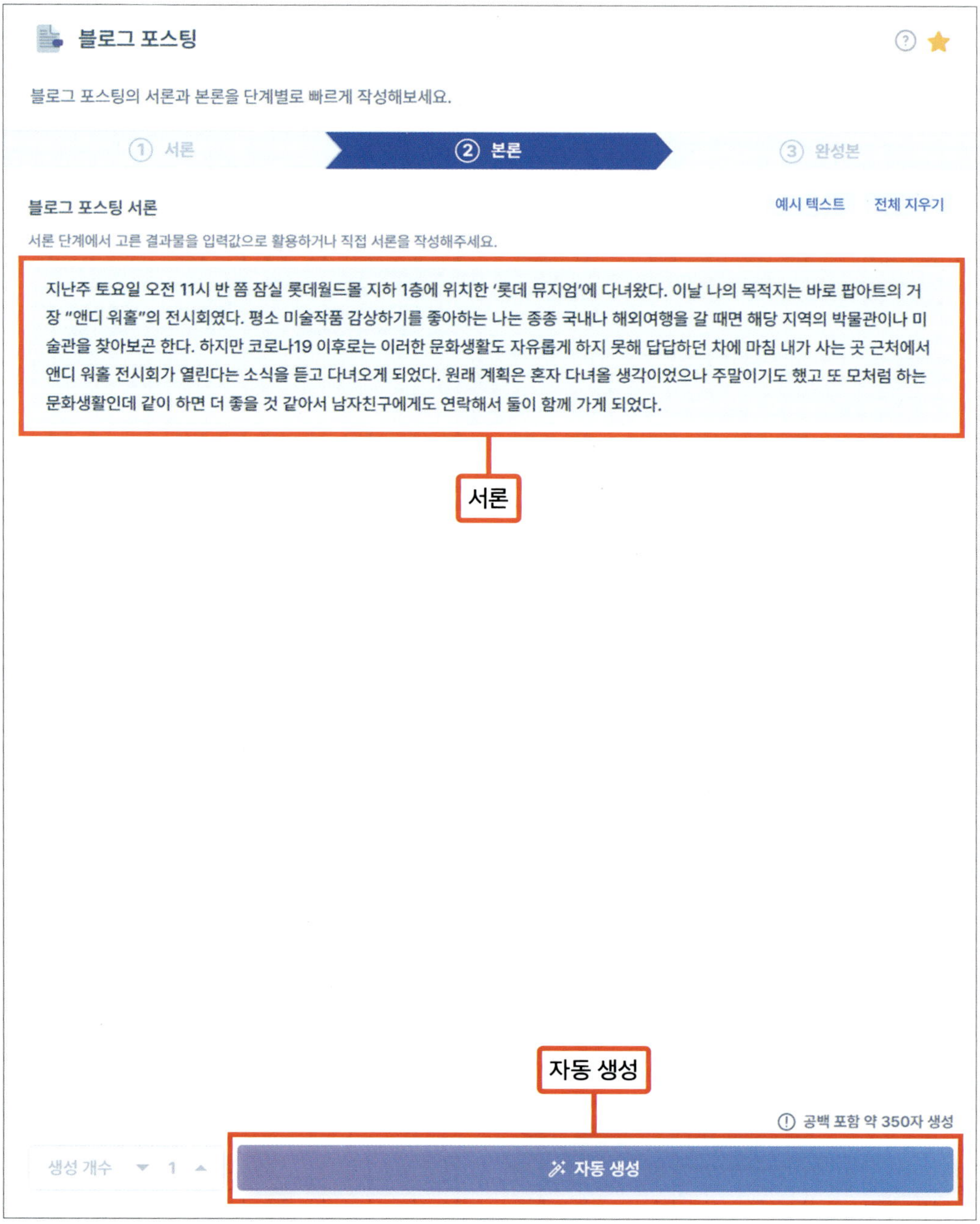

오른쪽에 본론이 완성되었습니다. 글이 만족스럽지 않다면 **자동 생성** 버튼을 눌러 새로운 글을 요청하세요. 만족스럽다면 **다음 단계로** 버튼을 눌러 완성본으로 넘어갑니다.

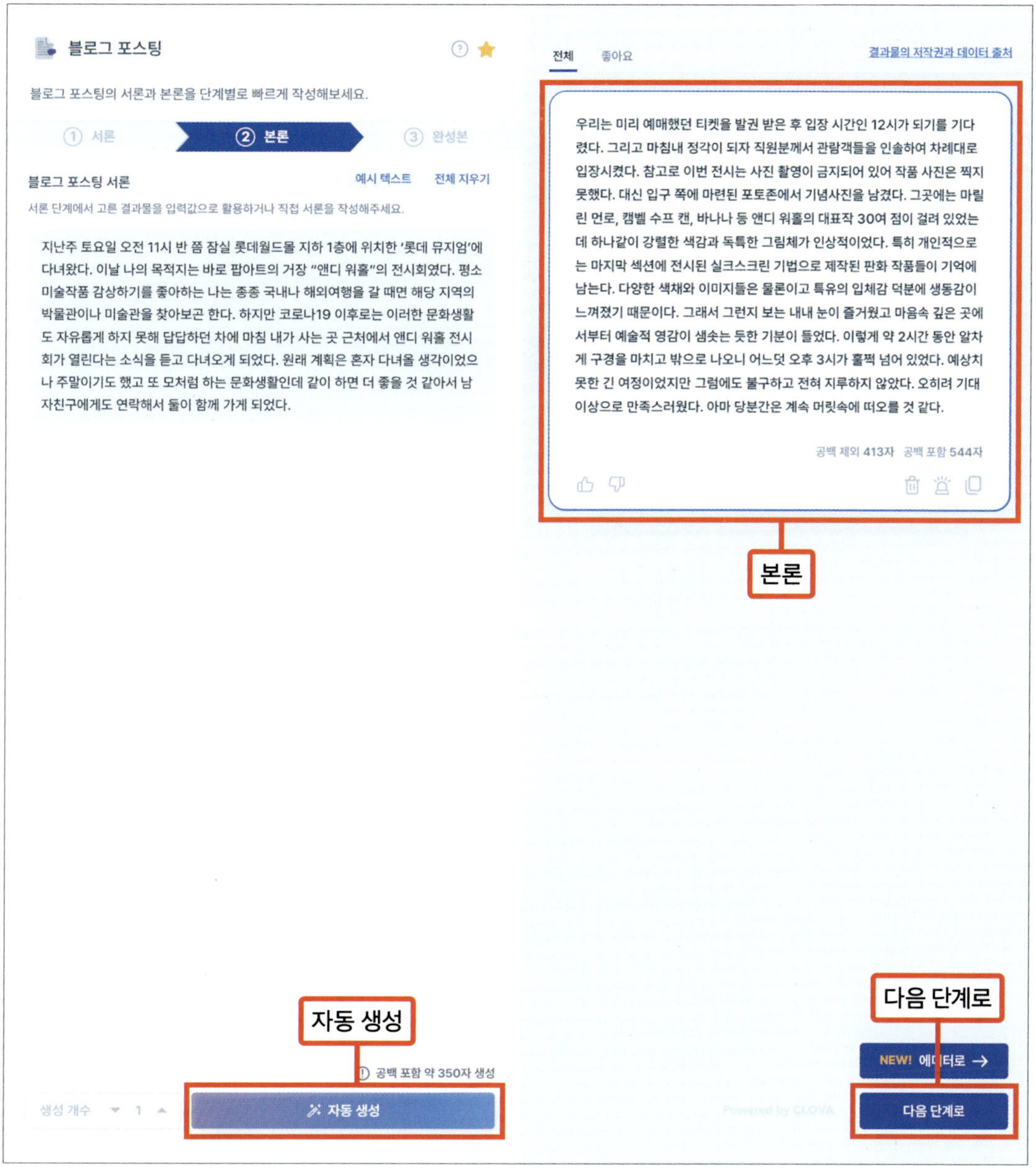

4 서론과 본론을 종합한 글이 나왔습니다. 제목 위에 있는 **AI 제목 추천**은 내용에 알맞은 제목을 AI가 추천해주는 기능인데 서비스 준비 중이라 아쉽게도 현재는 이용할 수 없습니다(2023년 8월 10일 기준). 내용은 입력창에서 수정할 수 있고, 수정한 글은 오른쪽 상단에 **원본으로** 버튼을 클릭해 원본 상태로 되돌릴 수 있습니다. 완성된 글은 오른쪽 상단에 **전체 복사** 버튼을 클릭해 블로그나 메모장에 붙여 넣어 사용하세요. 마지막으로 하단에 있는 **NEW! 에디터로** 기능을 알아보겠습니다.

5 NEW! 에디터로 버튼을 누르면 새로운 창에 생성했던 글이 자동으로 뜹니다. 여기서 글을 수정하거나 글자 크기 및 본문 정렬 등을 조정할 수 있습니다. 왼쪽 하단에 **이어쓰기** 기능을 활용해 글의 분량을 늘려보겠습니다.

이어 쓰고 싶은 문장 뒤에 마우스 커서를 올리고 화면 왼쪽 하단에 있는 **선택 안 함** 메뉴창을 클릭합니다. 여러 항목 중 원하는 글의 성격을 선택합니다. 저는 '예시'를 선택했습니다. 그다음 **이어쓰기** 버튼을 누릅니다.

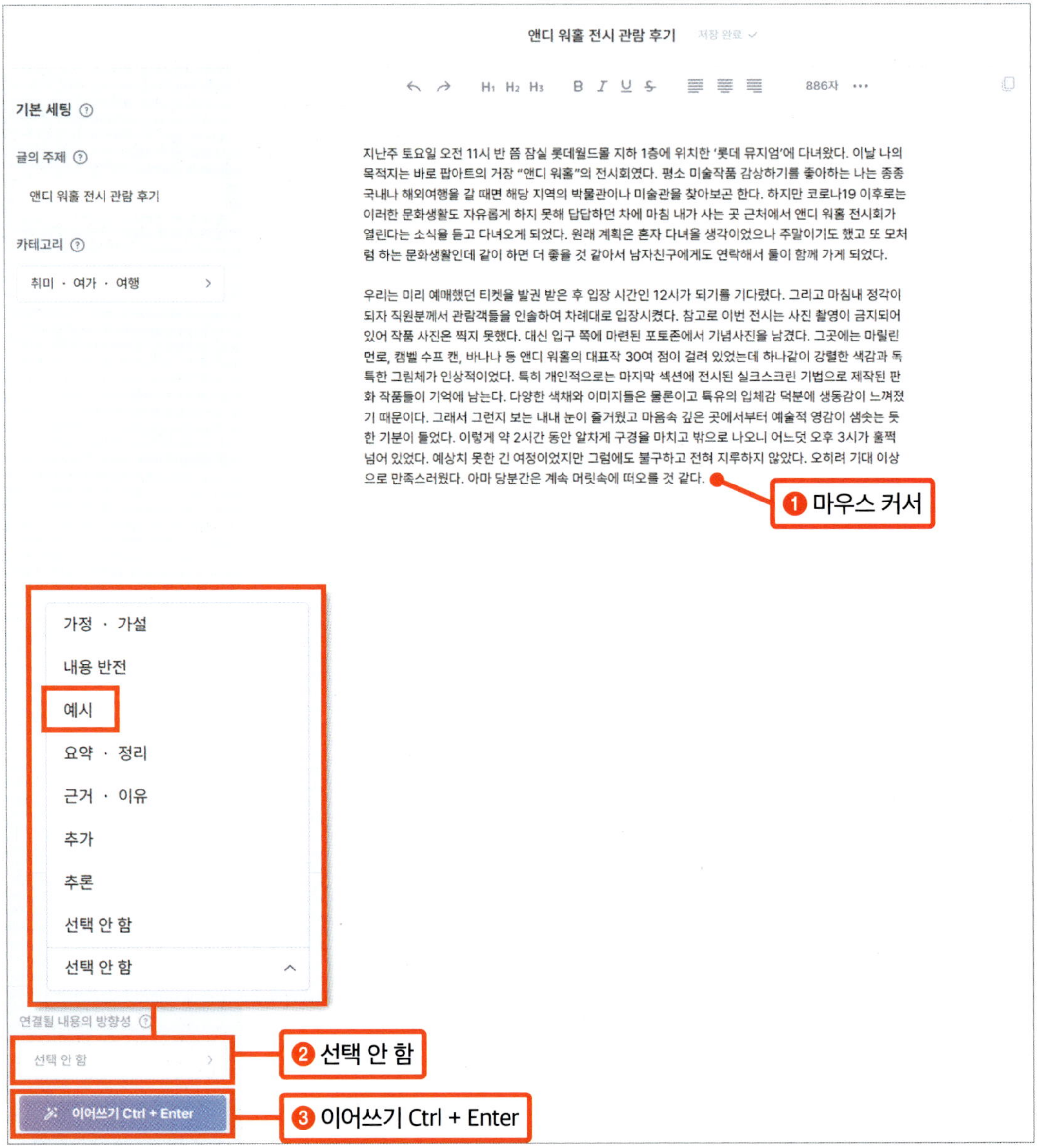

선택한 항목에 맞는 글이 추가로 생성되었습니다. 결과가 마음에 안 들면 **결과물 다시 생성**을 눌러 새로운 글을 받습니다. 결과가 마음에 들면 화면 오른쪽 상단에 ⧉ 버튼을 클릭해 글을 복사한 후, 블로그 등에 붙여 넣어 사용하세요.

NEW! 에디터로 기능은 블로그 포스팅 툴에서도 이용할 수 있지만, 상단에 있는 에디터 탭에서도 사용이 가능합니다. 글을 수정하는 데 그치지 않고, 초안을 작성할 때부터 사용하면 큰 도움을 받을 수 있습니다. 이 내용은 뒤에서 다시 설명하겠습니다.

2 카피라이팅

이번에는 마케팅 문구를 뚝딱 만들어보겠습니다.

1 툴 탭 왼쪽 메뉴 하단에서 **카피라이팅**을 클릭합니다.

2 **제품/브랜드 이름**에 제품명 또는 제품을 잘 나타내는 키워드를 적습니다. **핵심 내용**에는 제품에서 강조하고 싶은 내용을 넣습니다. 그다음 글의 전반적인 분위기를 결정하는 **톤 앤 매너**를 선택합니다. 책에서는 제품/브랜드 이름에 '아메리카노', 핵심 내용에 '고소하고 진한 맛의 커피'라고 적고, 톤 앤 매너를 '기본'으로 설정했습니다. **자동 생성** 버튼을 누릅니다.

오른쪽 창에 마케팅 문구가 생성되었습니다. 생성된 카피가 만족스럽다면 박스 오른쪽 하단에 ⧉ 버튼을 클릭해 카피를 복사한 후, 원하는 곳에 붙여 넣어 사용하세요. 만족스럽지 않다면 **자동 생성** 버튼을 눌러 새로운 카피를 생성합니다.

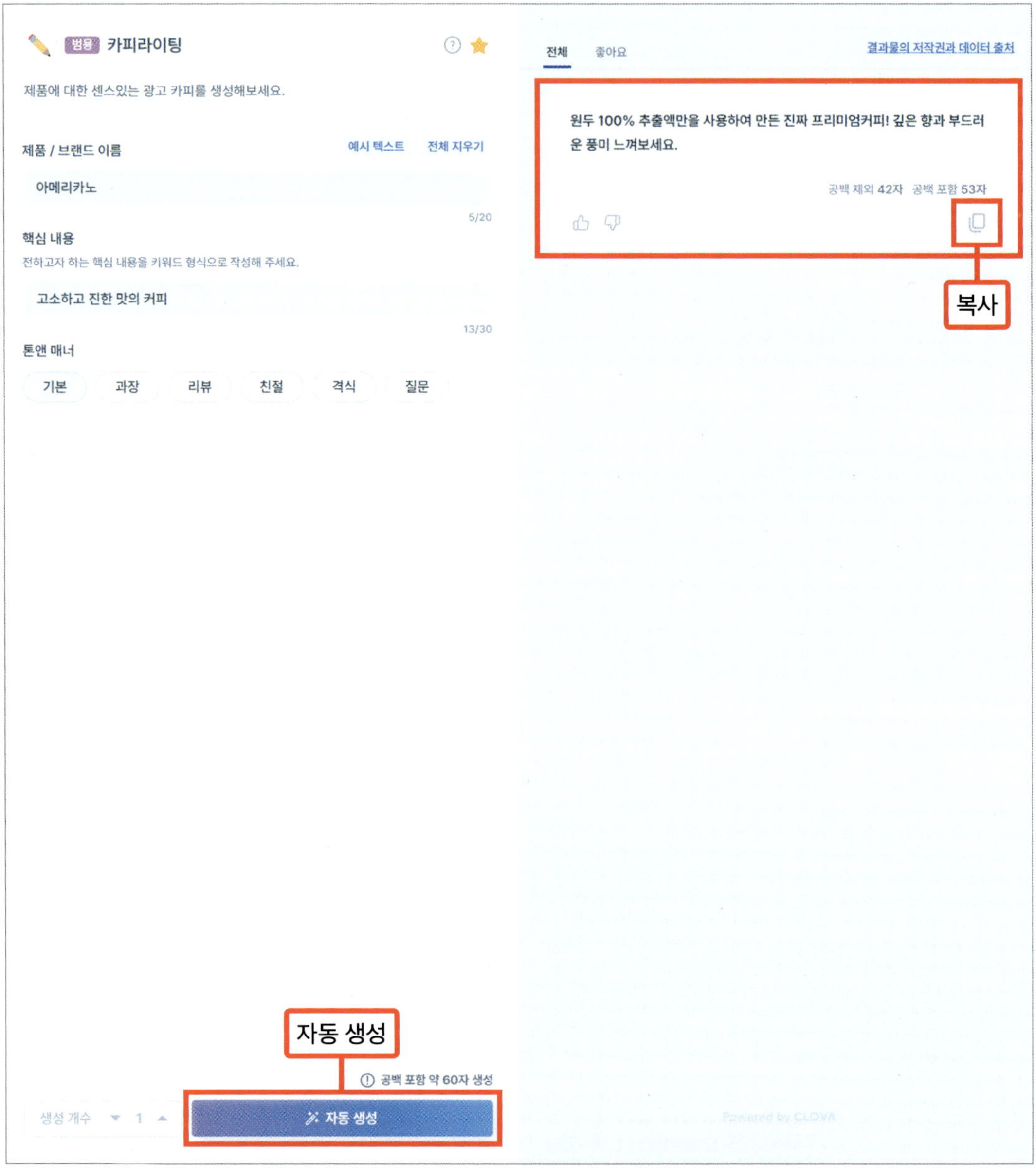

같은 제품과 내용이더라도 톤 앤 매너를 어떻게 설정하느냐에 따라 완전히 다른 느낌의 카피가 나옵니다. '과장'을 선택하니 경쾌하고 밝은 느낌의 카피가, '격식'을 선택하니 차분한 느낌의 카피가 생성되었습니다.

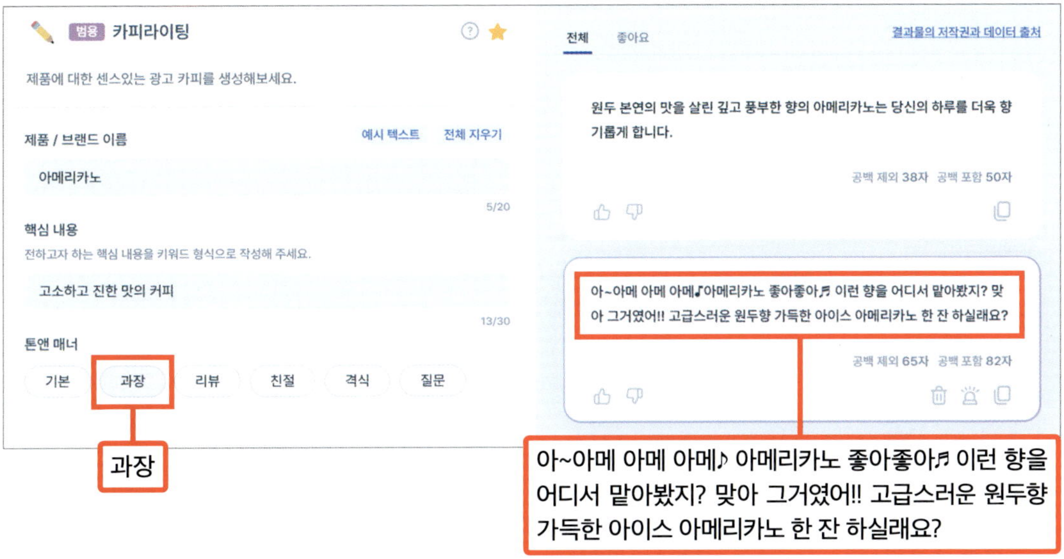

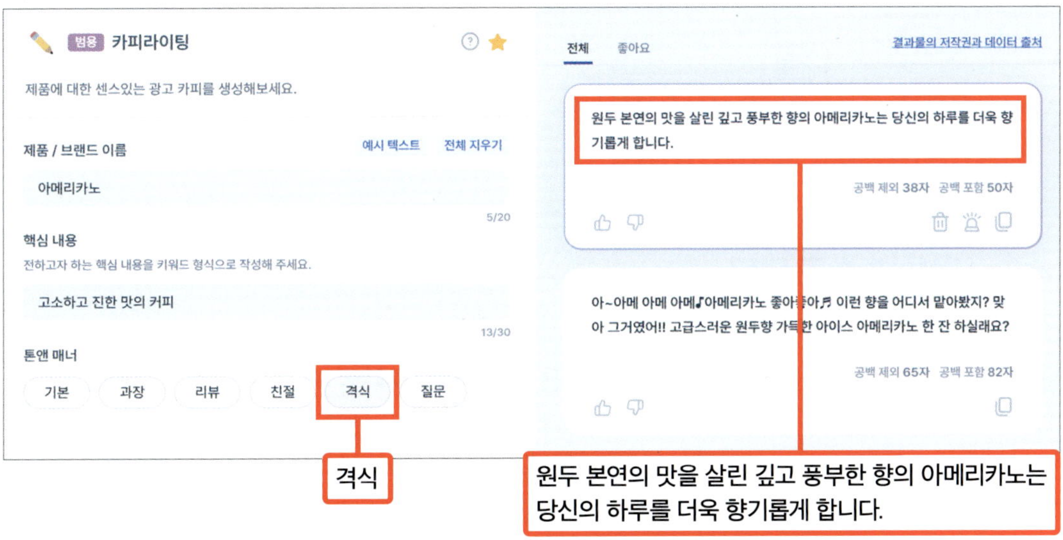

단어만 살짝 바꿔도 새로운 카피가 나옵니다. '아메리카노'라는 제품명을 '고소한 아메리카노'로 바꿨더니 이전과는 다른 내용의 카피가 작성되었습니다. 제품명이나 핵심 내용을 조금씩 바꾸면서 새로운 카피를 만들어보세요.

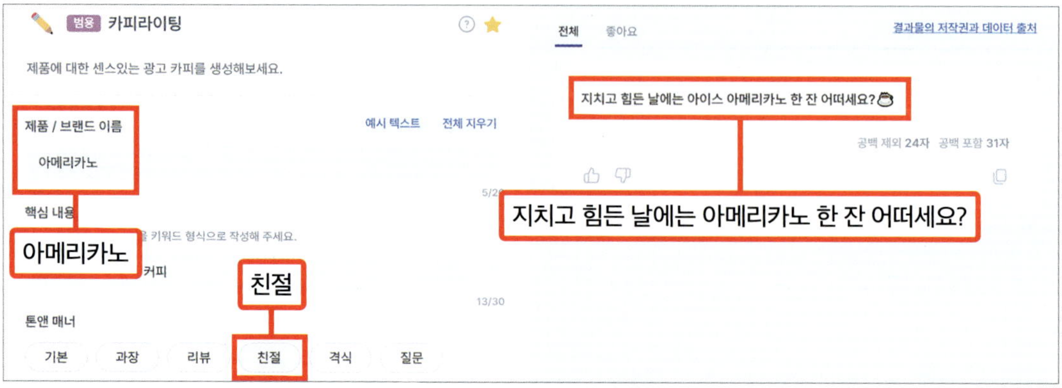

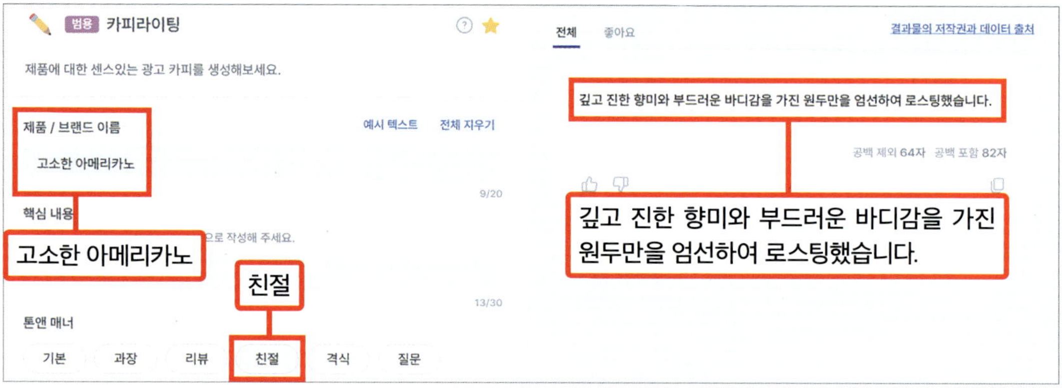

3 유튜브 쇼츠 대본

1 툴 탭 왼쪽 메뉴 하단에서 **유튜브 쇼츠 대본**을 클릭합니다.

2 **쇼츠 주제**에 만들려고 하는 영상의 주제를 적습니다. 책에서는 '책 홍보하는 방법'이라고 입력했습니다. **자동 생성** 버튼을 누릅니다.

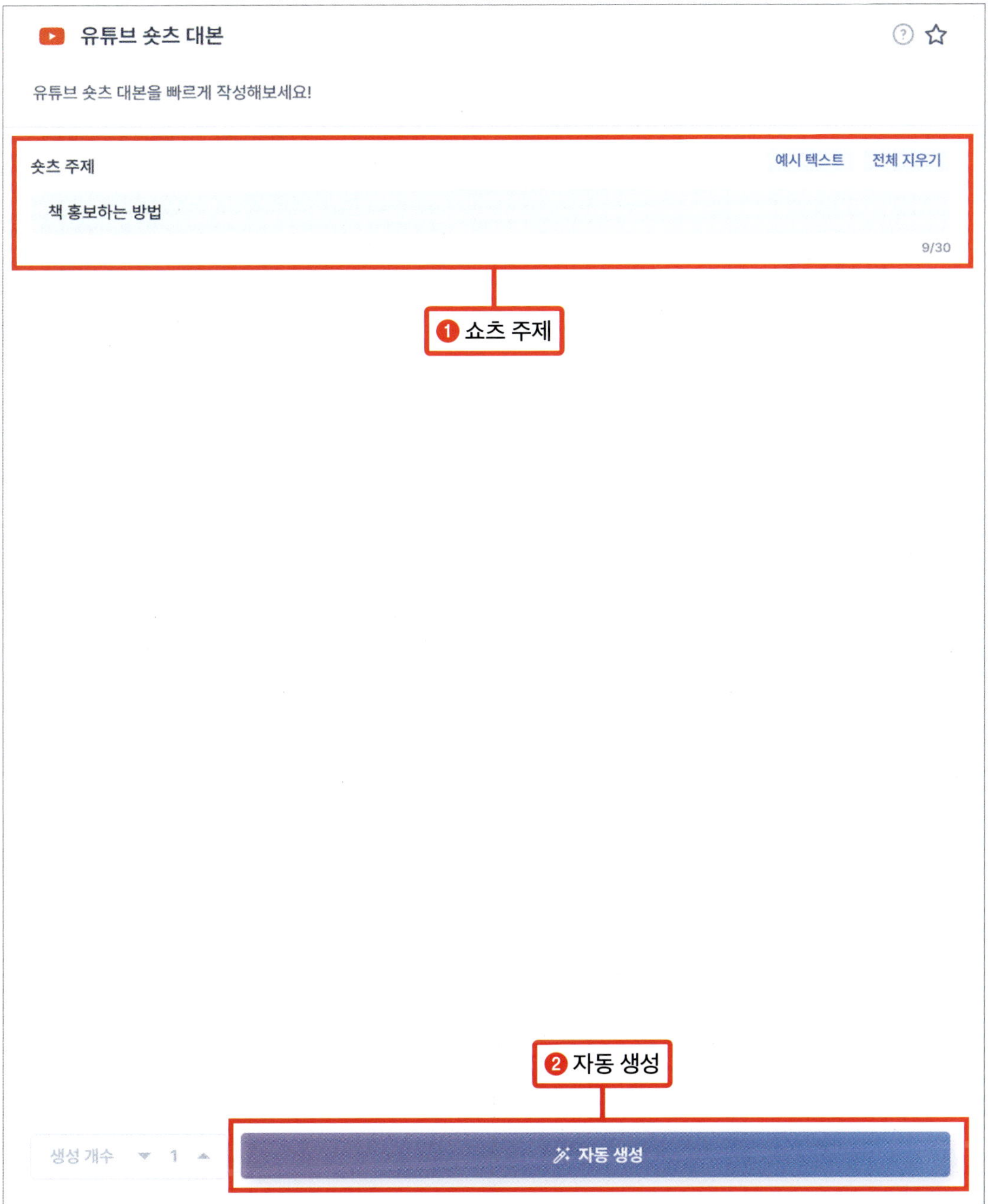

화면 오른쪽에 쇼츠 대본이 만들어졌습니다.

블로그 포스팅이나 카피라이팅과 달리, 숏츠 대본에서는 주제 외에 별도로 선택하거나 입력해야 할 항목이 없습니다. 단계가 간단하다 보니, 다시 자동 생성 버튼을 누르더라도 새로운 내용의 글을 받아보는 데 한계가 있습니다. 이때는 주제를 다시 쓴 후, 글을 생성해보세요. 주제를 좀 더 구체적이고 명확하게 적을수록 원하는 글이 생성될 가능성이 큽니다.

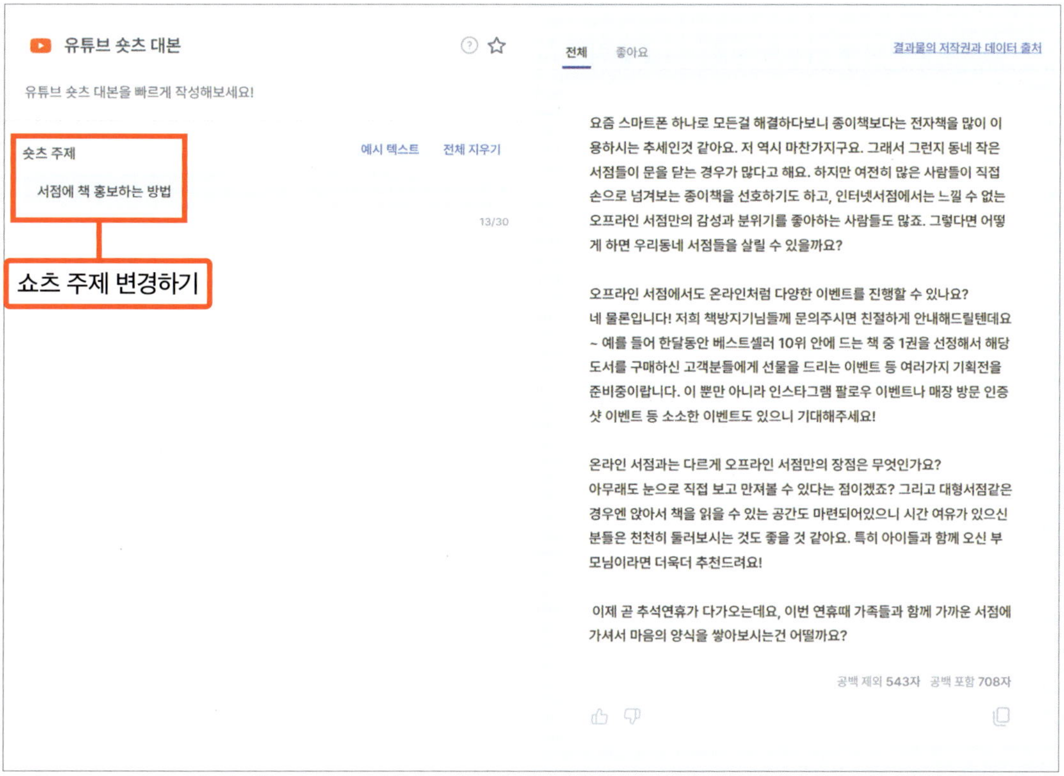

지금까지 툴을 이용해 블로그 포스팅, 카피라이팅, 유튜브 쇼츠 대본을 만들어보았습니다. 책에서 다루지 않은 다양한 툴들은 오른쪽 QR 코드로 확인하세요.

더 많은 툴
알아보기

자주 쓰는 툴을 채팅창에 즐겨찾기로 설정해두세요. 그럼, 채팅창에서도 사용할 수 있습니다. 방법은 다음과 같습니다.

❶ 채팅창에서 **툴 리스트 버튼(品)을 클릭**합니다. 그다음 **편집하기** 버튼을 누릅니다.

❷ 툴 리스트가 나오면 **원하는 메뉴를 선택**한 뒤, 옆에 있는 **별 아이콘(★)을 눌러 즐겨찾기**를 해줍니다. 책에서는 쇼핑몰 → 제품 소개를 선택했습니다. 상단에 X 버튼을 눌러 화면을 나가주세요.

❸ 채팅창에서 **툴 리스트 버튼(⊞)을 클릭**합니다. 앞서 등록한 툴이 추가된 것을 확인할 수 있습니다. 이렇게 툴을 등록해놓으면 툴 탭으로 이동하지 않고도 채팅창에서 바로 사용할 수 있습니다.

03 에디터 탭 이해하기

에디터란 긴 글을 쉽게 쓸 수 있도록 도와주는 도구입니다. 앞서 블로그 포스팅 툴에서 사용했던 NEW! 에디터로가 바로 이 기능입니다. 에디터 기능을 활용해 긴 글을 생성해보겠습니다.

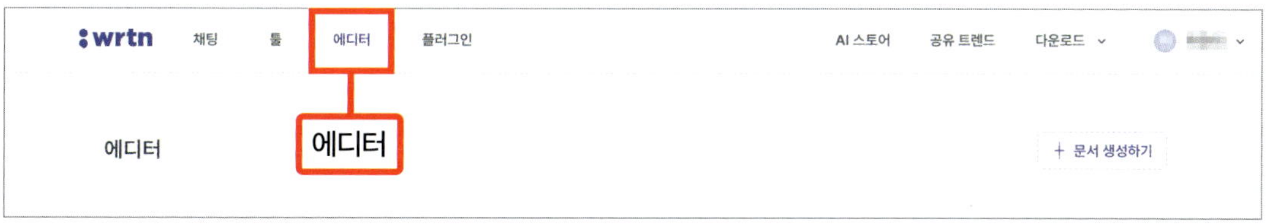

1 **에디터 탭**에 들어간 후, **문서 생성하기** 버튼을 누릅니다.

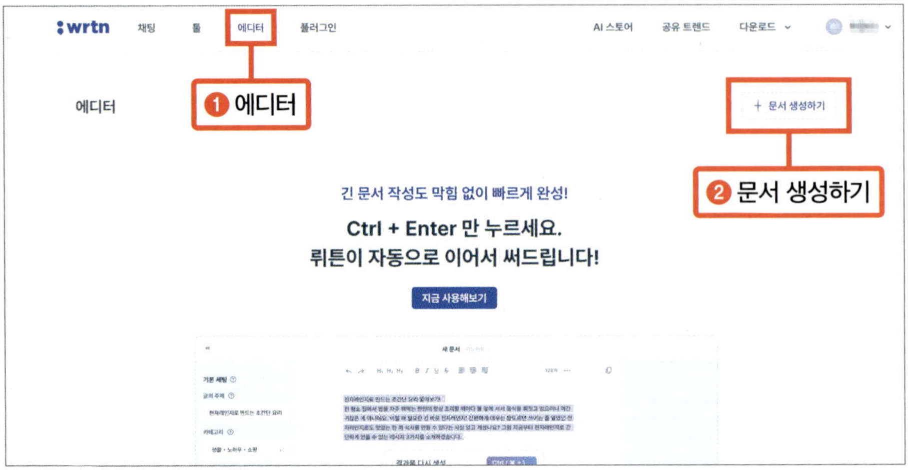

2 **글의 주제**를 적습니다. 그다음 글의 성격에 맞는 **카테고리**를 고릅니다. 저는 글의 주제에 '초코 쿠키 만드는 법'을 입력한 후, 카테고리에서 '취미·여가·여행'을 선택했습니다. 하단에 **자동 생성** 버튼을 누릅니다.

해당 주제로 글이 작성되었습니다. 글이 만족스럽지 않다면 **결과물 다시 생성** 버튼을 눌러 새로운 글을 요청합니다. 만족스러우면 **커서 뒤로 이어서 생성** 버튼 또는 왼쪽 하단에 **이어쓰기** 버튼을 클릭해 더 많은 글을 생성합니다. 이때, 왼쪽 하단에 있는 **선택 안 함**을 눌러 글과 적합한 항목을 선택하면 더 자연스러운 글을 생성할 수 있습니다.

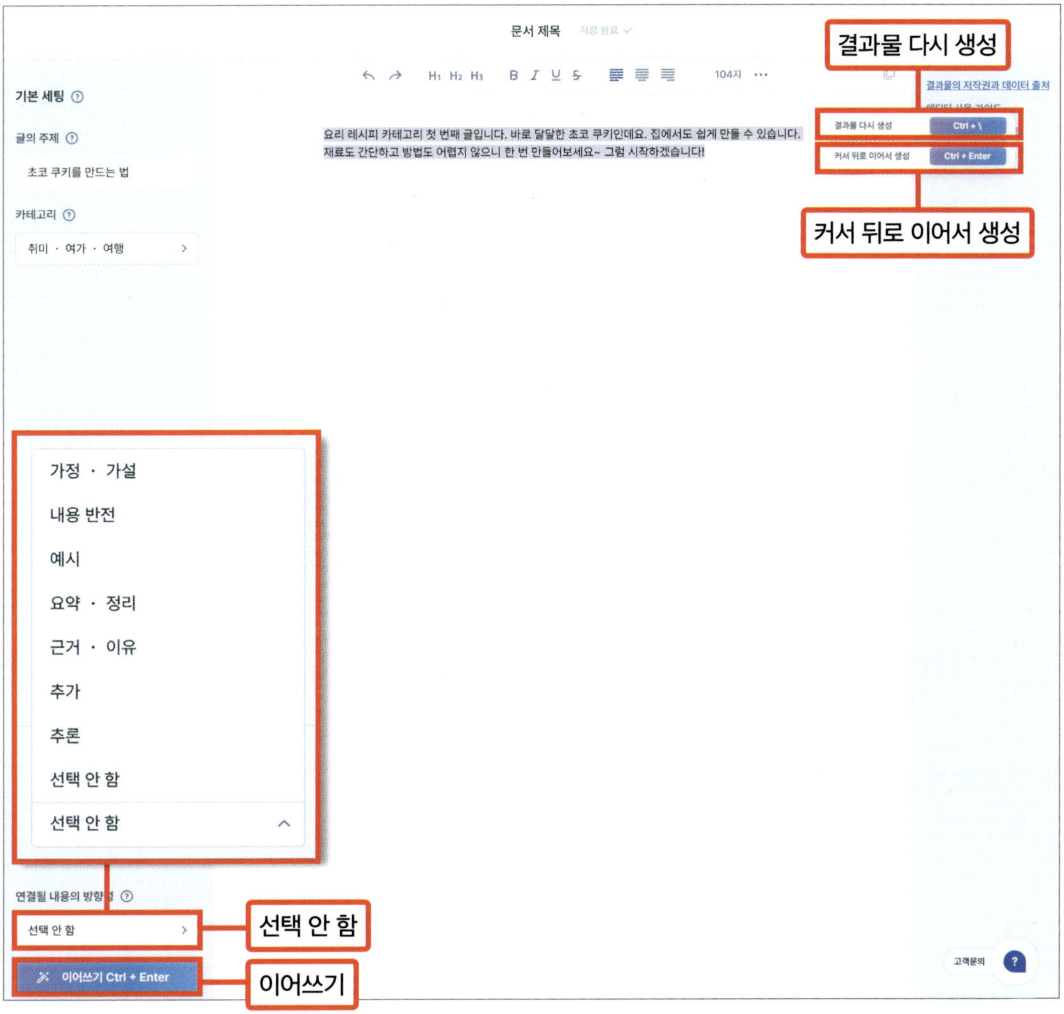

완성된 글은 화면 오른쪽 상단에 ⧉ 버튼을 클릭해 블로그 등에 붙여 넣어 사용하세요.

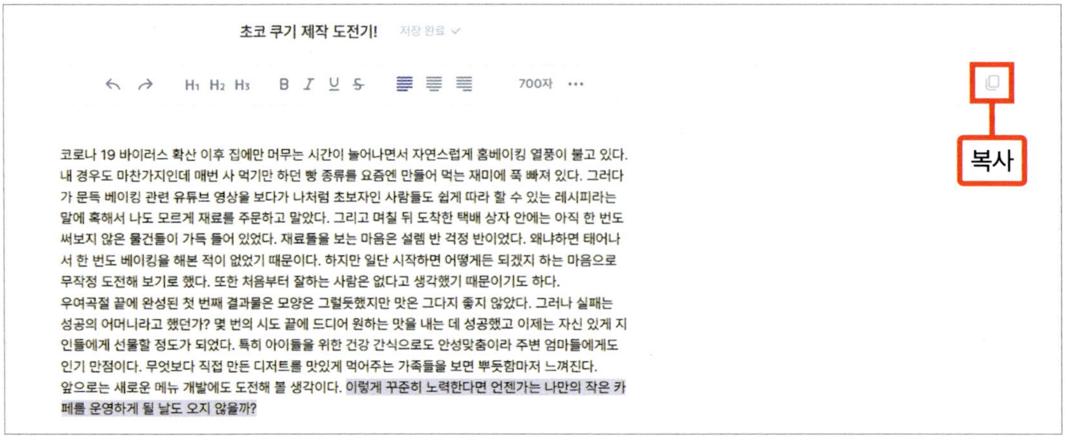

04 더 알아보기

1 다른 탭 살펴보기

앞서 뤼튼의 주요 기능인 채팅, 툴, 에디터 탭을 살펴봤는데요, 그 외 다른 탭들도 가볍게 짚어 보겠습니다.

1. 플러그인

플러그인이란 뤼튼이 사용자의 의도를 파악한 뒤, 외부 데이터와 연동해 최적화된 서비스로 연결하는 기능입니다. 예를 들어, "크림파스타를 먹고 싶은데, 가격은 15,000원 이하였으면 좋겠어"라고 요청하면 뤼튼이 이 조건에 맞는 음식점을 자동으로 연결해줍니다. 다만, 현재는 서비스 준비 단계입니다. 향후 지식, 부동산, 의료, 금융, 구인구직, 맛집 검색 등 다양한 분야를 선보일 예정이라고 하네요.

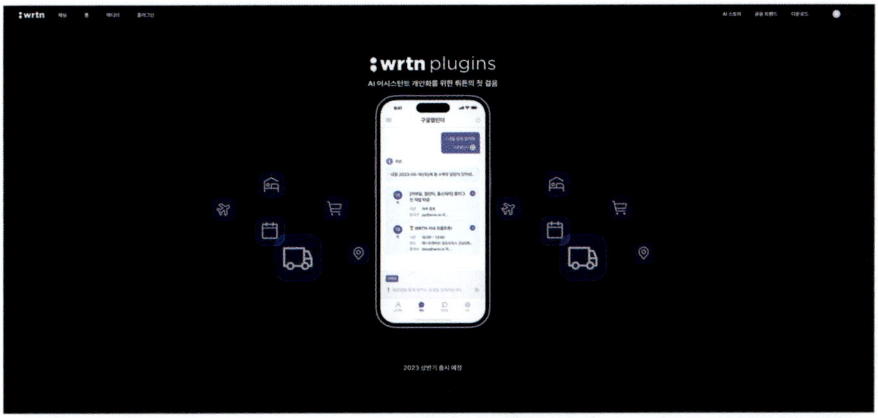

2. AI 스토어

다른 사용자가 만든 툴과 챗봇을 체험해볼 수 있는 공간입니다. 왼쪽 상단에서 툴 또는 챗봇을 선택할 수 있고, 카테고리별로 나눠서 볼 수도 있습니다. 직접 들어가서 해보면 어렵지 않게 해당 기능을 이해할 수 있습니다. 다만, 현재는 AI 스토어에서 체험하는 것만 가능합니다.

3. 공유 트렌드

다른 이용자들이 뤼튼에서 무엇을 했는지 살펴볼 수 있는 기능입니다. 직접 키워드를 입력하거나 '실시간 인기', '챌린지', '최신 게시물' 등으로 검색할 수 있습니다. 이 기능을 통해 사람들이 지금 어떤 분야에 관심이 있는지, 현재 이슈가 무엇인지 등을 쉽게 파악할 수 있습니다. 또 공유 트렌드에서 주요 기능을 굉장히 잘 활용한 사례들을 찾을 수 있는데, 이를 참고하면 AI 플랫폼 활용 능력을 키울 수 있습니다.

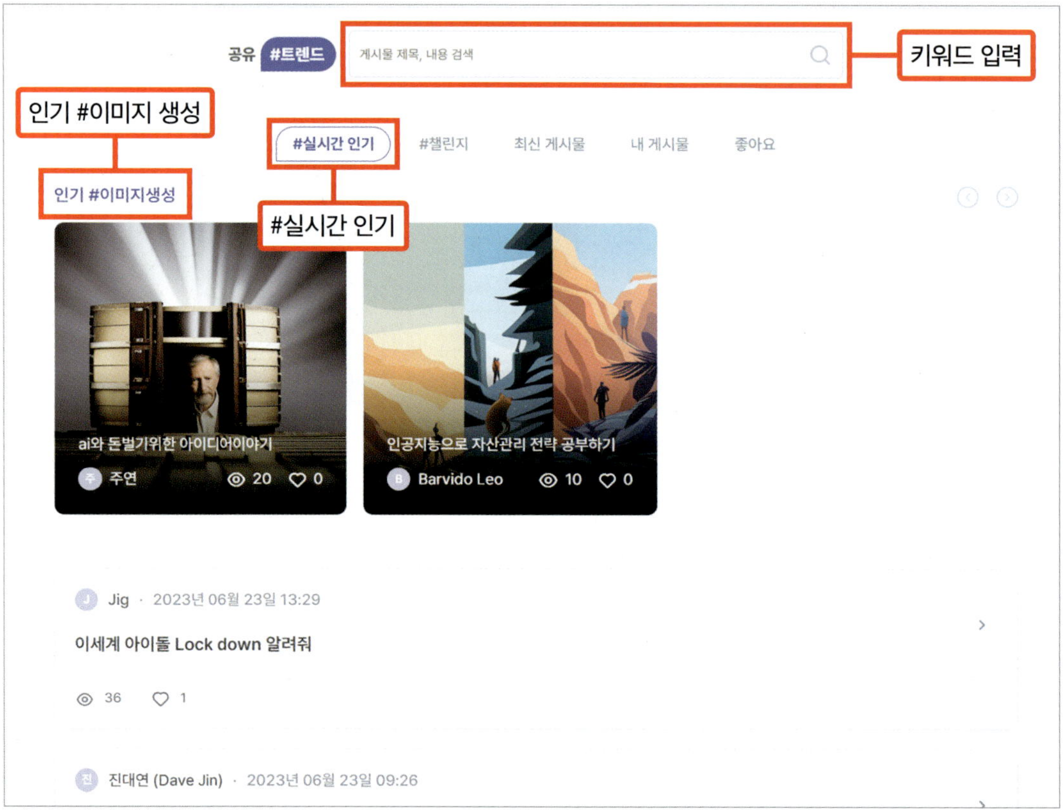

2 저작권 문제

뤼튼으로 만든 결과물의 저작권은 누구에게 있을까요?

뤼튼은 "결과물에 대한 저작권 및 사용 권한이 사용자에게 있다"고 공식 입장을 밝혔습니다. 즉, 뤼튼에서 만든 결과물은 개인적 혹은 상업적인 용도로 자유롭게 활용할 수 있습니다. 단, 결과물 사용으로 인한 책임 역시 사용자에게 있다는 점도 꼭 알아두세요.

> **뤼튼으로 만든 결과물의 저작권은 누구의 것인가요?**
>
> 저작권 및 사용 권한은 사용자에게 귀속되며, 개인적 용도 및 상업적 용도로 활용할 수 있습니다. 생성된 결과를 사용하여 발생하는 문제의 책임 또한 사용자에게 있습니다.

3 새로운 기능

뤼튼에는 지금도 새로운 기능들이 계속 추가되고 있습니다. 책이 출간된 이후 업데이트된 기능은 아래 QR 코드에서 확인할 수 있습니다.

공개 예정 신기능

CHAPTER 4

미드저니 Midjourney

미드저니
회원가입

텍스트만으로 손쉽게 이미지를 생성할 수 있는 AI 프로그램, 미드저니(Midjourney)를 소개합니다. 원하는 이미지를 텍스트로 입력하면 AI가 키워드와 명령어를 다양하게 조합해 수준 높은 이미지를 자동으로 만들어줍니다. 이번 장에서는 미드저니를 이용해 동화 삽화와 이모티콘을 만들어보겠습니다.

01 시작 전 알아두기

1 유료 플랜 알아보기

미드저니는 유료 플랫폼으로 세 가지 플랜이 있습니다. 먼저 베이직(Basic) 플랜은 매달 200분의 이용시간이 제공됩니다. 이미지 한 개가 생성되는 데 평균 1분 정도 소요되는 걸 감안하면 약 200개의 이미지를 생성할 수 있는 셈입니다. 스탠다드(Standard)와 프로(Pro) 플랜은 각각 15시간(900분), 30시간(1,800분)의 이용시간이 주어지는데요, 이용시간을 다 쓰더라도 천천히 이미지를 생성하는 릴렉스(Relax) 모드가 제공돼 사실상 무제한 작업을 할 수 있습니다.

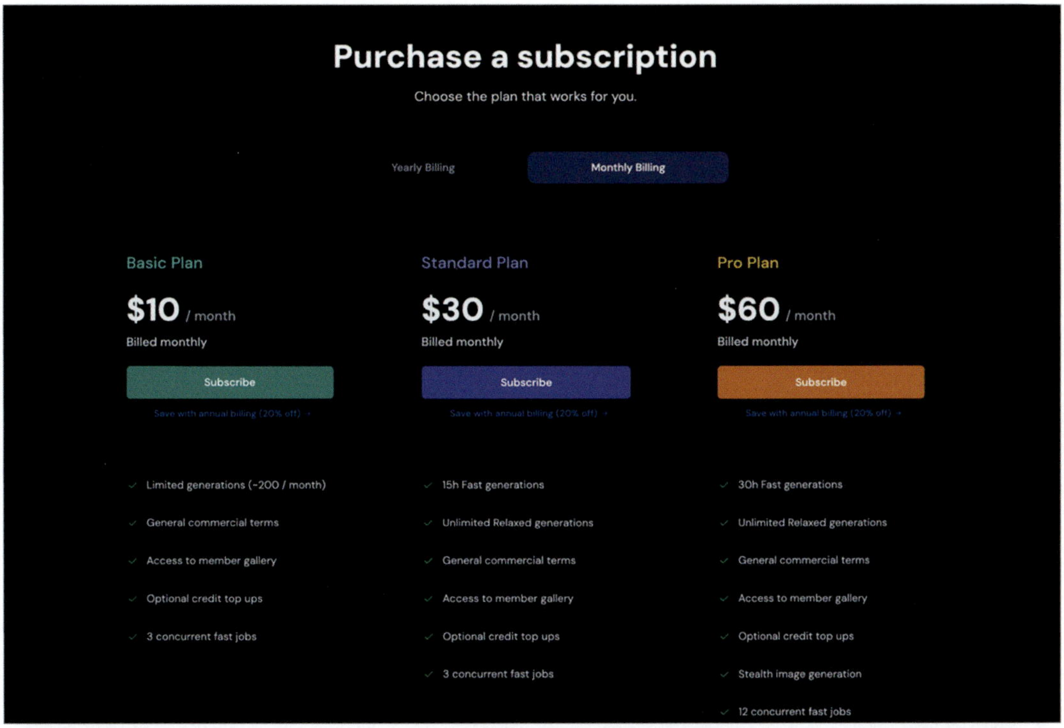

02 동화 속 캐릭터 만들기

1 챗GPT로 짧은 이야기 만들기

먼저 챗GPT를 활용해 짧은 이야기를 만듭니다. 저는 열 살짜리 소녀와 사슴이 등장하는 동화를 만들었습니다. 줄거리는 아래와 같습니다.

탐험을 좋아하는 호기심 많은 10세 소녀, 엠마(Emma). 어느 날 그녀는 우연히 덫에 걸린 사슴을 돕게 되고 그 답례로 보물지도를 받습니다. 엠마는 친구들과 함께 보물을 찾으러 모험을 떠납니다. 동굴에서 무서운 짐승과 마주치기도 하고 어두운 숲속에서 밤을 지새우기도 하지만 마침내 엠마와 친구들은 보물을 찾아냅니다.

자, 이제 이 책에 어울리는 삽화 한 장면을 만들어보겠습니다.

2 인물 캐릭터 만들기

1. 기본 캐릭터 만들기

1 미드저니 홈 화면 왼쪽의 서버 영역에서 초록색 나침반 모양의 **공개 서버 살펴보기**를 클릭합니다.

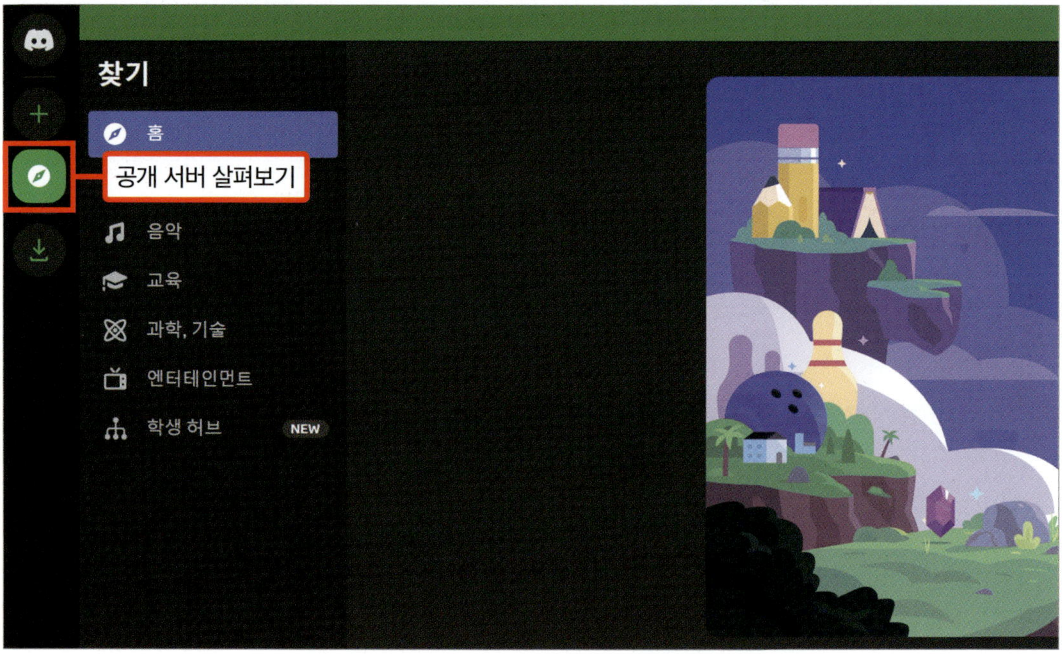

2 **추천 커뮤니티**에서 **미드저니(Midjourney)**를 클릭합니다. 바로 위 **커뮤니티 찾기**에서 직접 검색해도 됩니다.

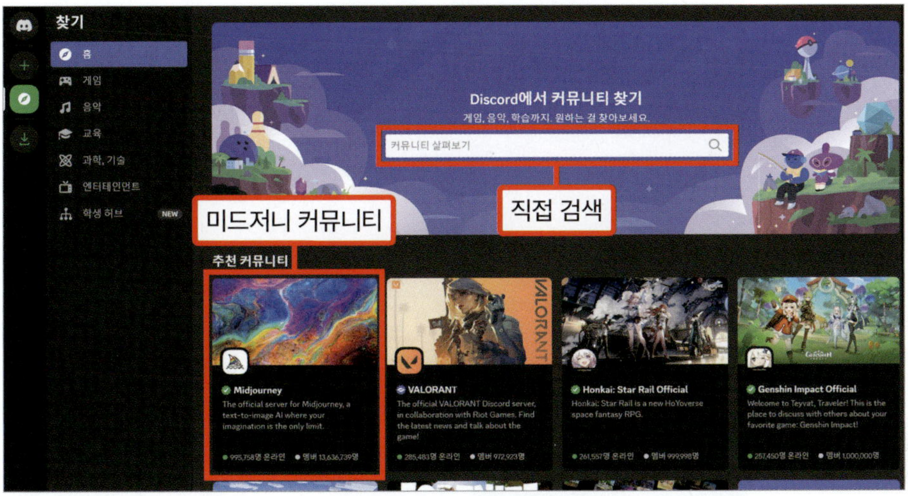

3 왼쪽에 채팅방 목록이 나옵니다. 각 채팅방의 이름 앞에 표시되어 있는 아이콘 또는 # 기호는 해당 채팅방을 이용할 수 있다는 뜻입니다. 목록 중간에 'NEWCOMER ROOMS' 항목을 살펴보면 'newbies'라는 이름의 채팅방들이 보입니다. 이 중 하나를 선택해 입장합니다.

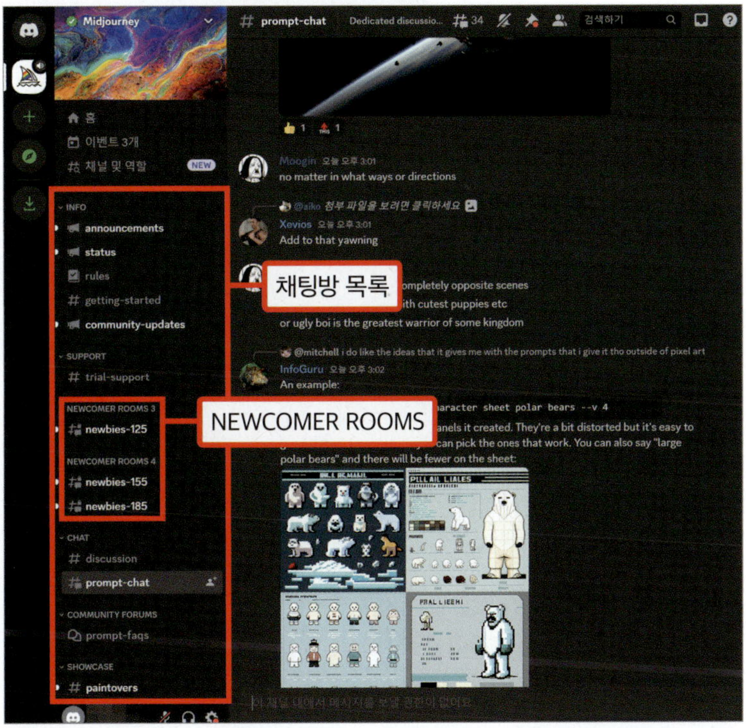

만약 방이 보이지 않는다면, 상단에 **Midjourney에 참가하기** 버튼을 눌러주세요. 서버에 접속되면서 방이 보입니다.

4 화면 맨 아래 채팅창에 커서를 대고 **/imagine**을 입력한 후, 엔터키를 누릅니다.

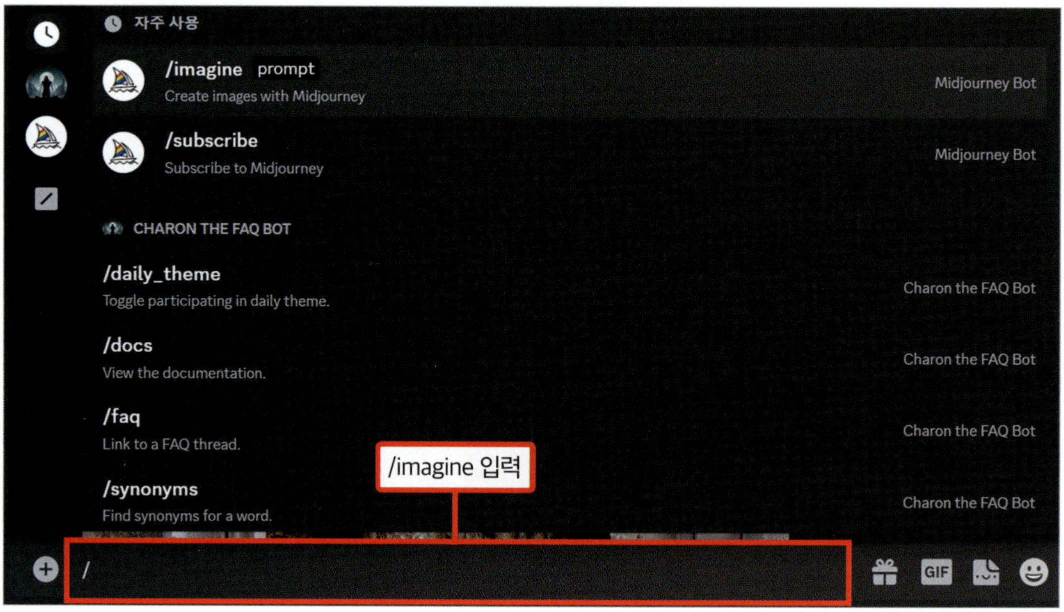

5 프롬프트(prompt)라는 박스가 생성되었습니다.

프롬프트에 **생성하고 싶은 이미지의 텍스트**를 적습니다. 미드저니에서는 영어로만 작성이 가능하므로 영작이 어려운 분들은 챗GPT나 빙 챗을 활용해 한글을 영어로 번역한 후 입력하세요. 저는 귀엽고 용감한 엠마의 이미지를 만들기 위해 'Examples of a character model for a cute and brave 10 years-old girl(귀엽고 용감한 10세 소녀 캐릭터의 예시들)'이라고 입력했습니다.

6 채팅창에 네 장의 이미지가 생성되었습니다. 상단 왼쪽부터 1, 2번, 하단 왼쪽부터 3, 4번입니다.

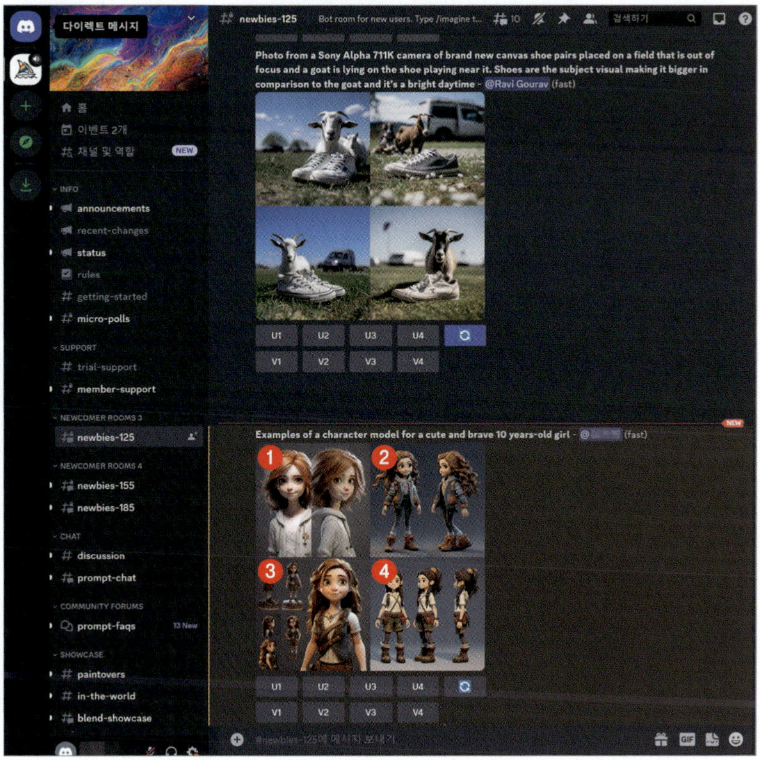

이미지가 생성되는 동안 다른 사람의 이미지가 계속 화면에 업로드되면서 내 이미지를 찾을 수 없는 경우가 생깁니다. 화면 오른쪽 상단에 **받은 편지함(■)** 아이콘을 누르고 **멘션**으로 들어가면 작업물을 모아서 볼 수 있습니다. 이때 작업물에 마우스 커서를 가져가면 **이동하기** 버튼이 생기는데 해당 버튼을 누르면 채팅창에서 생성된 이미지를 볼 수 있습니다.

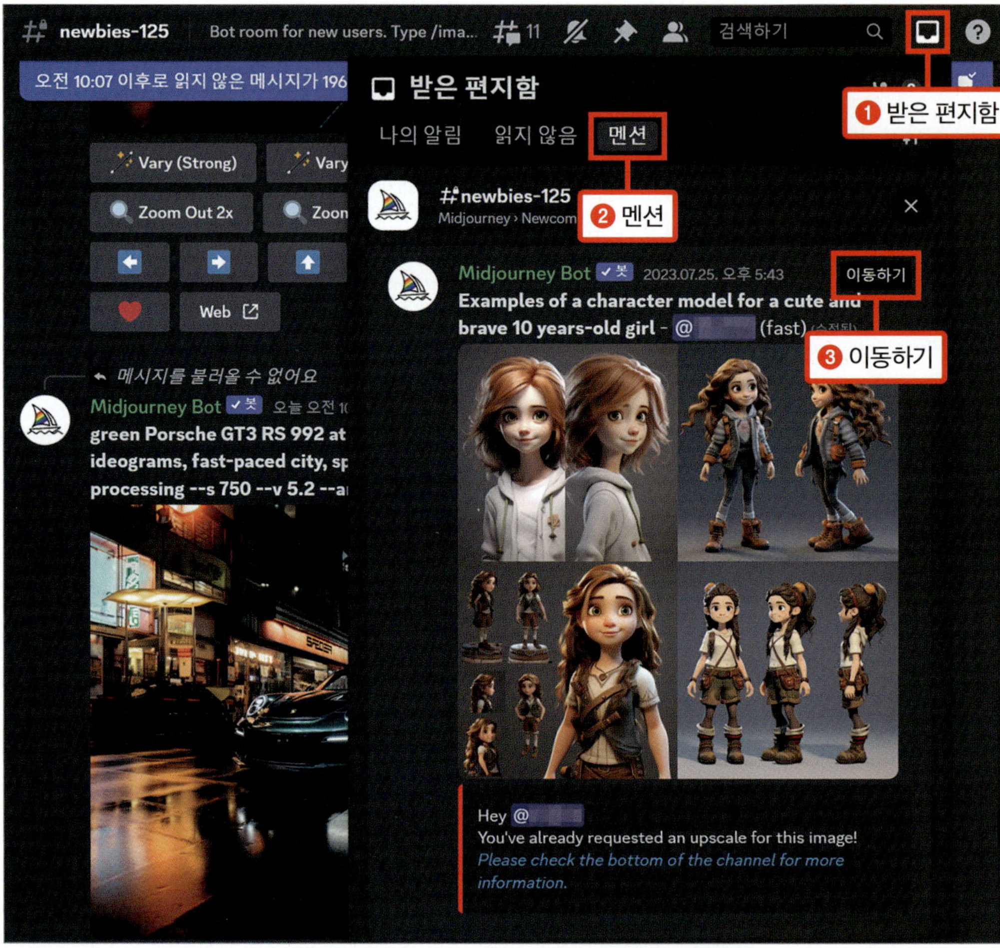

7 단번에 마음에 드는 이미지가 나올 수도 있지만, 아닌 경우가 더 많습니다. 이때는 이미지 하단에 V 버튼을 활용해 수정해야 합니다.

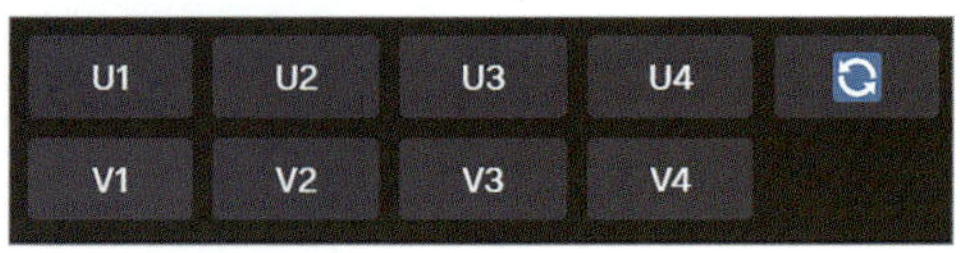

'V'는 'Variation(변형)'의 약자로, 선택한 이미지와 유사한 이미지를 새로 생성하는 기능입니다. 이때, V1~V4 버튼은 각각의 그림을 나타냅니다. V3를 누르자 세 번째 이미지를 변형한 네 장의 이미지가 새롭게 생성되었습니다. 생성된 이미지는 받은 편지함 → 멘션 → 이동하기를 통해 볼 수 있습니다.

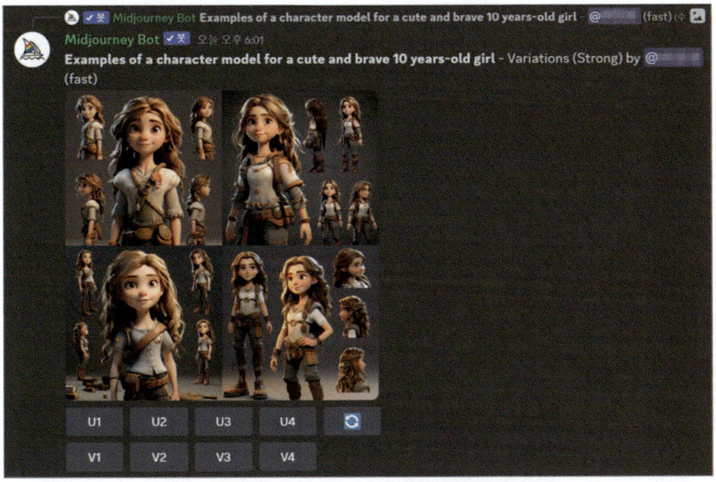

마음에 드는 이미지가 생기면 U 버튼을 누릅니다. 'U'는 'Upscale(업스케일)'의 약자로, 이미지의 크기를 키우고 고화질로 변환하는 기능입니다. 마찬가지로 U1~U4 버튼은 각각의 그림을 나타냅니다. U2 버튼을 누르자, 두 번째 이미지가 고화질 이미지로 다시 생성되었습니다. 생성된 이미지는 받은 편지함 → 멘션 → 이동하기를 통해 볼 수 있습니다.

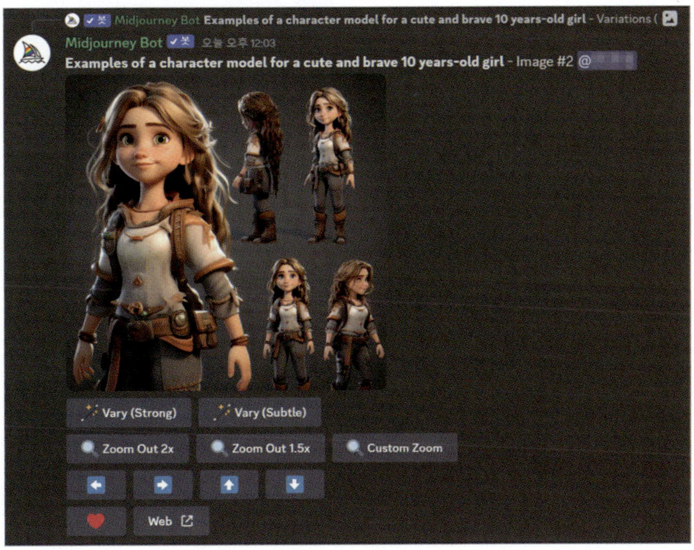

8 말괄량이 소녀 엠마가 탄생했습니다.

9 U 버튼을 눌러 이미지를 업스케일하면 하단에 새로운 버튼이 생깁니다. 각 버튼의 의미는 아래와 같습니다.

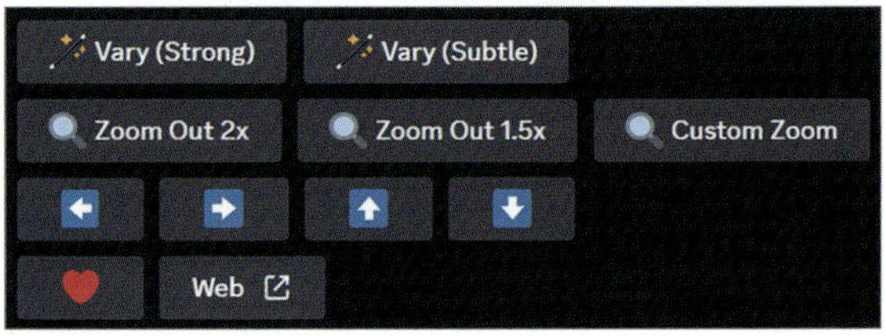

- **변화(Vary)** : 변형(Variation) 기능처럼 이미지에 변화를 주되, 좀 더 디테일한 부분을 다룹니다. 'Strong(강한)'은 큰 영역(ex.머리카락 색깔)에서 변화를, 'Subtle(정교한)'은 작은 영역(ex.눈동자 색깔)에서 변화를 줍니다.
- **줌 아웃(Zoom Out)** : 이미지의 바깥 영역을 1.5~2배까지 확장하는 기능입니다. 상반신까지 보이는 인물을 하반신까지 그려주거나 보이지 않는 배경을 채워 넣습니다. 또 캐릭터 하나를 열 개 이상으로 늘려주기도 합니다.
- **커스텀 줌(Custom Zoom)** : 줌 아웃 기능을 이용하기 전, 텍스트 프롬프트를 수정해 이미지의 비율이나 줌의 크기를 선택할 수 있습니다. 예를 들어, 1:1로 설정되어 있던 비율을 16:9로 바꿀 수 있습니다.
- **이미지 패닝(Panning an Image)** : 상하좌우 버튼을 클릭해, 선택한 방향으로 이미지를 확장하는 기능입니다. 줌 아웃이 전체 이미지를 확장한다면, 이미지 패닝은 원하는 방향으로만 이미지를 확장할 수 있다는 점에서 차이가 있습니다.

2. 시드 번호를 이용해 캐릭터에 일관성 부여하기

동화에는 수십 장의 이미지가 필요합니다. 이미지를 생성할 때마다 캐릭터의 모습이 달라진다면 곤란하겠죠? 그래서 시드(Seed) 번호를 부여해 미드저니에게 "명령어에 나오는 소녀는 이 캐릭터야"라는 것을 확실하게 알려줘야 합니다. 지금부터 일관된 캐릭터를 만드는 방법을 알아보겠습니다.

1 앞서 **생성한 이미지를 클릭**합니다. 마우스 오른쪽 버튼을 눌러 **이미지 주소 복사**를 합니다.

2 채팅창으로 돌아와 이미지 위에 마우스 커서를 올리고 **마우스 오른쪽 버튼을 클릭**합니다. **반응 추가하기**에서 **envelope**(✉) 아이콘을 누릅니다. 아이콘을 찾기 어렵다면 반응 추가하기 버튼을 클릭하면 나오는 검색창에 'envelope'을 입력하세요. 그럼 ✉ 아이콘이 나옵니다.

3 홈 화면 왼쪽 상단에 돛단배 모양의 아이콘이 새로 생성됩니다. 여기에서 시드 번호가 적힌 쪽지를 확인할 수 있습니다. 만약 쪽지를 다시 확인하려면 상단의 아이콘을 클릭해 미드저니 봇이 보낸 다이렉트 메시지를 확인하세요.

4 시드 번호를 활용해 일관된 엠마의 이미지를 만들어보겠습니다. 원리는 간단합니다. 이미지 주소를 넣고, 중간에 캐릭터 설명을 넣은 후, 마지막에 시드 번호를 입력하면 됩니다. 순서대로 해보겠습니다. 채팅창에 /imagine을 입력하고 엔터키를 눌러 프롬프트를 열어주세요. 앞서 **복사한 이미지 주소**를 붙여 넣고, **스페이스바**를 한 번 누릅니다. 그다음 **기존의 캐릭터 설명 텍스트**를 입력하고 **스페이스바**를 한번 누릅니다. 이후 **원하는 이미지를 생성하기 위한 텍스트**를 적고 **스페이스바**를 누릅니다. 책에서는 'A girl eating a red apple(빨간 사과를 먹고 있는 소녀)'를 입력했습니다. 마지막으로 복사한 **시드 번호**를 넣습니다. 이때 시드 번호 앞에는 반드시 매개변수인 **'-(하이픈)'을 두 번** 넣어야 하며, 대문자가 아닌 소문자로 입력해야 합니다.

```
prompt  The prompt to imagine

/imagine
prompt  https://media.discordapp.net/attachments/1008571096884334623/11
        35407330872275004/Examples_of_a_character_model_for_a_cute_a
        nd_brave_10_years_81fdb151-c632-4f20-9244-858ddbe918d0.png?
        width=1258&height=1258 a character model for a cute and brave 10
        years-old girl a girl eating a red apple --seed 1377371866
```

명령어를 순서대로 정리하면 아래와 같습니다.

복사한 이미지 주소 (스페이스바) 첫 번째로 캐릭터를 설명했던 텍스트 (스페이스바) 추가 캐릭터를 설명하는 텍스트 (스페이스바) 하이픈 두 번 시드 번호

5 네 장의 이미지가 생성되었습니다. 첫 번째 이미지가 가장 마음에 드네요.

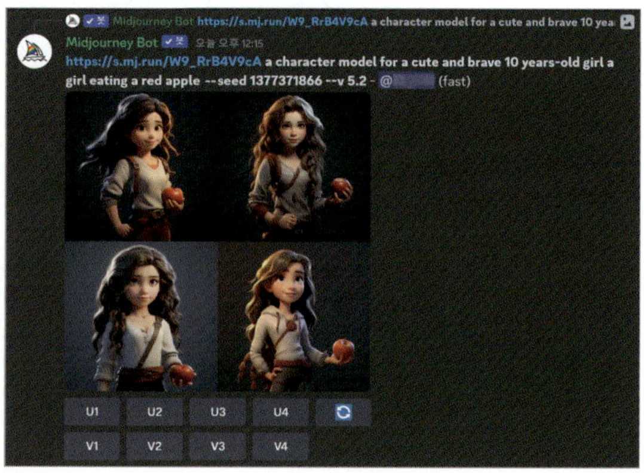

6 U1 버튼을 눌러 친절하고 호기심 많은 소녀인 엠마의 캐릭터를 완성했습니다.

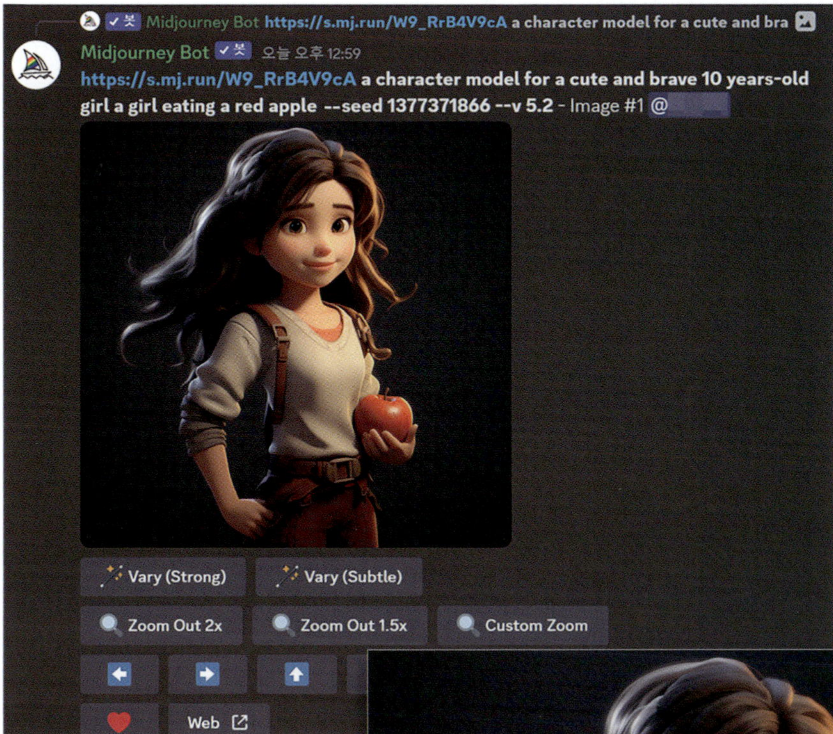

3. 캐릭터에 움직임 더하기

이번에는 활짝 웃는 엠마를 만들어보겠습니다. 원리는 동일합니다. 제일 처음 이미지 주소를 입력하고, 중간에 캐릭터를 설명하는 텍스트를 넣은 후, 마지막에 시드 번호를 적으면 됩니다. 순서대로 해보겠습니다.

1 **이미지를 클릭**해 큰 화면에서 열어주세요. 마우스 오른쪽 버튼을 클릭해 **이미지 주소 복사** 버튼을 누릅니다.

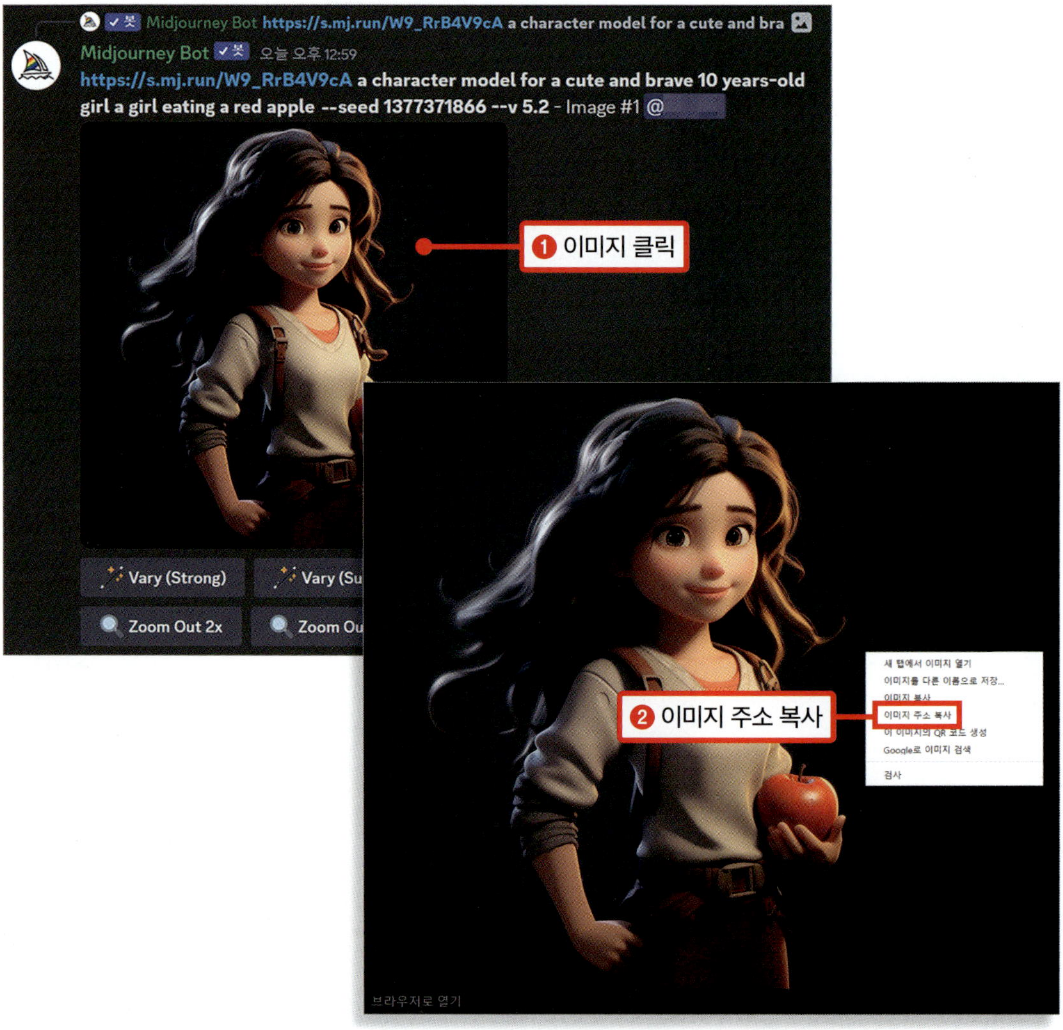

2 채팅창에 **/imagine**을 입력하고 엔터키를 눌러 프롬프트를 열어주세요. 앞서 **복사한 이미지 주소**를 입력한 후 **스페이스바**를 누릅니다. 그다음 **첫 번째 캐릭터 설명 텍스트**를 입력하고, **스페이스바**를 누릅니다. 이후, **두 번째 캐릭터 설명 텍스트**를 입력한 후, **스페이스바**를 누릅니다. 이제 **동작을 설명하는 텍스트**를 입력할 차례입니다. 책에서는 With smile(웃고 있는)', 'Wide open mouth(입을 활짝 벌리고)' 등의 문장을 입력한 후, **스페이스바**를 눌렀습니다. 마지막으로 **하이픈 두 번** 누른 후, **시드 번호**를 입력합니다.

prompt The prompt to imagine

/imagine

prompt https://media.discordapp.net/attachments/1008571096884334623/1135407330872275004/Examples_of_a_character_model_for_a_cute_and_brave_10_years_81fdb151-c632-4f20-9244-858ddbe918d0.png?width=1258&height=1258 a character model for a cute and brave 10 years-old girl a girl eating a red apple with smlie, wide open mouth, happy --seed 1377371866

명령어를 순서대로 정리하면 아래와 같습니다.

복사한 이미지 주소 (스페이스바) 첫 번째로 캐릭터를 설명했던 텍스트 (스페이스바) 두 번째로 캐릭터를 설명했던 텍스트 (스페이스바) 동작을 설명하는 텍스트 (스페이스바) 하이픈 두 번 시드 번호

3 행복한 듯 활짝 웃는 여러 엠마가 탄생했습니다. 세 번째 엠마가 마음에 드네요.

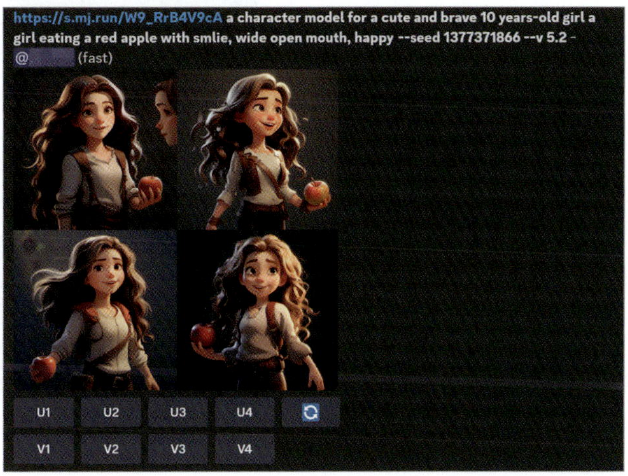

4 U3 버튼을 눌러 용감한 소녀 엠마 캐릭터를 완성했습니다.

3 캐릭터에 배경 더하기

캐릭터에 배경을 더해보겠습니다.

1 앞서 만들었던 **이미지를 눌러** 큰 이미지로 열어주세요. 마우스 오른쪽 버튼을 클릭해 **이미지 주소 복사** 버튼을 누릅니다.

2 채팅창으로 돌아와 **/imagine**을 입력해 프롬프트 창을 엽니다. 앞서 **복사한 이미지 주소**를 입력하고 **스페이스바**를 누릅니다. 그다음 **캐릭터 설명 텍스트**를 넣고 **스페이스바**를 누릅니다.

```
prompt  The prompt to imagine

/imagine
prompt  https://media.discordapp.net/attachments/1008571096884334623/11
        35787724671041546/a_character_model_for_a_cute_and_brave_10_ye
        ars-old_girl_a__116a0381-d70a-4329-92c1-ab7ecb4c994a.png?
        width=1258&height=1258 a character model for a cute and brave 10
        years-old girl
```

3 다음은 배경이 될 **동화 속 장면에 해당하는 줄거리**를 입력할 차례입니다. 책에서는 'Emma found a treasure map in the secret forest(엠마는 비밀스러운 숲에서 보물지도를 찾았습니다)'라는 문장을 입력하고 **스페이스바**를 눌렀습니다. 마지막으로 **하이픈 두 번** 누른 후, **시드 번호**를 입력합니다.

```
prompt  The prompt to imagine

/imagine
prompt  https://media.discordapp.net/attachments/1008571096884334623/11
        35787724671041546/a_character_model_for_a_cute_and_brave_10_ye
        ars-old_girl_a__116a0381-d70a-4329-92c1-ab7ecb4c994a.png?
        width=1258&height=1258 a character model for a cute and brave 10
        years-old girl Emma found a treasure map in the secret forest --seed
        1377371866
```

명령어를 순서대로 정리하면 아래와 같습니다.

복사한 이미지 주소 (스페이스바) 첫 번째로 캐릭터를 설명했던 텍스트 (스페이스바) 줄거리를 설명하는 텍스트 (스페이스바) 하이픈 두 번 시드 번호

4 입력한 조건에 알맞은 네 장의 이미지가 나왔습니다. 첫 번째 이미지가 가장 마음에 듭니다.

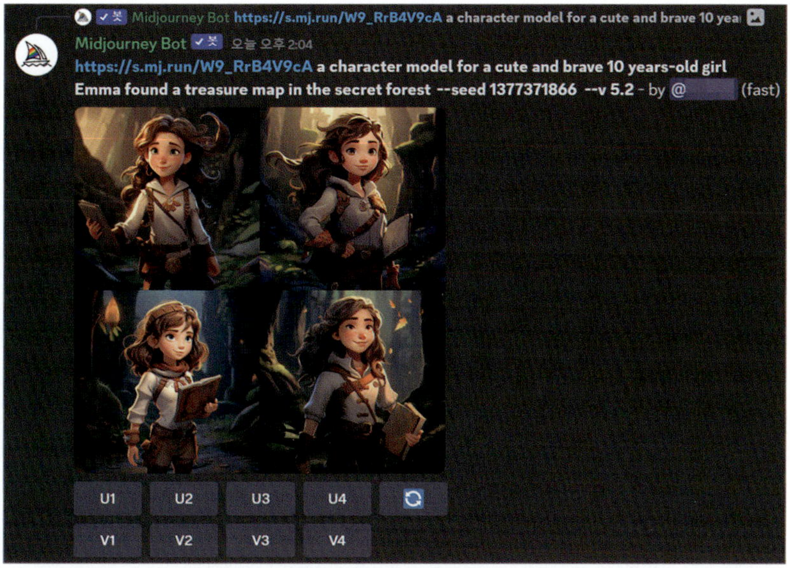

5 U1 버튼을 눌러 배경이 추가된 엠마의 캐릭터를 완성했습니다.

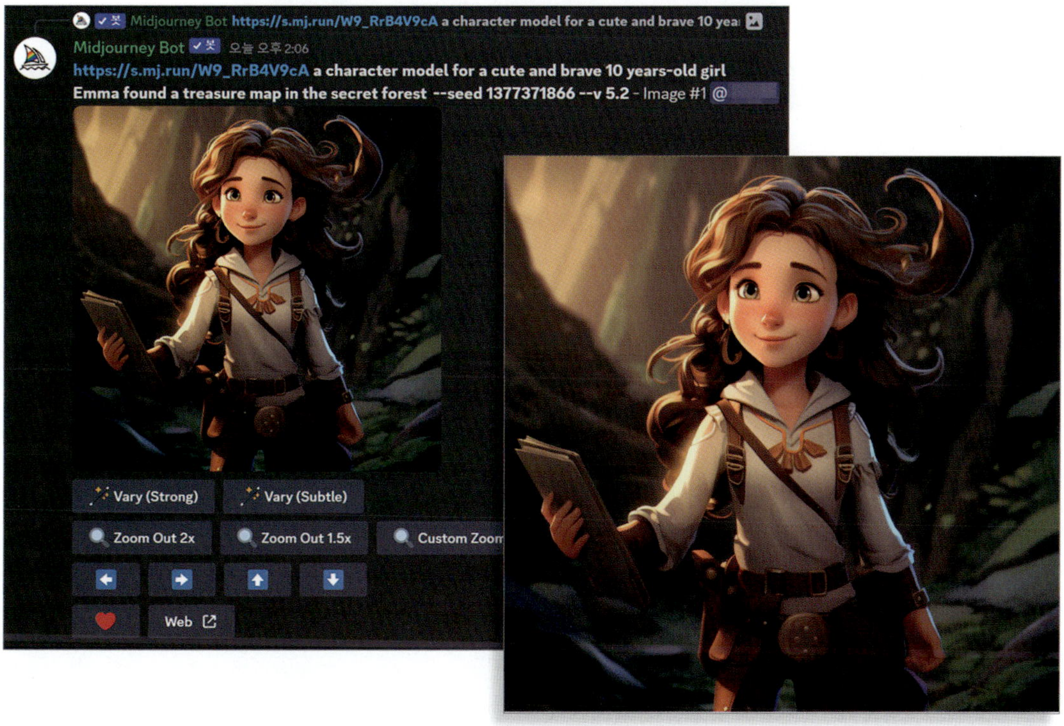

6 **완성된 이미지를 클릭**한 후, 마우스 오른쪽 버튼을 누르고 **이미지를 다른 이름으로 저장**하면 PC에 다운로드할 수 있습니다.

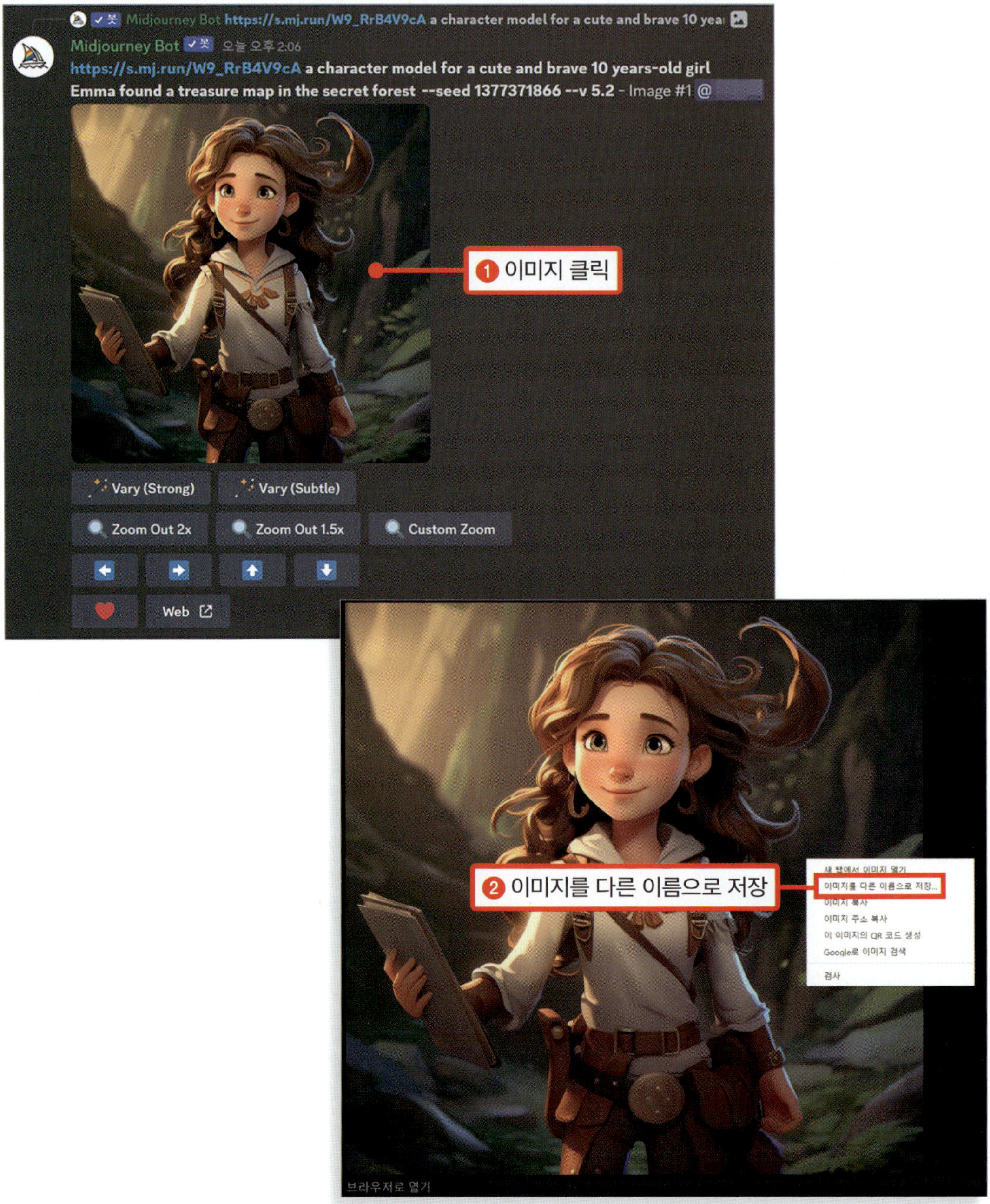

03 이모티콘 아이디어 얻기

이모티콘 작가를 꿈꾸는 분들이 많습니다. 그런데 이모티콘을 승인 받기 위해서는 그림을 잘 그려야 할 뿐 아니라, 하나의 캐릭터로 20~30개의 포즈와 표현을 구현해야 합니다. 초보 작가는 어려울 수밖에 없습니다.

하지만 미드저니의 '니지(Niji)' 모드를 활용하면 이러한 고민을 덜 수 있습니다. 지금부터 미드저니로 이모티콘을 만들어보겠습니다.

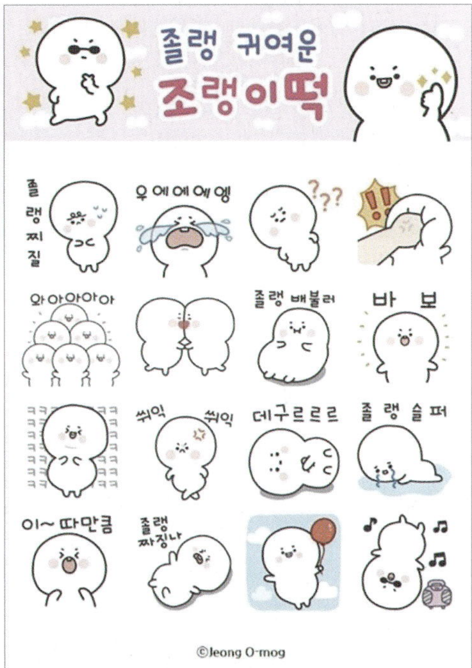

● 정오목 작가의 졸랭 귀여운 조랭이 떡 이모티콘 ●

1 이모티콘 만들기

1. 니지 모드 설정하기

1 채팅창에서 **/settings**를 입력한 후, 엔터키를 두 번 누릅니다.

2 아래와 같은 설정 화면이 나옵니다.

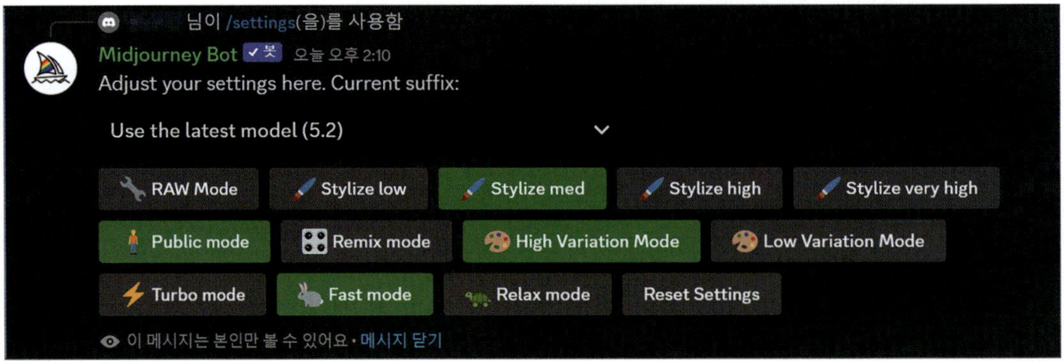

3 'Niji Model V5'를 선택합니다.

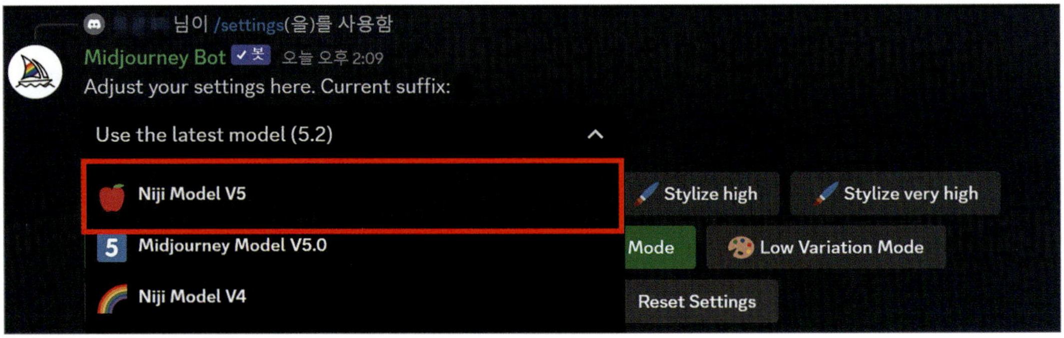

2. 이모티콘 만들기

1 채팅창에 **/imagine**을 입력하고 엔터키를 눌러 프롬프트를 열어주세요. **생성하고 싶은 이미지의 텍스트**를 적습니다. 귀여운 강아지 이모티콘을 만들어볼게요. 'Little dog character(귀여운 강아지 캐릭터)', 'Kakao friends emoji style(카카오 이모티콘 스타일)', 'Cartoon illustrations(만화 일러스트)', 'Multiple poses(다양한 포즈)' 등의 문장을 입력했습니다. 또, 문장과 문장 사이에는 **스페이스바**를 눌렀습니다.

2 네 장의 이미지가 생성되었습니다. 두 번째가 가장 이모티콘 느낌이 나네요. V2 버튼을 눌러 비슷한 이미지를 더 생성해보겠습니다.

3 두 번째 이미지와 유사한 이미지 네 장이 새롭게 생성되었습니다. 이 중 두 번째가 가장 마음에 드네요.

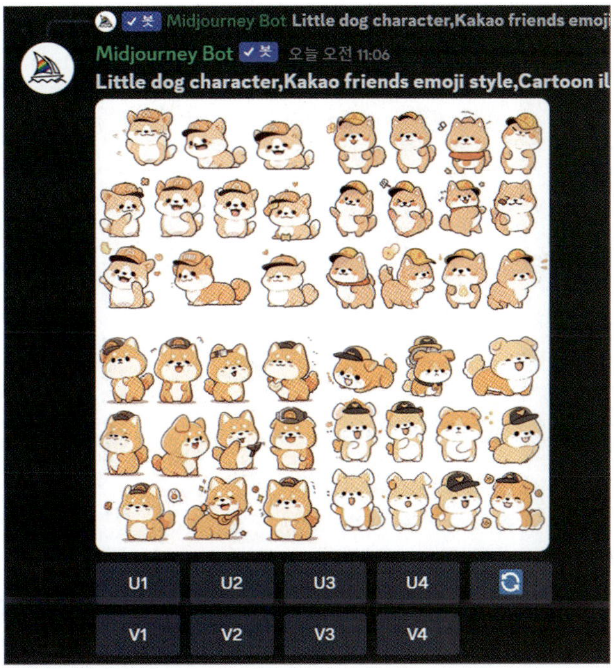

4 U2 버튼을 눌러, 이모티콘 캐릭터를 완성했습니다. 마지막으로 이미지 패닝 기능을 활용해 비슷한 이모티콘의 개수를 늘려보겠습니다. 상하좌우 방향의 화살표 버튼 중 하나를 클릭합니다. 저는 오른쪽 버튼을 눌렀습니다.

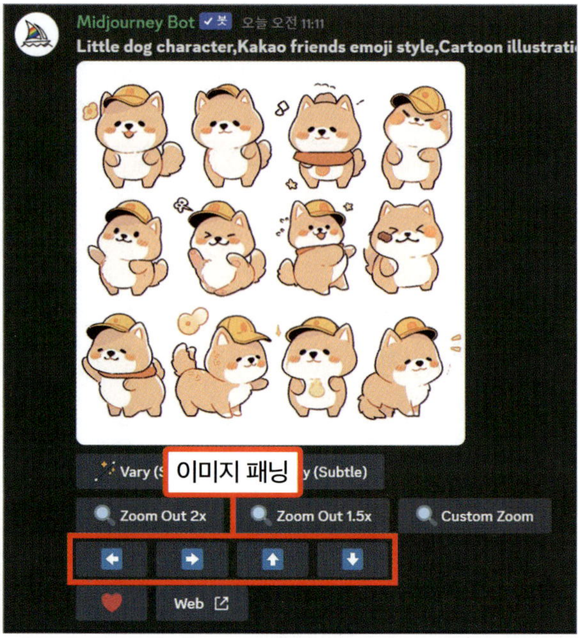

5 훨씬 더 다채로운 이모티콘이 생성되었습니다.

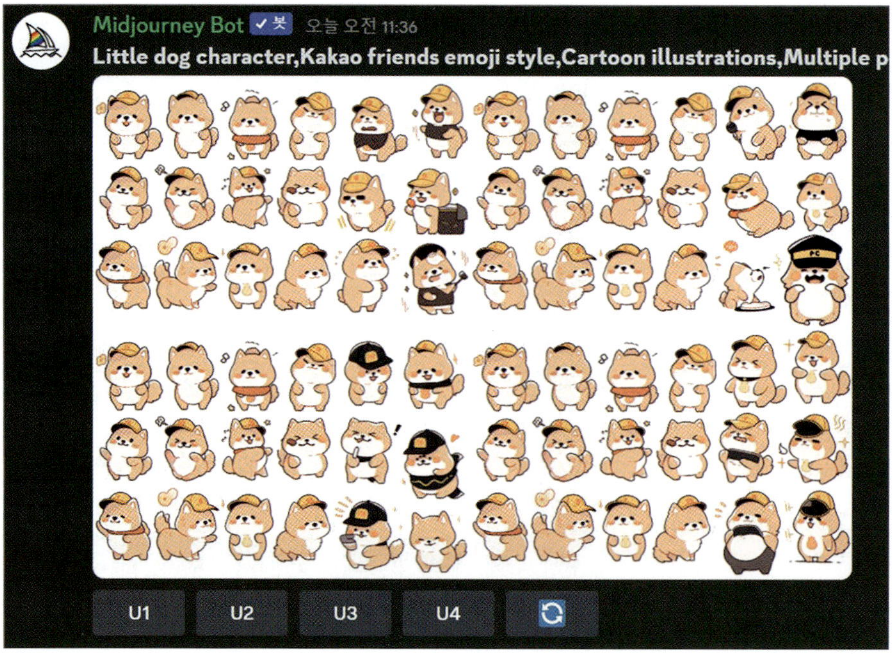

2 이모티콘 다운로드하기

1 이미지 네 장을 전부 다운받아보겠습니다. **이미지를 클릭**해 큰 화면으로 불러옵니다. 그다음 마우스 오른쪽 버튼을 눌러 **이미지를 다른 이름으로 저장**해주세요.

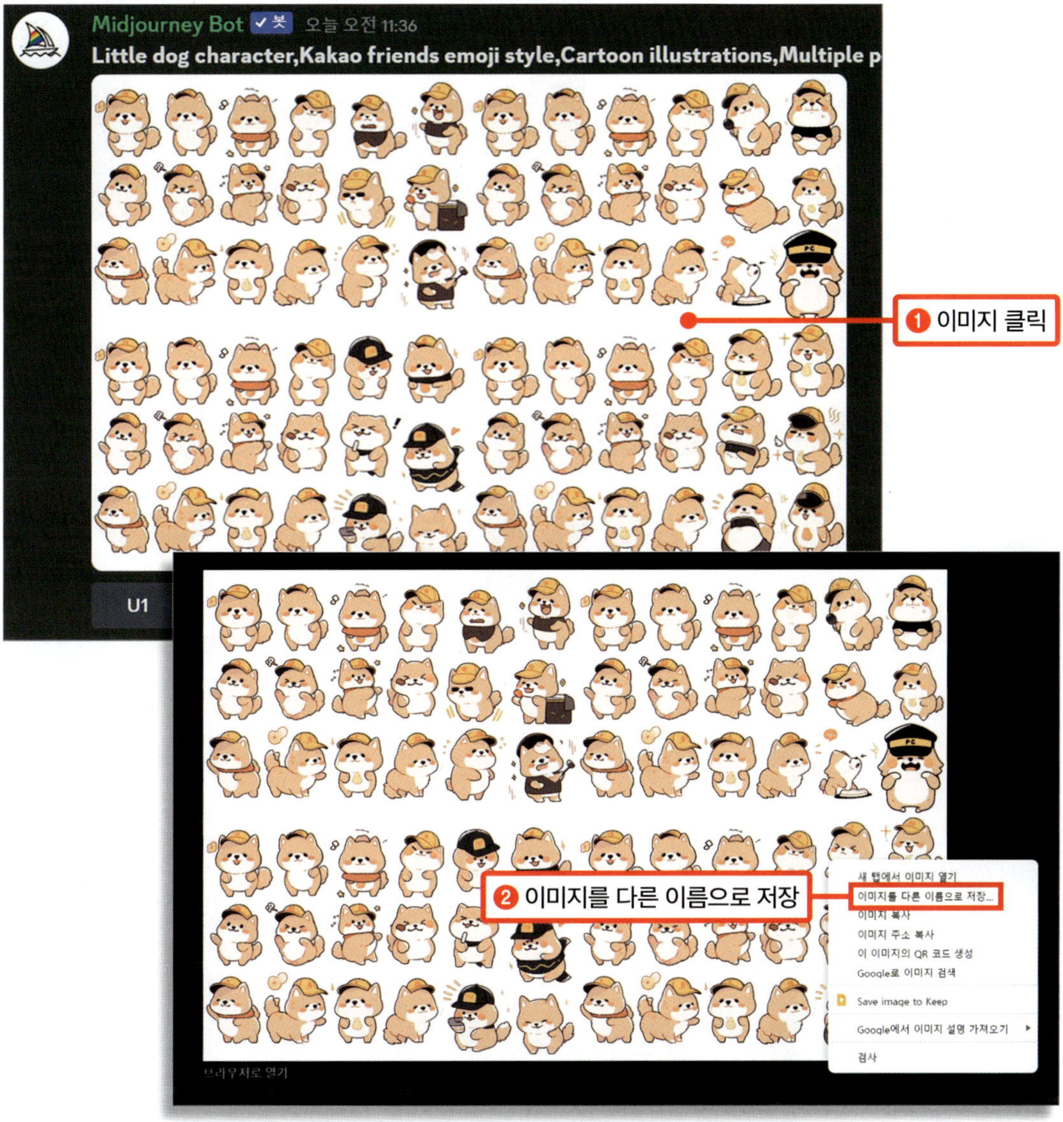

2 이번에는 두 번째 이미지만 다운로드해보겠습니다. U2 버튼을 눌러주세요. 그러자 아래와 같이 두 번째 이미지가 고화질로 생성되었습니다.

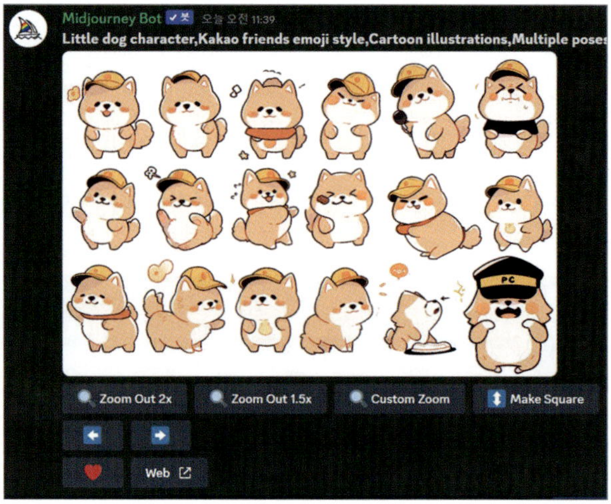

3 마찬가지로 **이미지를 클릭**해 큰 화면으로 불러온 다음, 마우스 오른쪽 버튼을 눌러 **이미지를 다른 이름으로 저장**합니다.

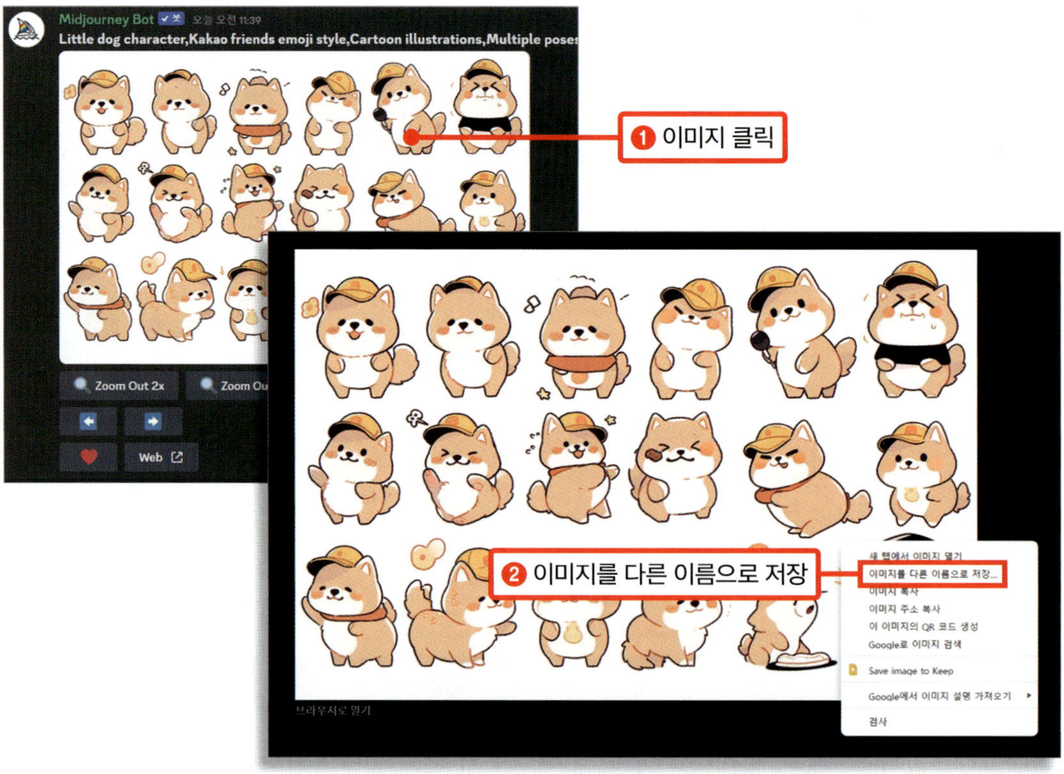

각각의 이모티콘에 어울리는 멘트는 챗GPT나 뤼튼을 이용해 아이디어를 얻어보세요. 미드저니로 그림을 그리고 대화형 챗봇으로 멘트를 만들면 어렵지 않게 이모티콘을 완성할 수 있습니다.

물론, 이렇게 완성한 이모티콘을 바로 제출할 수는 없습니다. 플랫폼마다 요구하는 규격과 해상도 등이 다르기 때문이죠. 포토샵 등을 이용해 약간의 재작업을 해야 합니다. 이모티콘 제작 과정이 더 궁금한 분들은 『진짜 하루만에 끝내는 이모티콘』을 읽어보세요.

미드저니
추가 기능
더 알아보기

CHAPTER 5

2 창이 열리면 **텍스트로 비디오 만들기**를 눌러주세요.

3 대본을 작성할 수 있는 창이 열렸습니다. **주제 요약, 영상 유형, 화면 비율** 항목을 채웁니다.

먼저 주제 요약에 만들고자 하는 영상의 주제를 간략하게 적습니다. 저는 '스마트폰으로 인생 사진 찍는 법'이라고 적었습니다. 그다음 영상 유형을 선택합니다. 이 유형에 따라 영상을 채우는 이미지들이 자동으로 생성됩니다. 마지막으로 화면 비율을 선택합니다. 유튜브, 쇼츠, 인스타그램 등 영상을 올릴 매체에 알맞은 비율을 고릅니다.

4 '영상 대본을 입력해주세요'라는 안내 문구 오른쪽에 ··· 버튼을 클릭합니다. **배경음악 자동 넣기**, **AI 목소리 자동 생성**, **이미지 자동 생성**을 모두 활성화합니다. **색상톤**은 브루가 생성하는 이미지의 주된 색상을 고르는 항목으로, 원하는 톤이 없다면 선택하지 않아도 됩니다. **스타일**은 이미지의 종류를 선택하는 항목입니다. 책에서는 '사진'을 선택했습니다. 설정이 끝났으면 마우스 커서를 대본창으로 옮깁니다.

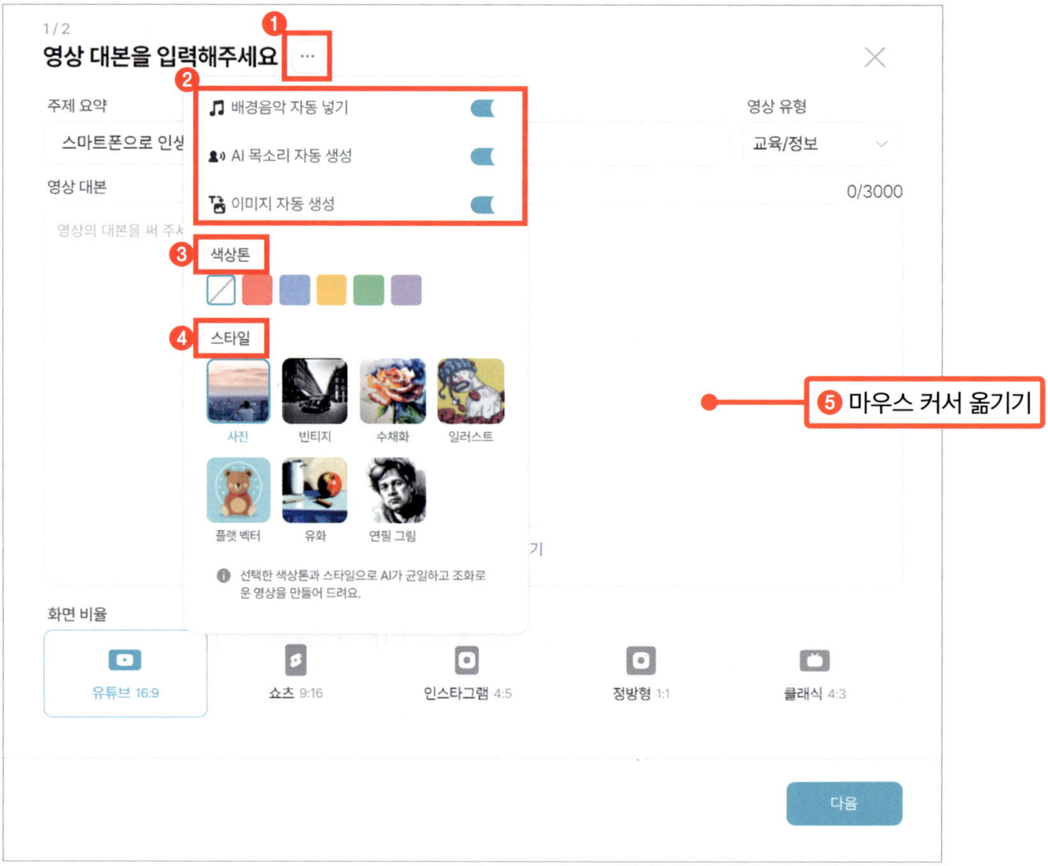

5 대본창 하단에 **AI 글쓰기** 버튼을 클릭합니다. '글을 작성하고 있어요'라는 안내 문구가 나오고, 약 10초 뒤에 대본이 완성됩니다.

6 더 긴 대본을 원하면 대본창 하단에 **이어쓰기** 버튼을 눌러주세요. 대본이 마음에 들면 **다음** 버튼을 누릅니다.

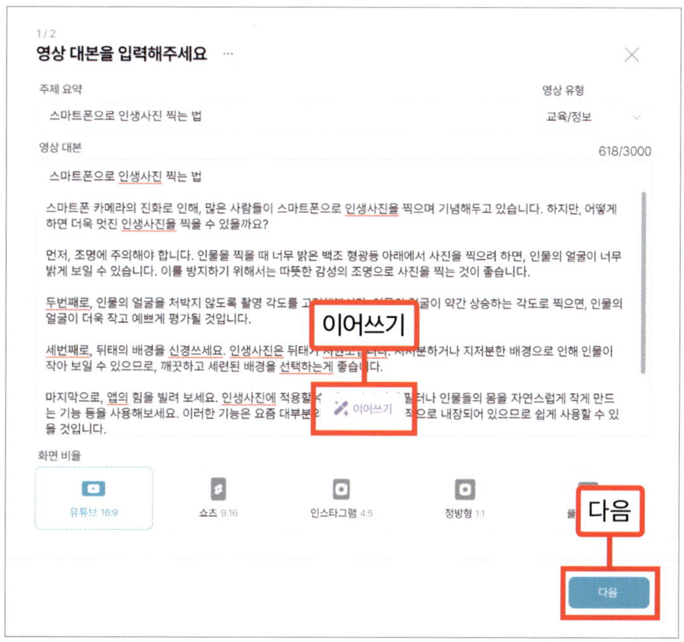

대본이 완성되었습니다. 이제 이 대본을 AI 성우 목소리로 변환해보겠습니다.

02 대본을 영상으로 만들기

1 메뉴창 왼쪽에서 AI 성우의 언어와 성별, 연령대를 고릅니다. AI 성우 이미지 위에 마우스 커서를 올리면 오른쪽에 헤드폰 아이콘이 뜨는데, 이 아이콘을 누르면 목소리를 직접 들을 수 있습니다.

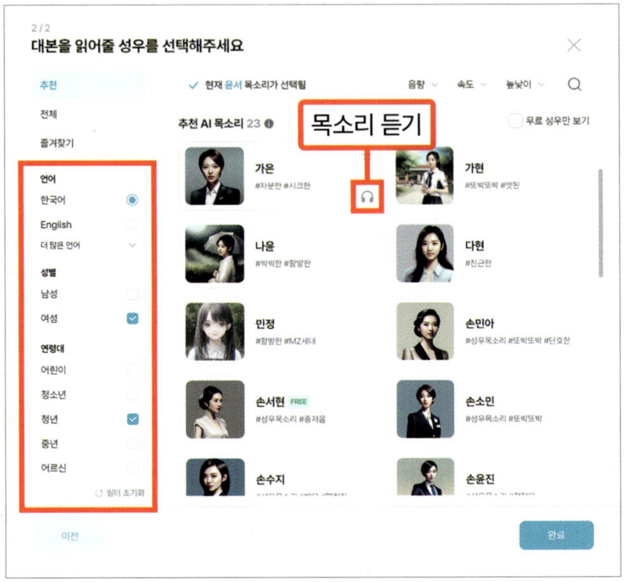

2 오른쪽 상단에 **무료 성우만 보기**를 선택하면 무료로 사용 가능한 AI 성우를 확인할 수 있습니다. 성우를 선택한 후, **완료** 버튼을 누릅니다.

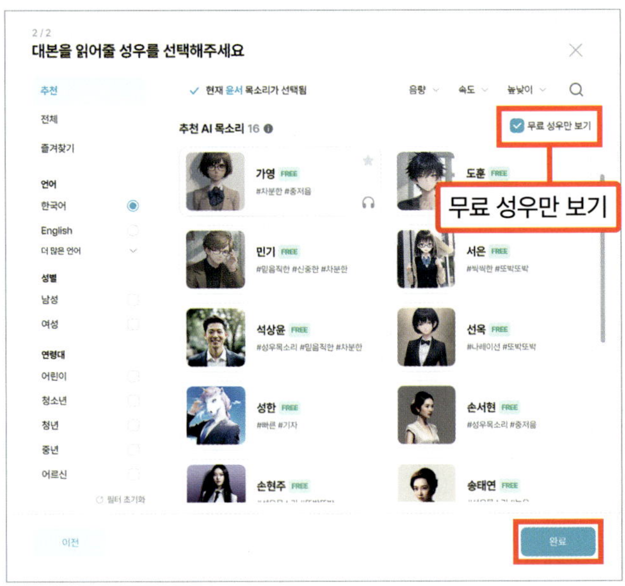

참고로 브루에서는 한국어뿐만 아니라 영어, 일본어, 스페인어, 중국어 등 다양한 언어의 AI 성우를 지원합니다.

브루에서 지원하는 나라별 AI 성우

한국어 390개
영어 36개
일본어 47개
스페인어 11개
중국어(간체자) 12개
대만어(번체자) 8개

2023년 8월 10일 기준

3 '대본에 어울리는 이미지를 생성하고 있어요'라는 안내창이 나옵니다. 잠시 기다리면 브루가 대본에 적합한 이미지로 영상을 채우고, AI 성우 목소리와 배경음악을 적용해 영상을 완성합니다. 왼쪽 결과창 하단에 ▶ 버튼을 누르면 전체 영상을 볼 수 있습니다.

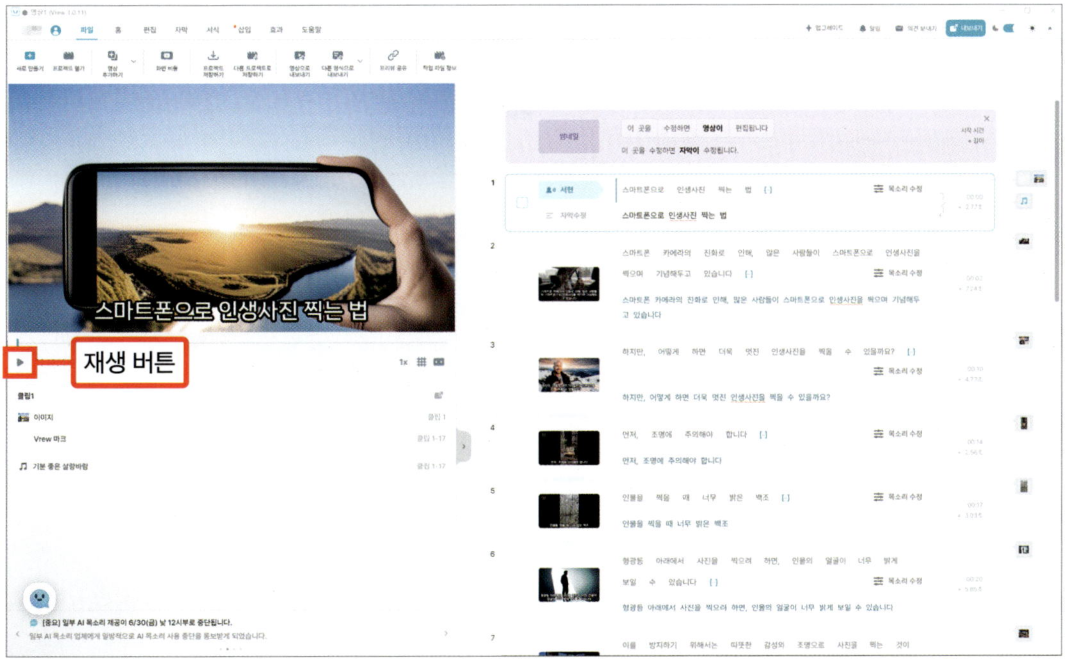

4 자막이나 배경음악 등을 다듬어 더 퀄리티 높은 영상을 만들어보겠습니다. 세부 수정은 오른쪽 편집창에서 진행합니다.

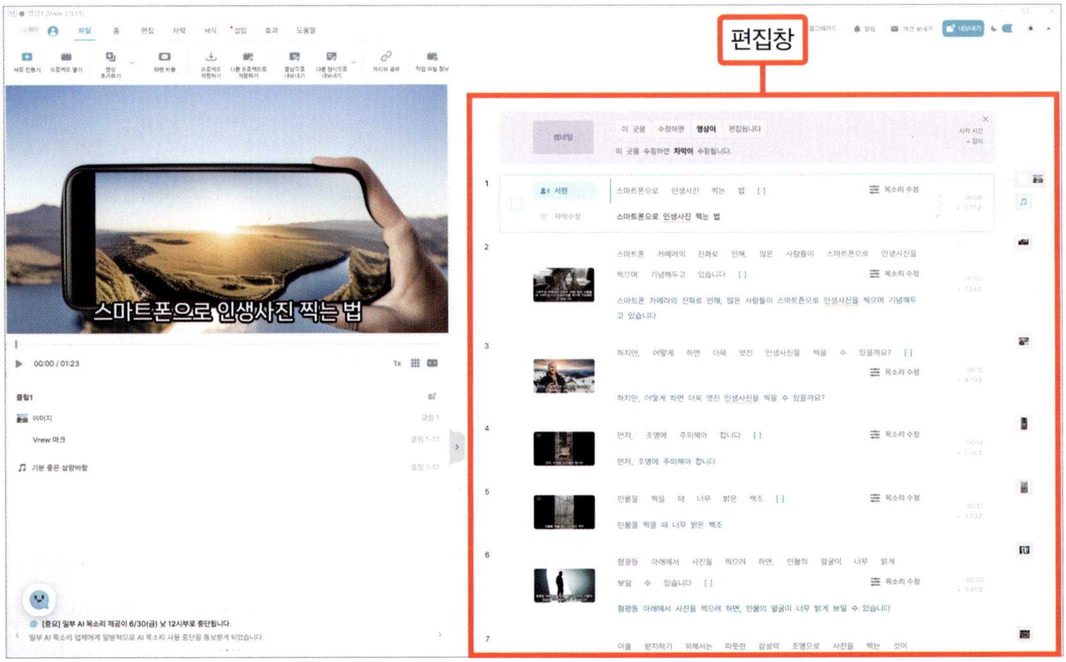

03 세부 내용 수정하기

편집창은 각각의 클립으로 구성되어 있습니다. 여기서 클립이란, 대본을 바탕으로 AI가 장면별 단락을 나눈 것을 말합니다. 클립 왼쪽에는 해당 구간에 삽입된 이미지인 섬네일이 있습니다. 클립 오른쪽에는 세부 수정을 할 수 있는 여러 메뉴들이 있습니다. 하나씩 수정해볼까요?

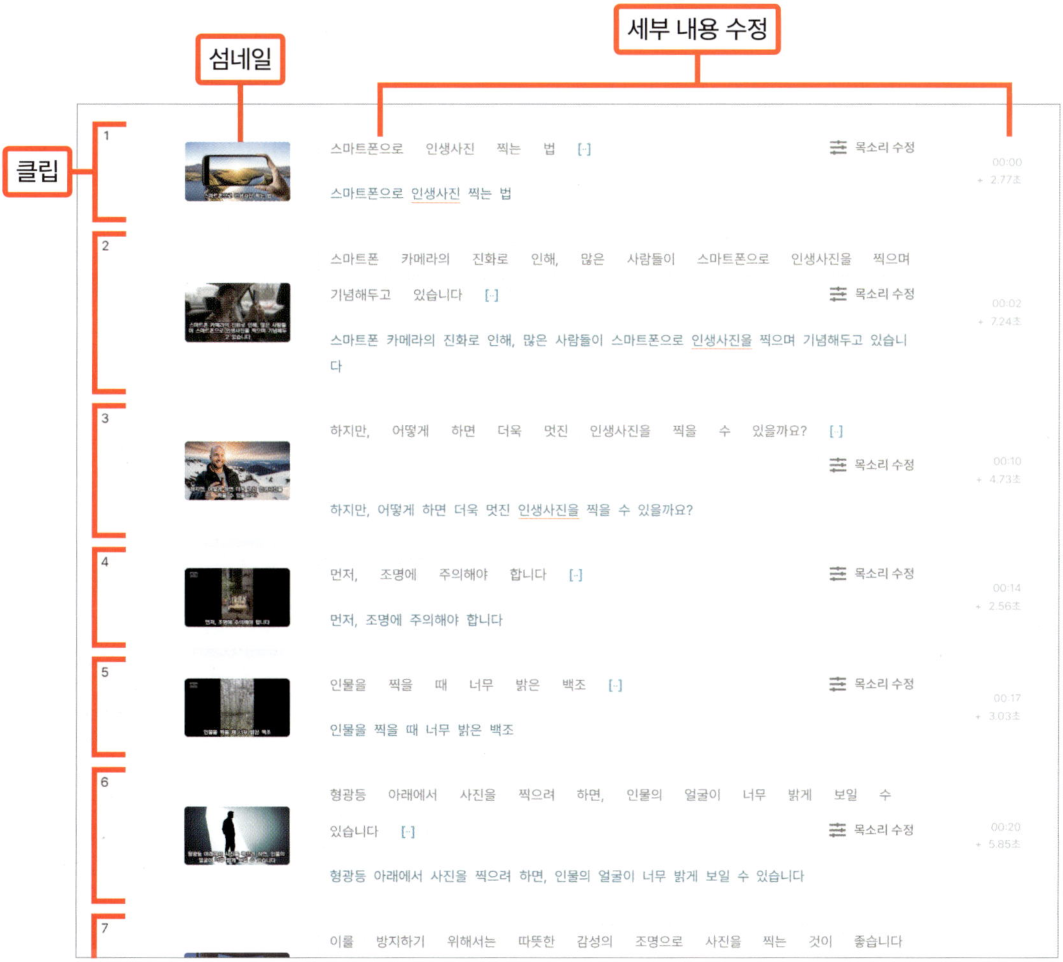

1 배경음악 수정하기

1 상단 메뉴창에 **삽입**을 클릭한 후, **배경음악**을 선택합니다.

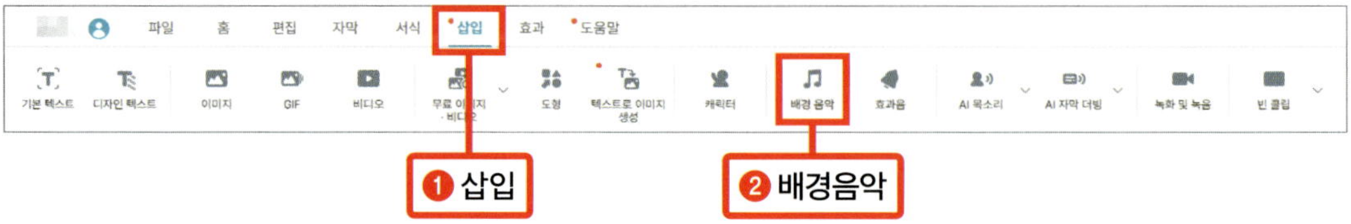

2 화면 오른쪽에 배경음악을 선택할 수 있는 창이 열립니다. 먼저 **적용 범위**를 지정합니다. 새로운 음악을 영상 전체에 넣고 싶다면 '전체 클립'을, 현재 구간에만 넣을 거라면 '현재 클립'을 선택합니다.

3 그다음 음악을 고릅니다. 음악이 PC에 저장되어 있다면, **PC에서 불러오기**를 선택합니다. 브루에서 제공하는 무료 음악을 쓰고 싶다면, 하단에서 **음악을 검색**합니다. 저는 '어쩌면 잘될거야'라는 제목의 음악을 선택했습니다. 배경음악을 골랐으면 **삽입하기** 버튼을 누릅니다.

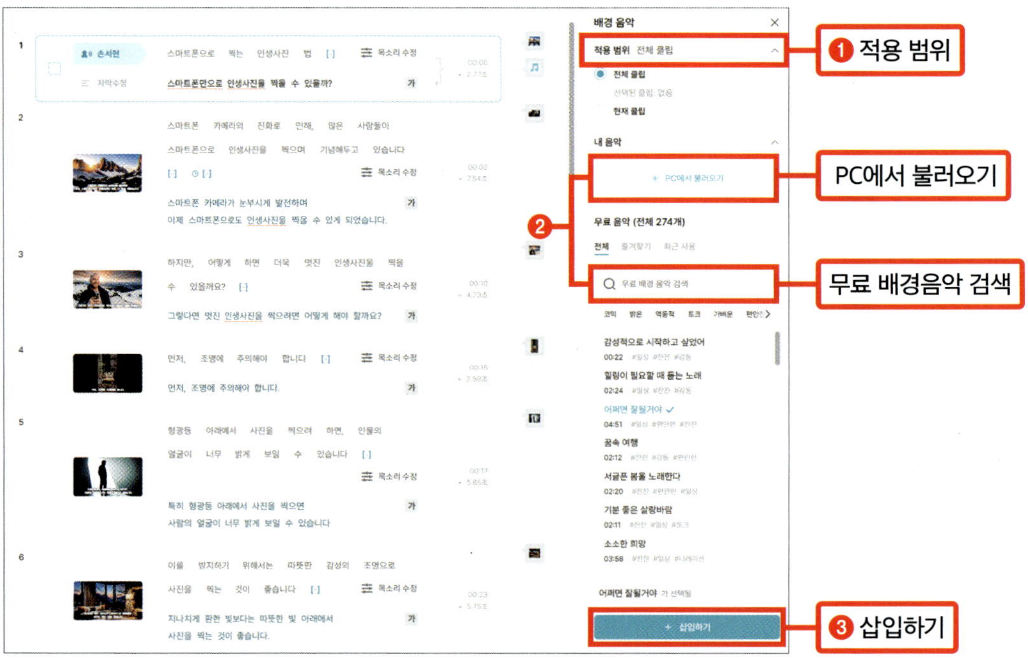

왼쪽 결과창 아래에서 방금 선택한 배경음악이 삽입된 것을 볼 수 있습니다.

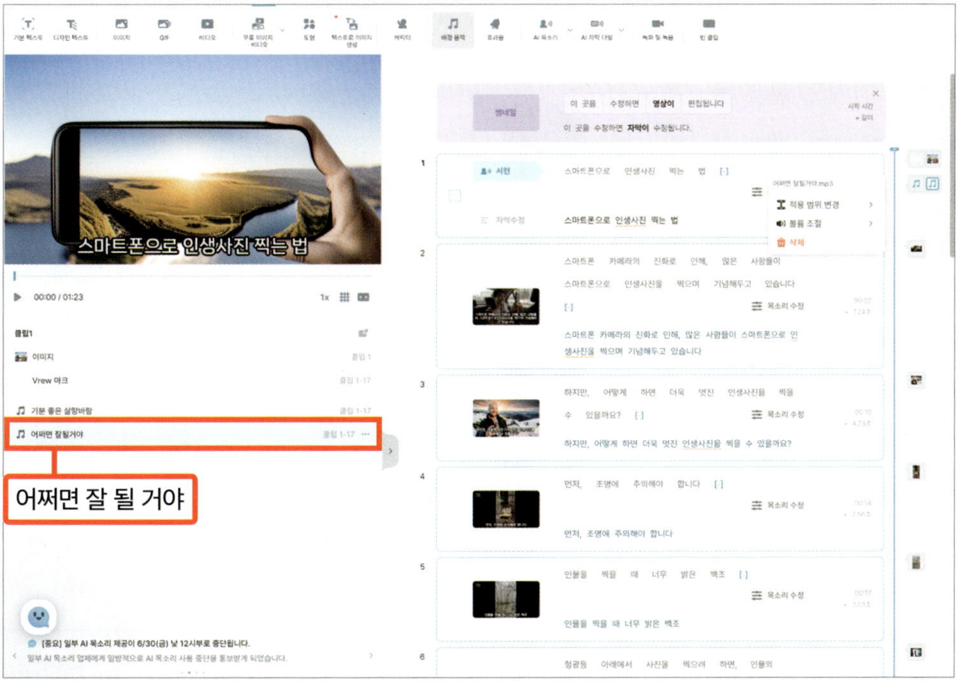

4 새로운 음악을 적용하면 기존 음악과 동시에 재생이 됩니다. 따라서 기존 음악을 삭제해야 합니다. 삭제할 음악 오른쪽에 ⋯ 버튼을 눌러 배경음악을 삭제합니다.

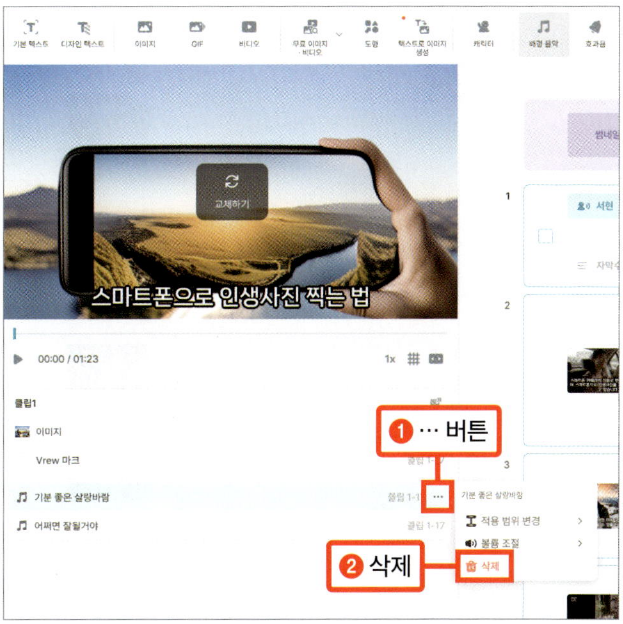

5 클립 오른쪽에 ♫ 버튼을 클릭하면 해당 음악이 적용된 구간을 나타내는 파란색 스크롤이 뜹니다. 앞서 전체 클립을 선택했기 때문에 영상의 시작 부분부터 마지막 부분까지 파란색 스크롤이 있는 것을 볼 수 있습니다.

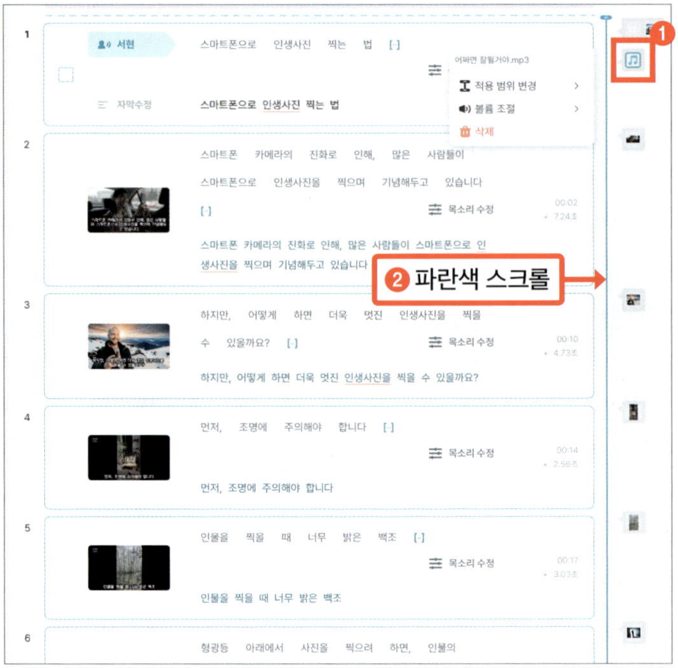

파란색 **스크롤을 위아래로** 움직이거나 **적용 범위 변경**을 눌러 해당 음악의 적용 구간을 변경할 수 있습니다.

6 볼륨 조절도 가능합니다. 음악 오른쪽에 ··· 버튼을 누른 다음, **볼륨 조절**을 선택하면 볼륨 조절 바(bar)가 나옵니다. 좌우로 움직여 볼륨을 조절하세요.

2 섬네일 교체하기

1 교체하고 싶은 섬네일이 포함된 클립을 클릭한 다음, 왼쪽 결과창에 마우스 커서를 올리면 **교체하기** 버튼이 뜹니다. 해당 버튼을 눌러주세요.

2 '다른 이미지 또는 비디오로 교체하기' 안내창이 나옵니다. PC에 저장된 사진이 있다면 **PC에서 불러오기**를 눌러 섬네일을 변경합니다. 브루에서 이미지를 만들고 싶다면 **입력창에 원하는 이미지를 구체적으로 적습니다**. 책에서는 '스마트폰으로 촬영한 멋진 풍경 사진'을 입력했습니다. **결과 보기** 버튼을 클릭합니다.

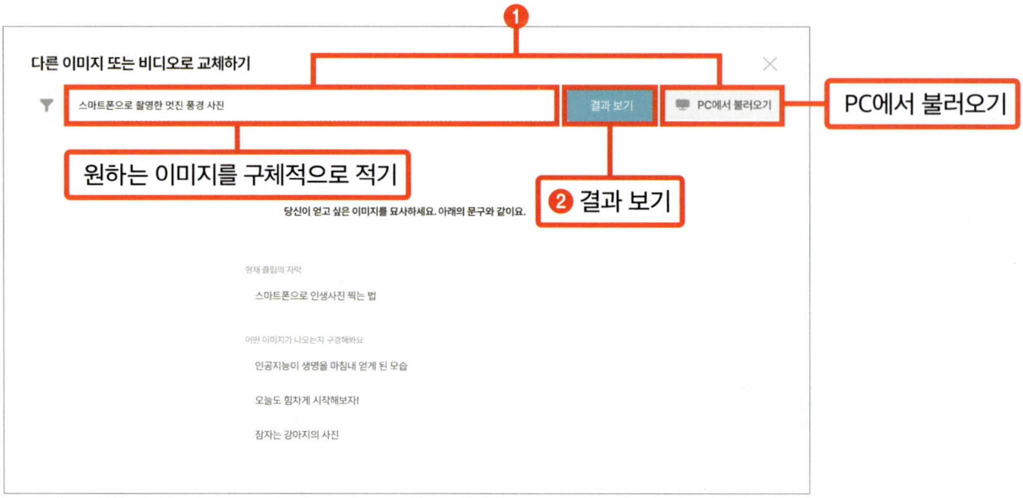

3 AI가 4개의 이미지를 생성했습니다. 이중 원하는 이미지를 선택합니다.

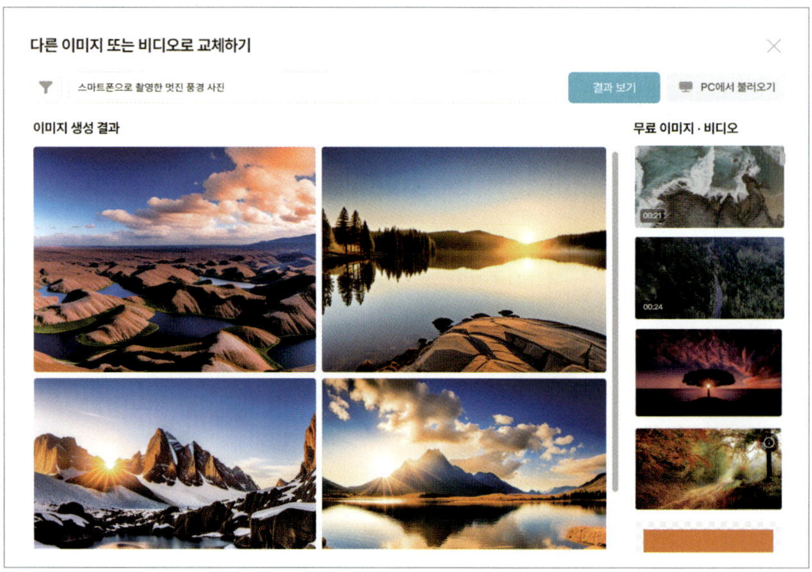

섬네일이 바뀐 것을 확인할 수 있습니다.

4 섬네일의 적용 구간을 변경할 수 있습니다. 클립 오른쪽에 작은 정사각형 섬네일을 클릭하면 해당 이미지가 적용된 구간을 나타내는 파란색 스크롤이 뜹니다. **스크롤을 위아래로** 움직이거나 **적용 범위 변경** 버튼을 클릭해 적용 구간을 설정합니다.

단, 이렇게 하면 배경음악과 마찬가지로 기존 섬네일과 새로운 섬네일 두 개가 동시에 재생된다는 문제점이 있습니다. 삭제할 섬네일이 포함된 클립을 선택한 다음, 왼쪽 결과창 하단에서 이미지 옆에 ··· 버튼을 눌러 해당 이미지를 삭제합니다.

3 자막 수정하기

1 자막은 **결과창 화면** 또는 해당 클립의 **자막 수정 탭**에서 수정할 수 있습니다.

● 자막을 수정하는 두 가지 방법 ●

결과창 화면에서 윗줄에 걸쳐 있는 문장을 아랫줄로 내렸습니다. 자막 수정 탭의 자막이 함께 변경된 것을 볼 수 있습니다.

2 자막의 색이나 폰트 등도 바꿀 수 있습니다. **자막 수정 탭을 클릭한 후**, 상단 메뉴창에서 **서식**을 누릅니다. 아래 기본 서식 바에서 **원하는 폰트와 색, 크기 등을 선택**합니다. 다만, 이렇게 하면 해당 클립의 자막뿐 아니라 모든 클립의 자막 스타일이 전부 변경됩니다. 해당 클립의 자막만 바꾸고 싶다면 먼저 왼쪽에 네모 박스를 체크한 후, 서식을 지정해주세요.

수정한 내용은 결과창에서 바로 확인할 수 있습니다.

3 성우 이름 오른쪽에 있는 네모 박스 안 자막은 AI 성우가 읽는 대본입니다. 이 대본을 바꿔줘야 음성과 자막이 일치합니다.

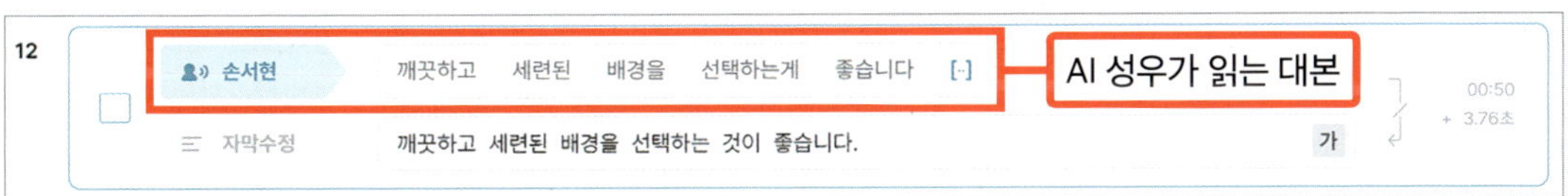

박스 오른쪽에 **목소리 수정** 버튼을 클릭합니다.

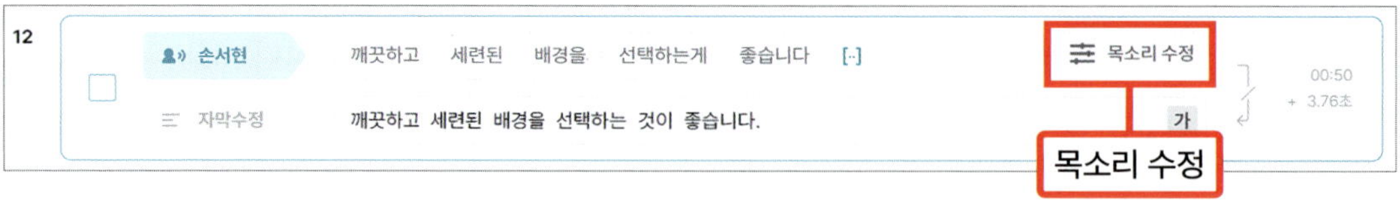

'AI 목소리 설정' 안내창이 뜹니다. 하단에 **목소리 수정창에서 대본을 수정**한 후, **확인** 버튼을 누르면 AI 성우의 대본이 변경됩니다.

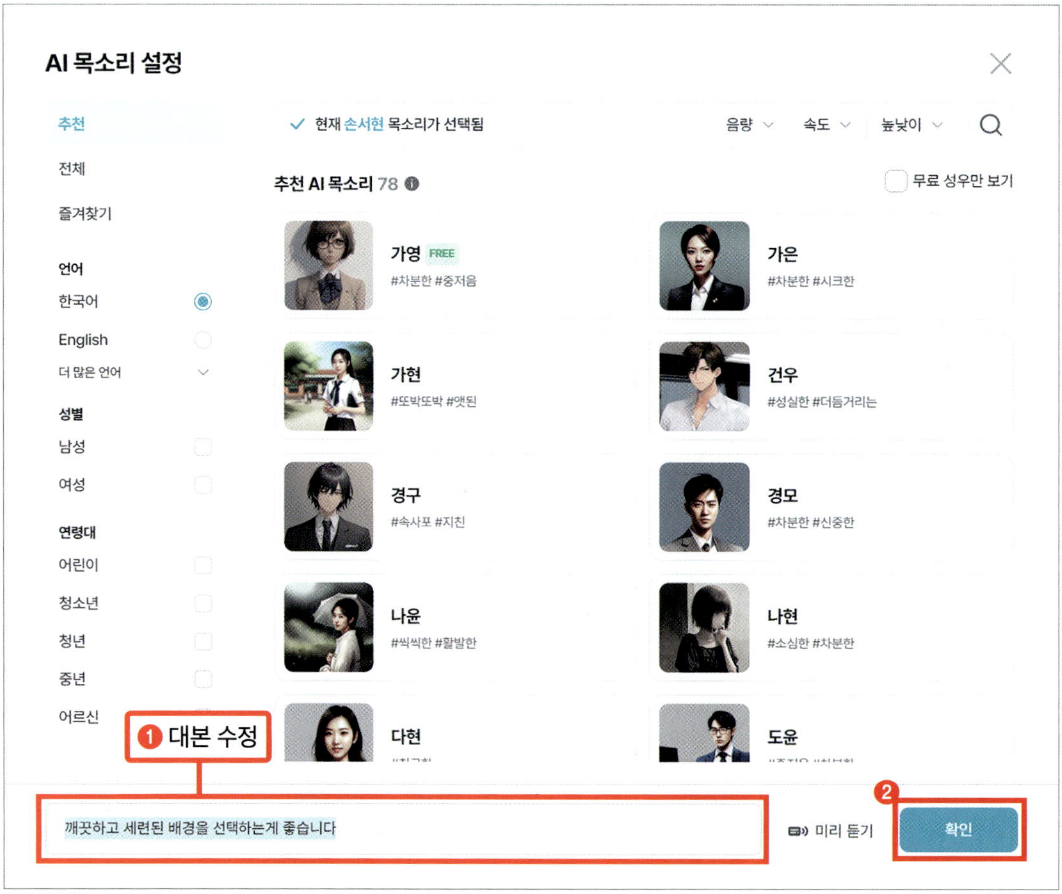

4 자막에 들어간 단어를 한 번에 바꾸는 것도 가능합니다. 상단 메뉴 **편집**에서 **찾기 및 바꾸기**를 클릭합니다.

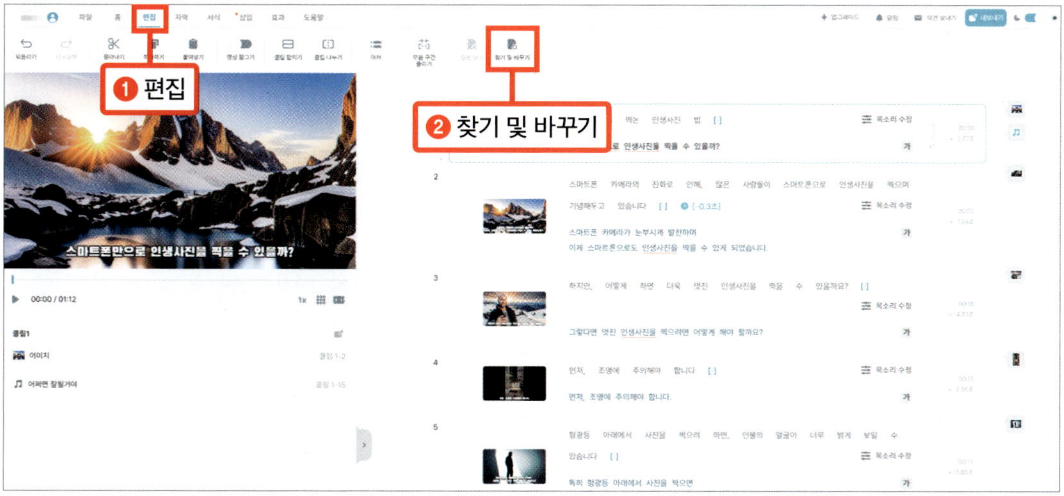

화면 오른쪽에 창이 뜨면 **자막줄**을 선택한 후, **바꾸려는 단어를 검색**합니다. 저는 '인물'을 입력했습니다. 그러자 '인물'이란 단어가 들어간 자막이 모두 나타납니다.

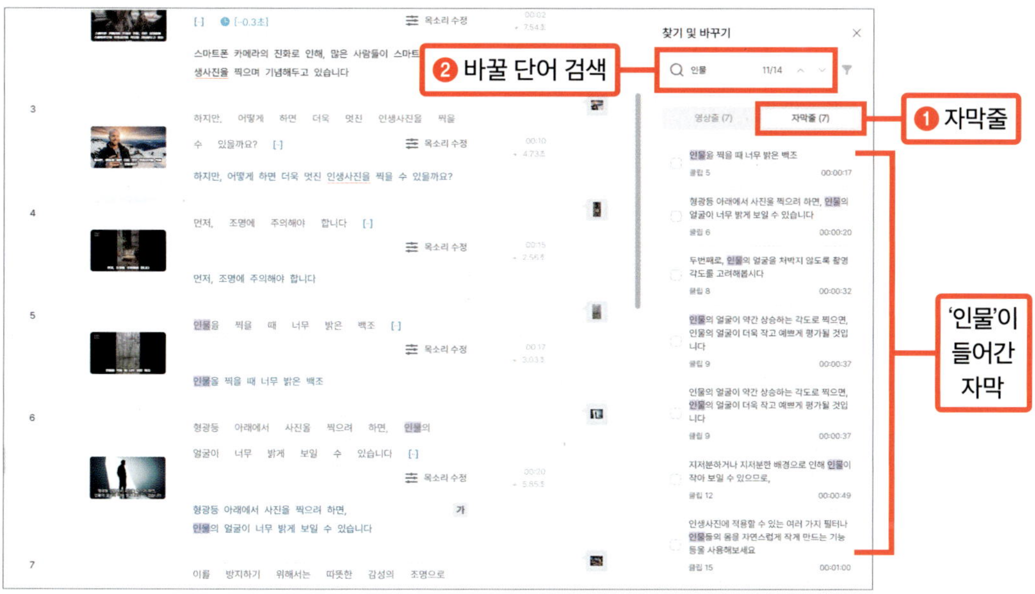

하단에 있는 '전체'를 체크하거나 바꿀 클립만 선택적으로 체크한 후 **선택한 단어 바꾸기** 버튼을 누릅니다.

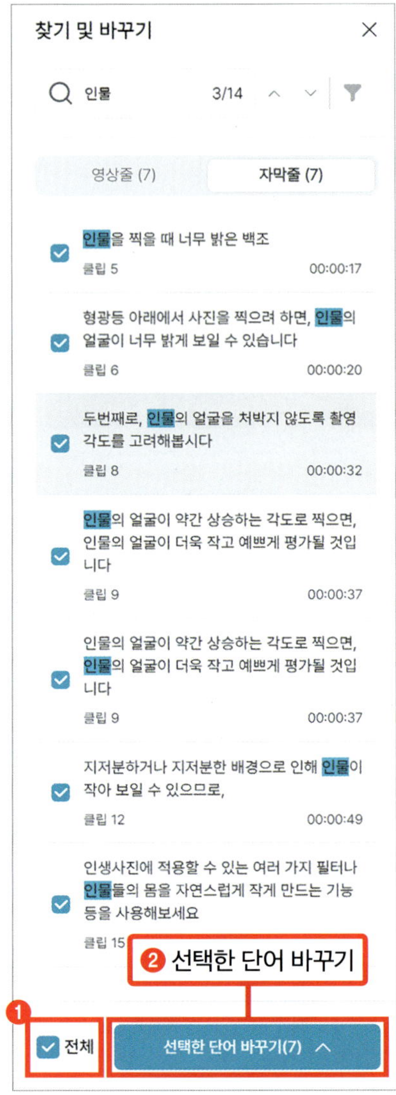

기존의 단어를 새로운 단어로 바꿀 수 있는 창이 열립니다. 바꿀 단어를 아래 칸에 적습니다. 저는 '사람'을 입력했습니다. 그다음 **선택한 단어 바꾸기** 버튼을 다시 한번 누릅니다.

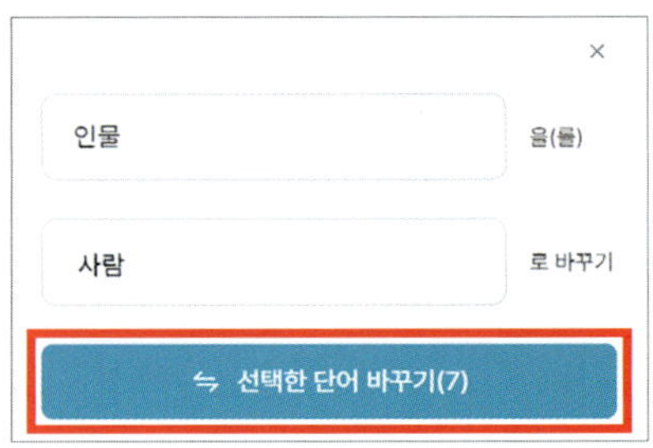

'인물'이 들어간 자막이 '사람'으로 바뀐 것을 볼 수 있습니다.

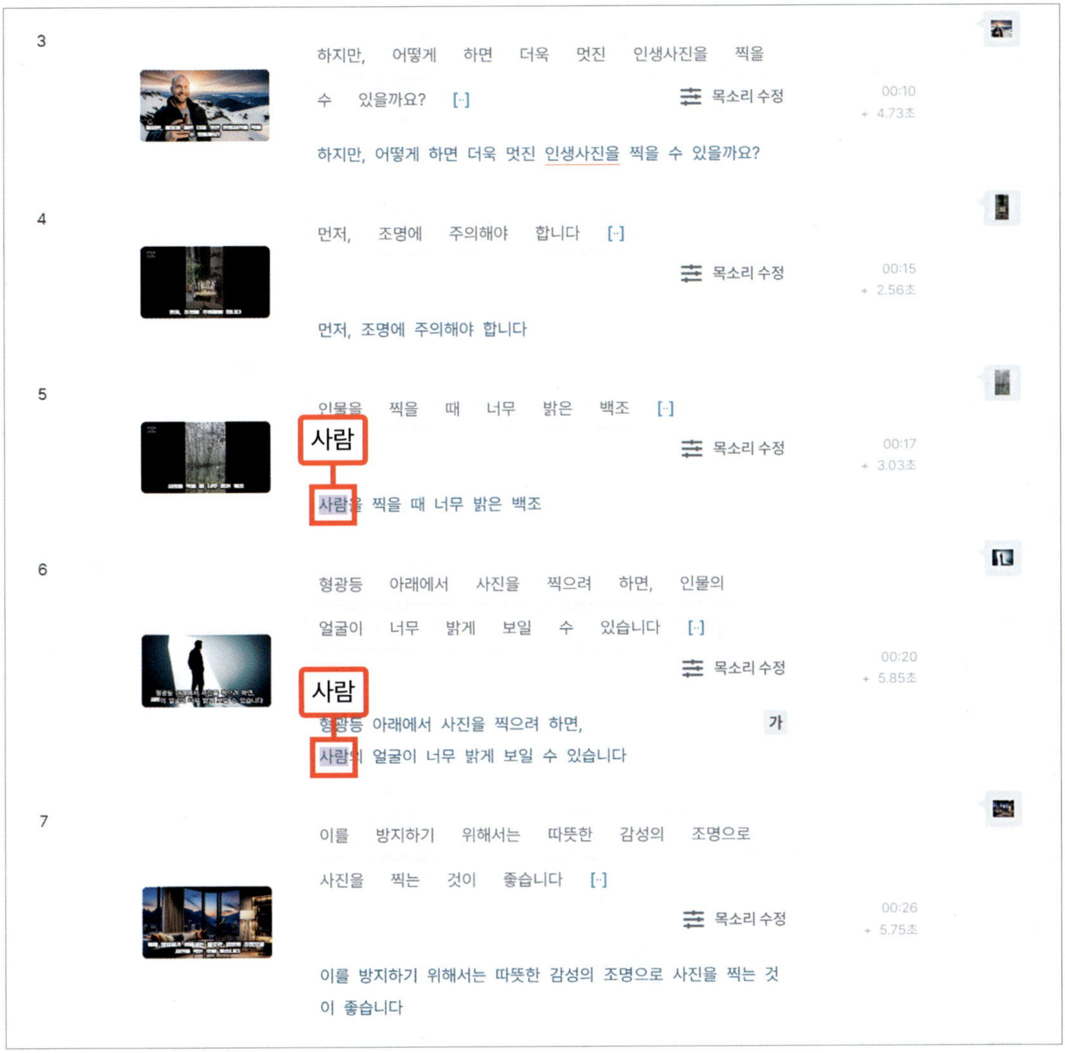

04 영상 내보내기

1 상단 메뉴에 **내보내기** 버튼을 클릭합니다.

2 **내보내기 형식**을 정합니다. 책에서는 '영상 파일'을 선택했지만 필요에 따라 '자막 파일', '오디오 파일', '텍스트' 등을 선택해도 됩니다.

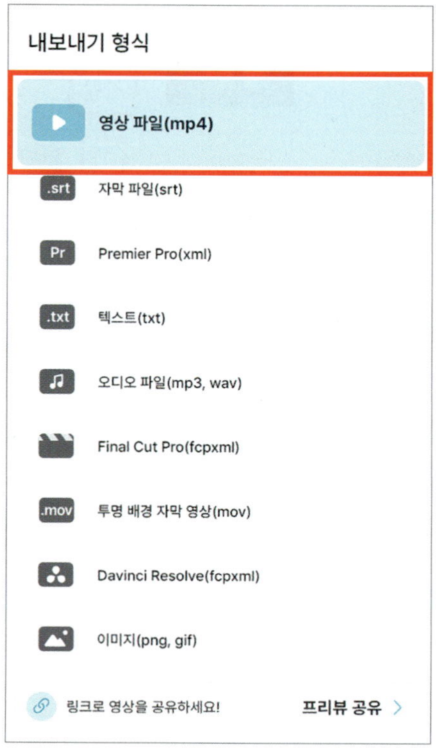

3 '동영상 내보내기' 창이 뜹니다. **대상 클립**은 '전체 클립'을, **해상도**는 '원본'을, **하드웨어 가속**은 '사용함'을 선택합니다. **내보내기** 버튼을 누릅니다.

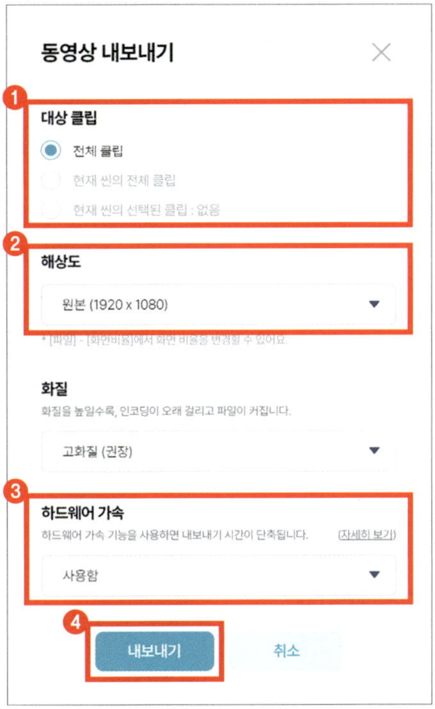

4 저장할 폴더를 선택하고 **파일 제목을 입력**한 후, 오른쪽 하단에 **저장** 버튼을 누릅니다.

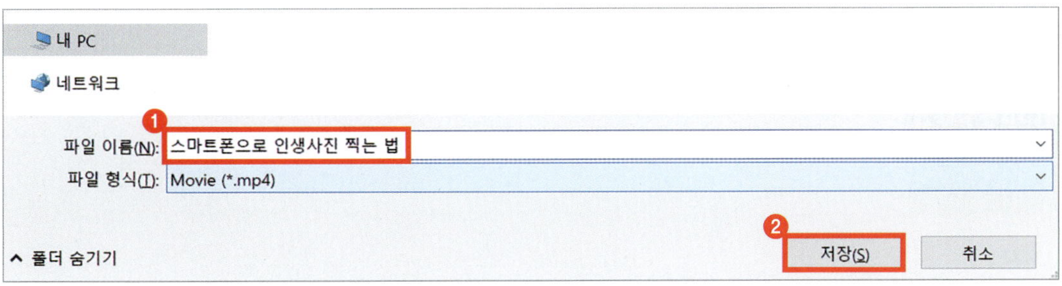

5 '영상을 출력하고 있습니다'라는 안내 문구가 뜨고 잠시 후, 내보내기가 완료되었다는 안내 창이 뜹니다.

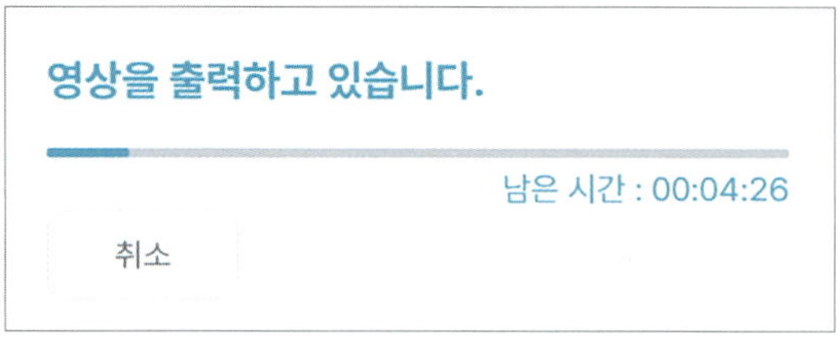

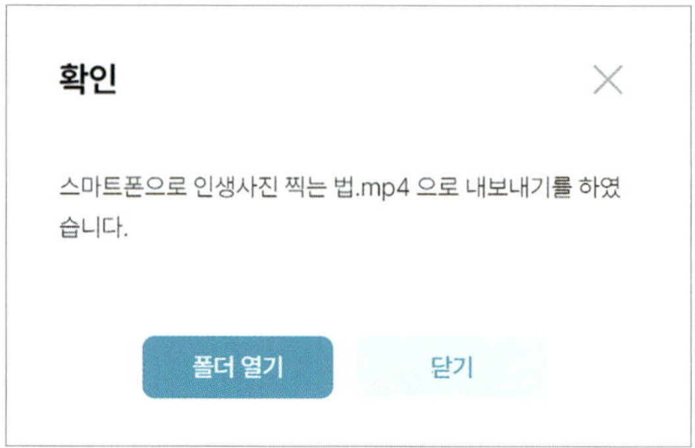

템플릿으로 유튜브 쇼츠 만들기

PDF 파일로 비디오 만들기

브루의 AI 편집 기능을 활용해 손쉽게 영상을 만들어보았습니다. 이 외에도 템플릿으로 유튜브 쇼츠를 만들거나 PDF 파일로 비디오를 만들 수도 있는데요, 이 내용은 왼쪽 QR 코드로 확인해주세요.

CHAPTER 6

사운드로 Soundraw

사운드로 회원가입
https://soundraw.io

이번에 소개할 AI 플랫폼은 사운드로(Soundraw)입니다. 사운드로를 활용하면 음악 이론이나 곡에 대한 지식이 없어도 몇 번의 클릭만으로 맞춤형 음악을 만들 수 있습니다. 지금부터 사운드로 활용법을 배워보겠습니다.

01 음악 만들기

1 사운드로 사이트에 접속한 후, 화면 중앙의 **음악 생성**(Create music) 버튼을 클릭합니다.

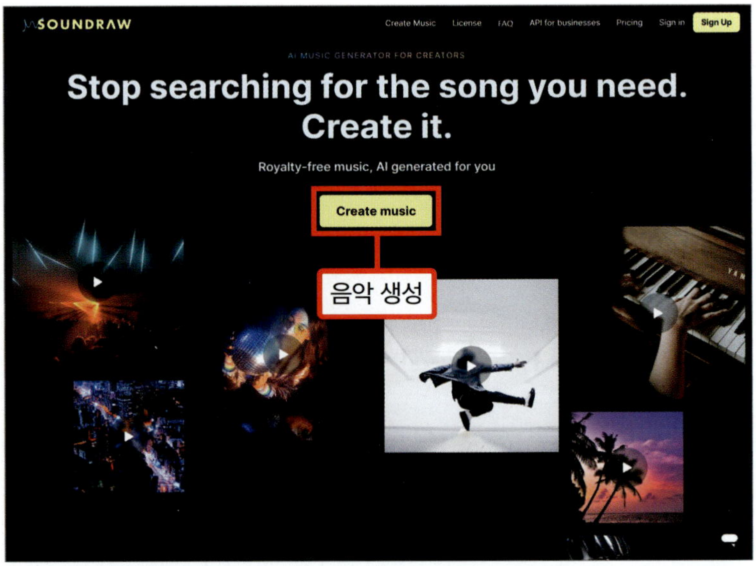

2 오른쪽과 같은 음악 생성창 이 나옵니다.

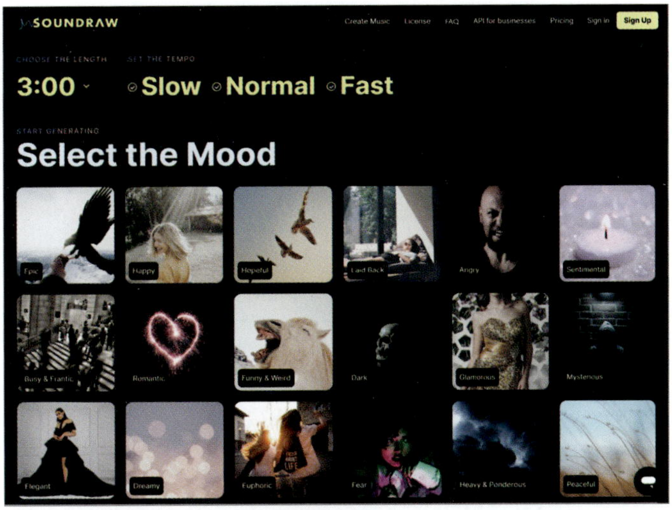

먼저 **곡의 길이**와 **속도**를 선택합니다.

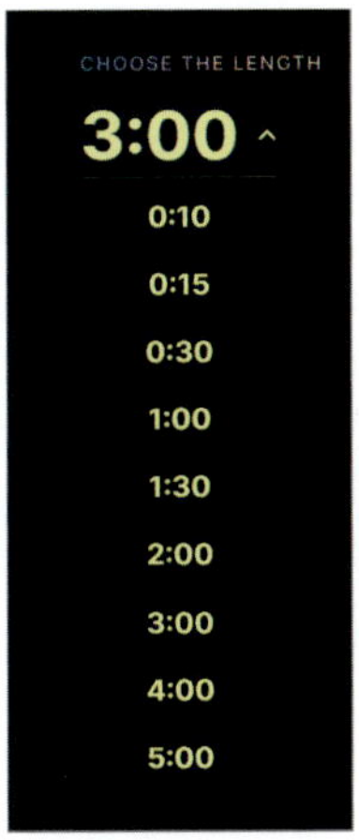

곡의 길이에서는 10초부터 5분 이하의 여러 시간대 중 하나를 선택합니다.

속도에서는 '느리게(Slow)', '적당하게(Normal)', '빠르게(Fast)' 중에서 선택합니다. 만약 느린 곡과 빠른 곡을 모두 만들고 싶다면 오른쪽 예시처럼 두 가지 속도를 중복해서 선택하세요.

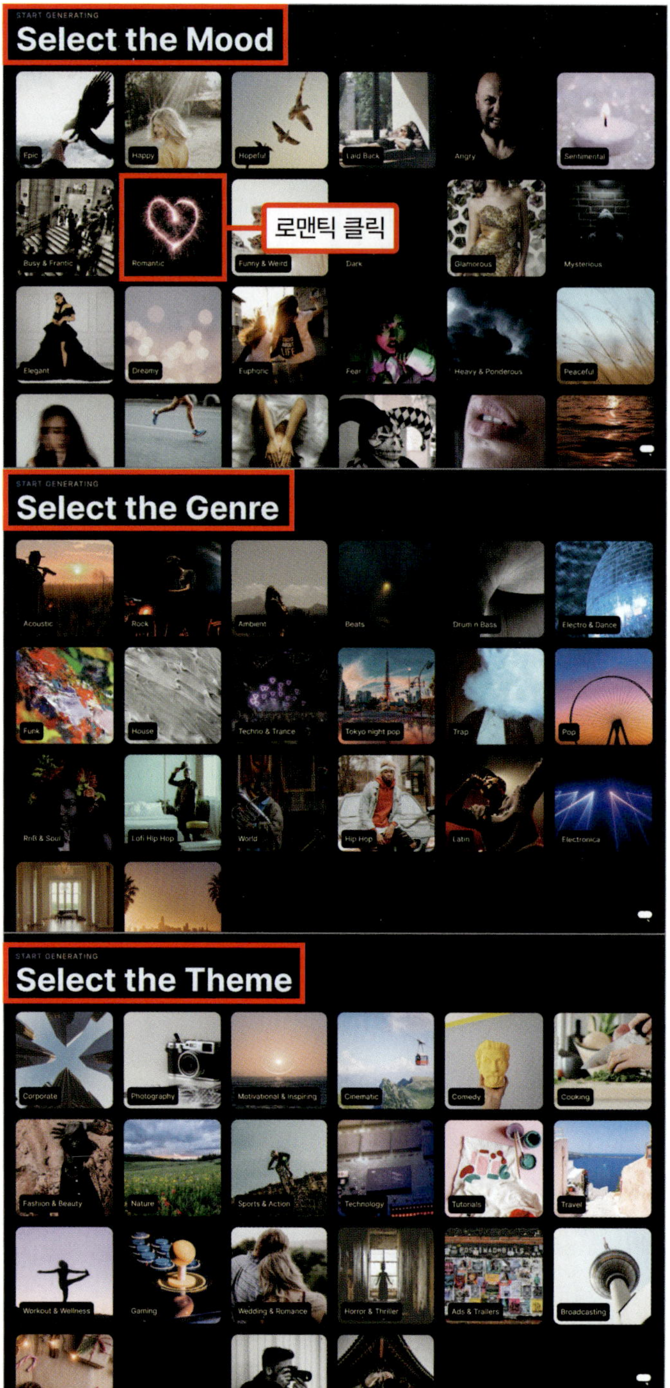

● 위부터 분위기/장르/주제 카테고리 ●

그다음 **분위기**(Mood), **장르**(Genre), **주제**(Theme)에서 만들려고 하는 곡과 관련된 키워드 중 하나를 고릅니다. 책에서는 '로맨틱(Romantic)'을 선택했습니다. 선택을 완료하면 자동으로 곡 생성 화면으로 넘어갑니다.

3 앞서 선택한 조건에 알맞은 음악 15곡이 생성되었습니다.

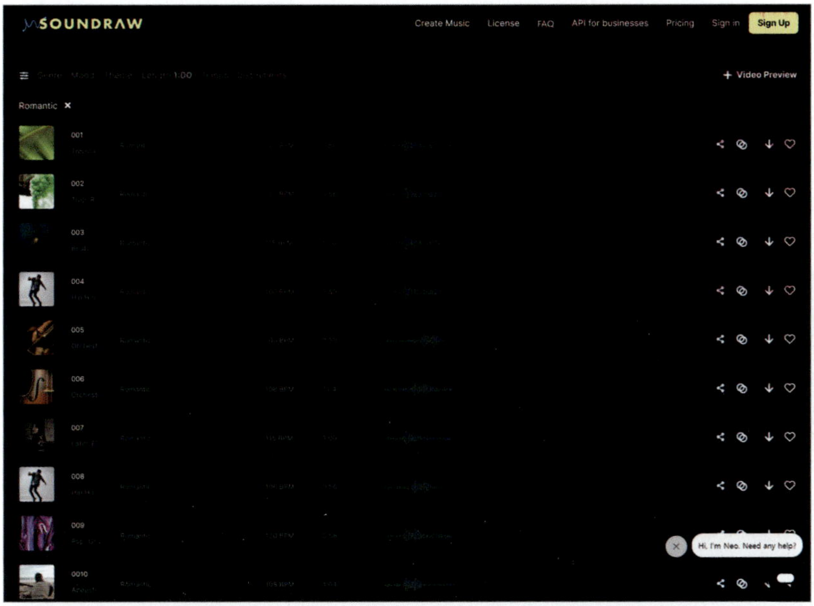

4 맨 왼쪽에 섬네일을 클릭하면 음악이 재생됩니다.

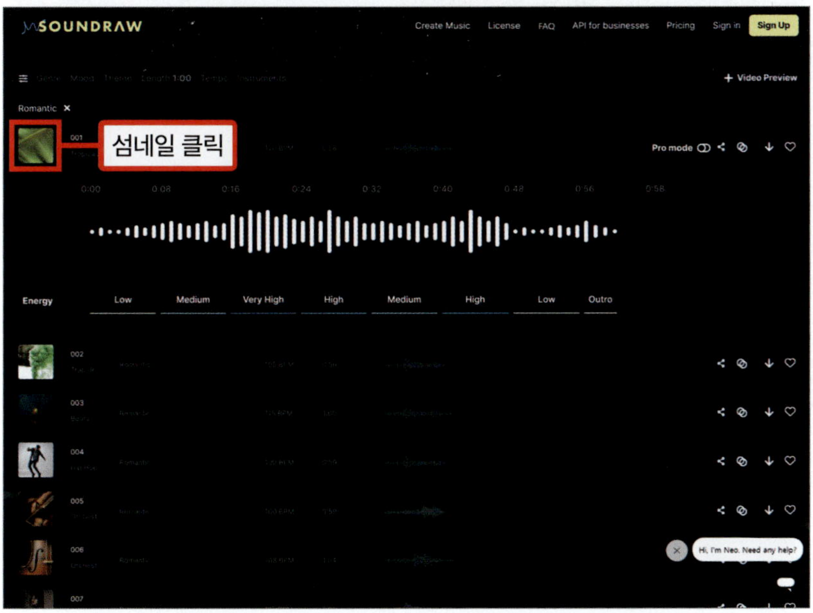

5 화면 상단에는 '장르(Genre)', '분위기(Mood)', '주제(Theme)', '길이(Length)', '속도(Tempo)', '악기(Instruments)'의 여섯 가지 카테고리가 나와 있습니다. 각 카테고리를 클릭해 키워드를 추가하거나 변경 또는 삭제할 수 있습니다. 키워드를 다시 고를 때마다 사운드로가 이에 알맞은 음악을 다시 생성합니다. 카테고리에서 '장르'를 선택하고, 키워드에서 '힙합(Hip Hop)'과 '어쿠스틱(Acoustic)'을 추가해보았습니다. 그러자 힙합과 어쿠스틱 장르의 음악이 새롭게 만들어집니다. 이처럼 원하는 음악이 나올 때까지 계속 키워드를 바꿔보세요.

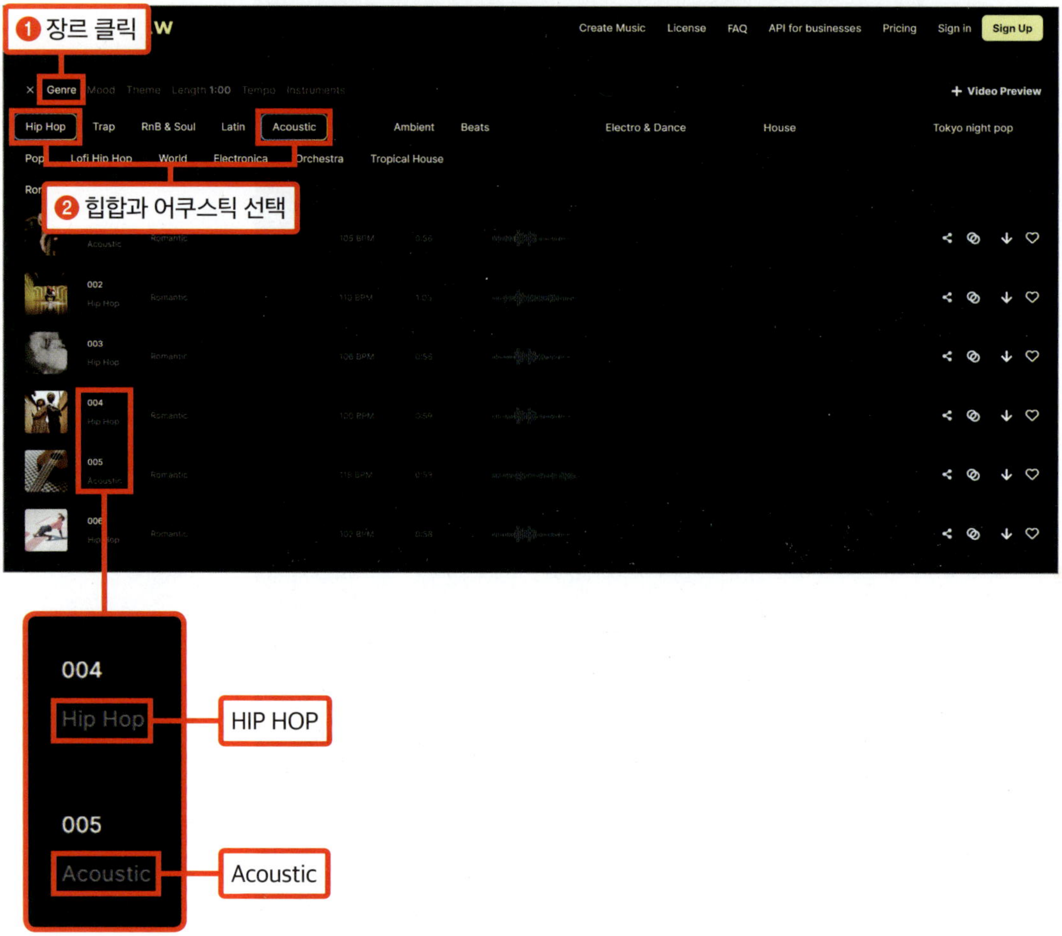

6 하단에 **더 많은 음악 생성**(Create more music) 버튼을 클릭하면 15곡의 음악이 추가로 생성됩니다. 마음에 드는 음악이 없다면, 버튼을 한 번 더 누르세요. 15곡이 더 생성됩니다.

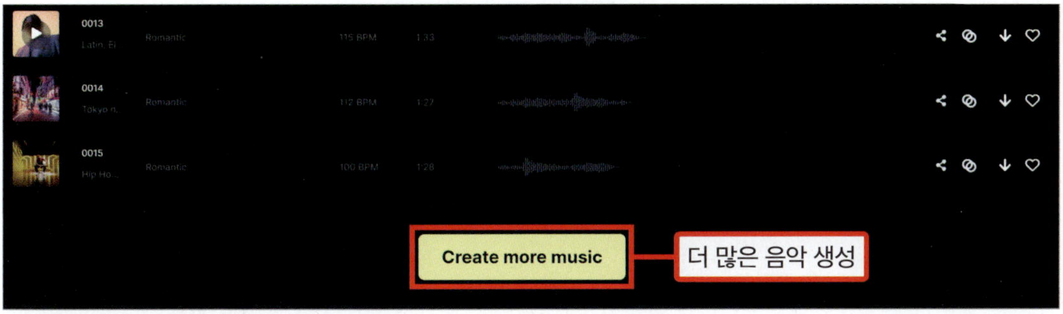

02 음악 편곡하기

이번에는 사운드로가 만든 음악을 편곡해보겠습니다. 편곡 모드는 심플 모드와 전문 모드로 나뉩니다. 음악의 섬네일을 클릭하면 심플 모드의 편곡창이 열립니다.

1 심플 모드

1 심플 모드에서는 구간별로 에너지 레벨, 즉 노래 패턴의 강약을 선택할 수 있습니다. 클릭할 때마다 '낮게(Low)', '중간 정도로(Medium)', '높게(High)', '매우 높게(Very High)' 순서로 변경됩니다. 직접 들어보며 원하는 레벨을 선택하세요.

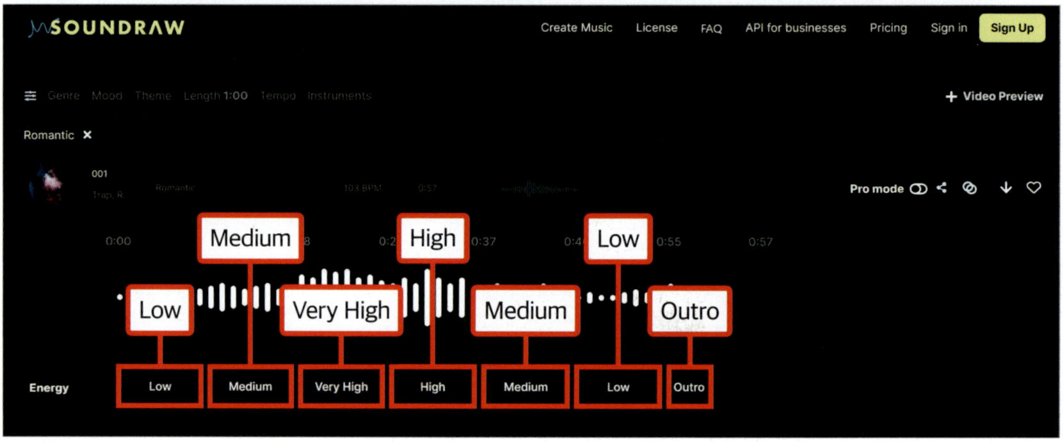

2 각 구간 위에 마우스 커서를 가져가면 휴지통(🗑) 아이콘과 플러스 (⊕) 아이콘이 나옵니다. 휴지통 아이콘을 누르면 해당 구간이 삭제되고 플러스 아이콘을 누르면 다음 구간에 같은 음악이 추가됩니다.

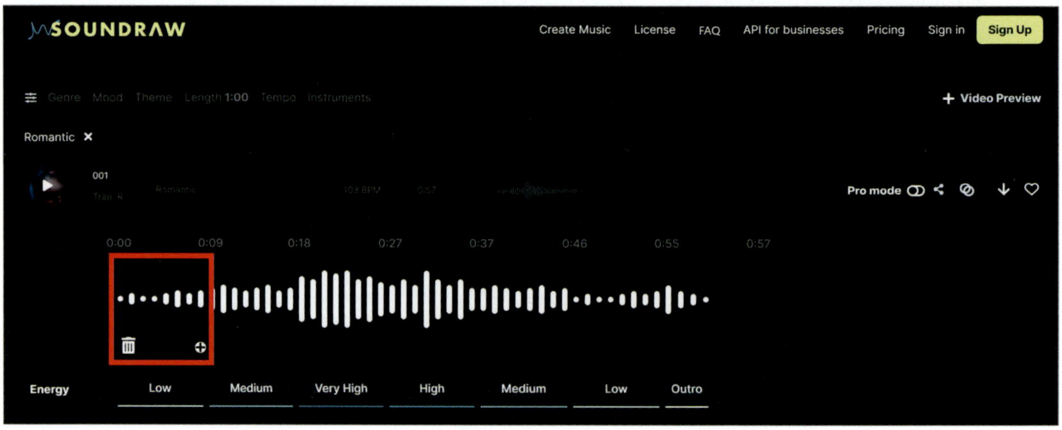

2 전문 모드

1 전문 모드에서는 '멜로디(Melody)', '백킹(Backing)', '베이스(Bass)', '드럼(Drums)'을 조금 더 정교하고 세밀하게 조절할 수 있습니다. 편곡창 오른쪽 상단에 **전문 모드(Pro mode)를 활성화**합니다. 심플 모드에는 없던 파란색 사각형 박스와 삼각형 화살표가 생깁니다. 사각형 박스는 에너지 레벨을 나타내는데 파란색이 진할수록 레벨이 높아지며, 회색이 되면 소리가 나지 않습니다. 각 블록을 클릭하면서 세기를 더하거나 줄여보세요. 또, '필즈(Fills)'의 좌우 화살표를 클릭해 페이드 인*, 페이드 아웃** 효과를 넣거나 삭제할 수도 있습니다.

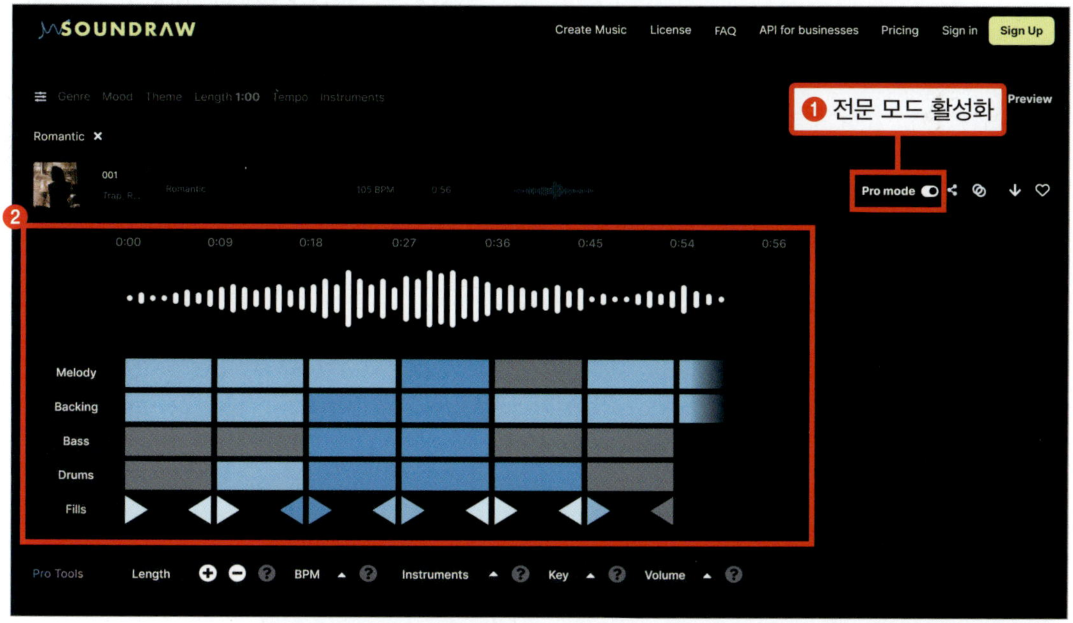

* 페이드 인(Fade-in) : 영상 또는 음향이 서서히 밝아지거나 커지는 효과

** 페이드 아웃(Fade-out) : 영상 또는 음향이 서서히 어두워지거나 작아지는 효과

2 편곡창 하단에 **전문 도구(Pro Tools)**에서 '길이(Length)', '분당 박자 수(BPM)', '악기(Instruments)', '키(Key)', '볼륨(Volume)'을 조절할 수 있습니다.

먼저 길이입니다. 오른쪽에 +와 -버튼을 눌러 곡의 길이를 조절할 수 있습니다. 이때, 길이뿐만 아니라 곡의 분위기나 흐름 등이 함께 조절됩니다.

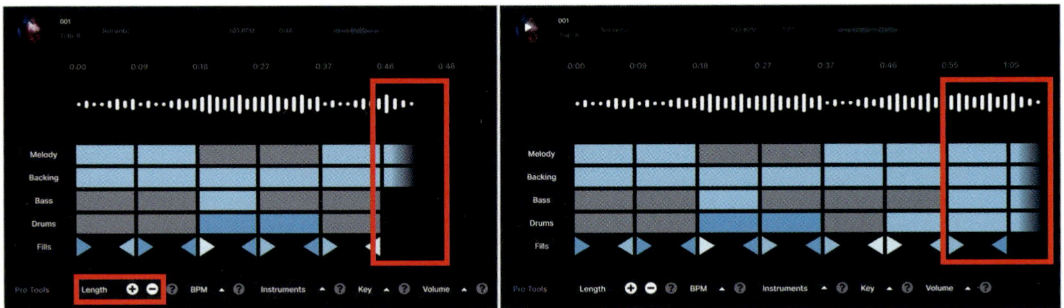

● 길이를 추가하기 전과 후 ●

분당 박자 수를 클릭하면 변주 가능한 박자 수가 나오는데, 숫자가 높을수록 곡의 속도가 빨라집니다. 제시되는 박자 수의 범주는 곡마다 다릅니다.

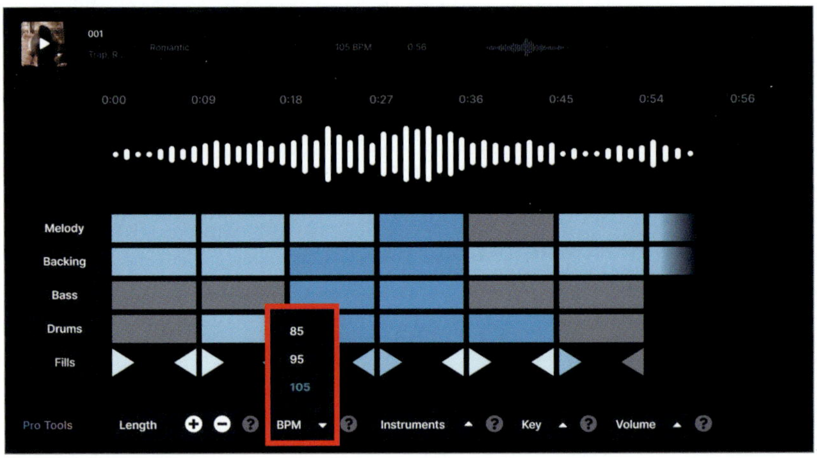

악기를 클릭하면 곡에 사용된 주요 악기를 다시 선택할 수 있습니다.

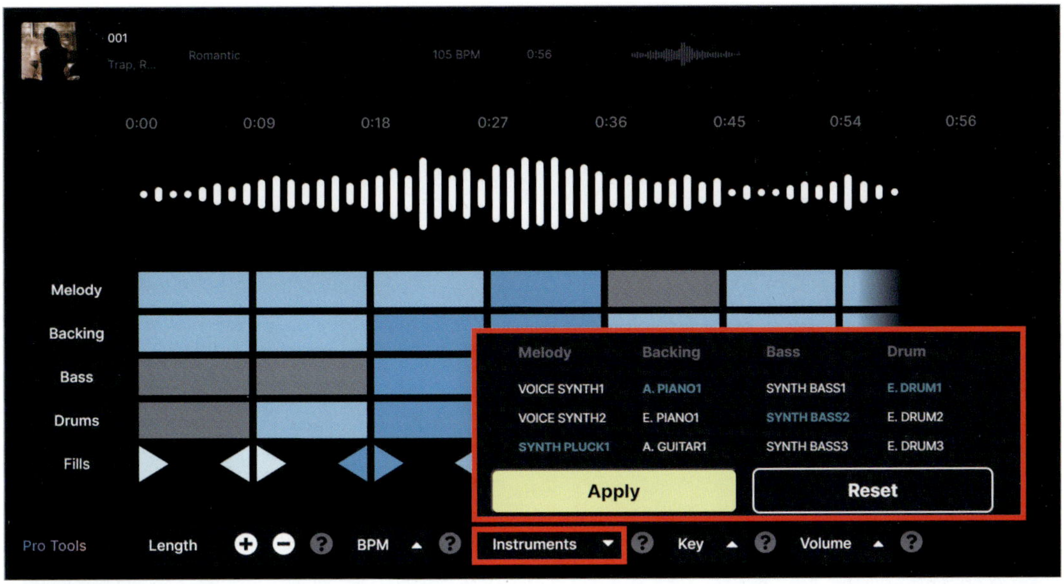

키는 음정을 선택할 수 있는 항목입니다. 보통 세 가지의 키가 제시되며, 키별로 높낮이가 조금씩 다릅니다.

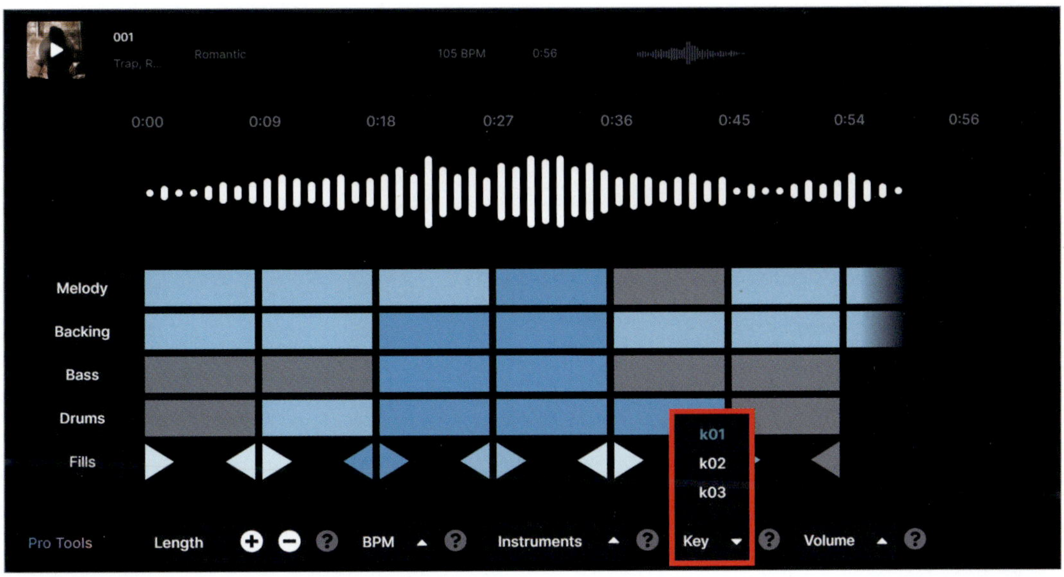

볼륨에서는 악기별로 음량을 조절할 수 있습니다.

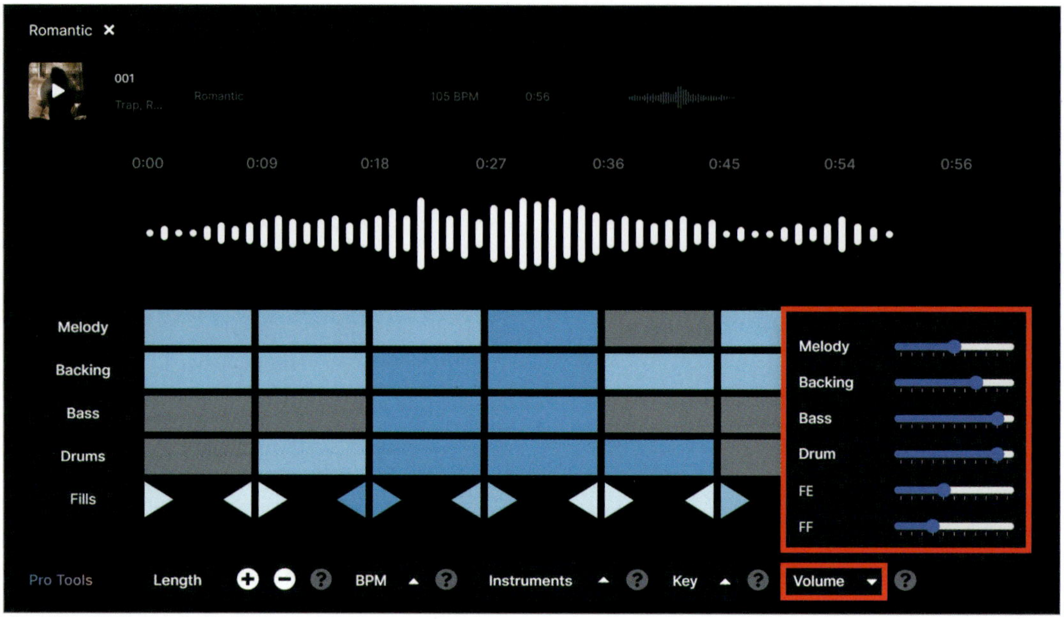

3 비슷한 음악을 더 만들고 싶은데 키워드를 일일이 입력하는 것이 번거롭다면 버튼을 누르세요. 현재 음악과 비슷한 장르, 분위기, 템포의 음악이 새롭게 생성됩니다. 단, 현재 편곡 중인 음악이 유실될 수 있으므로 먼저 PC에 다운로드하는 것이 좋습니다.

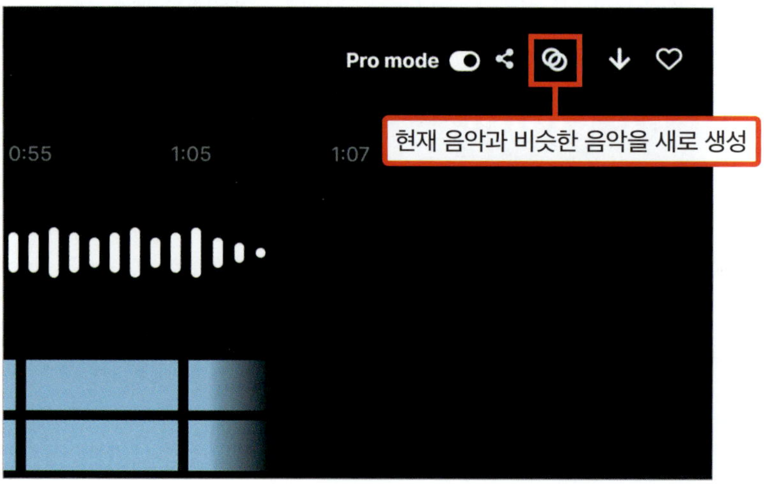

03 음악 내보내기

1 유료 회원

사운드로에서 생성한 음악을 다운로드하려면 유료 결제를 해야 합니다. 결제 후, 다운로드한 음악은 저작권 문제 없이 자유롭게 사용할 수 있습니다. 추후 구독을 취소하더라도 유료 회원일 때 내려받은 노래는 로열티 프리* 권한이 유지됩니다. 하루에 최대 50곡까지 다운로드 가능하며, 생성한 음악 파일은 WAV 확장자로만 제공됩니다.

1 화면 우측 상단에 ↓ 버튼을 클릭하면 현재 곡이 PC에 다운로드됩니다.

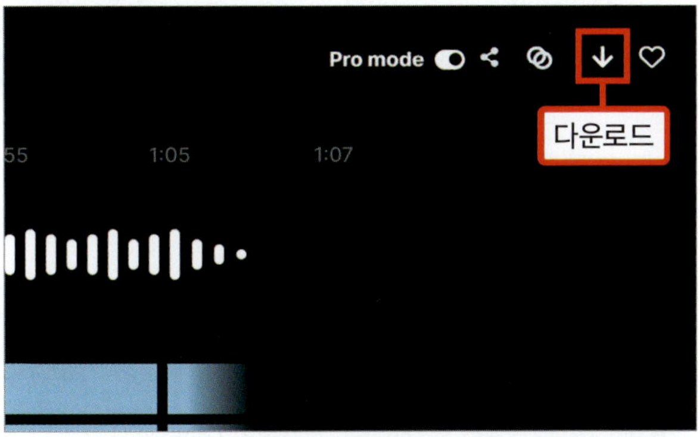

2 무료 회원

유료 결제를 하지 않아도 만든 음악을 따로 저장해놓고 들을 수 있는 방법이 있습니다. 단, 이 기능은 사운드로 계정이 있어야만 사용 가능합니다.

---

* 로열티 프리(Royalty Free) : 금액을 지불하지 않고도 사용할 수 있는 권리

1 화면 오른쪽 상단에 **결제**(Pricing) 버튼을 클릭합니다.

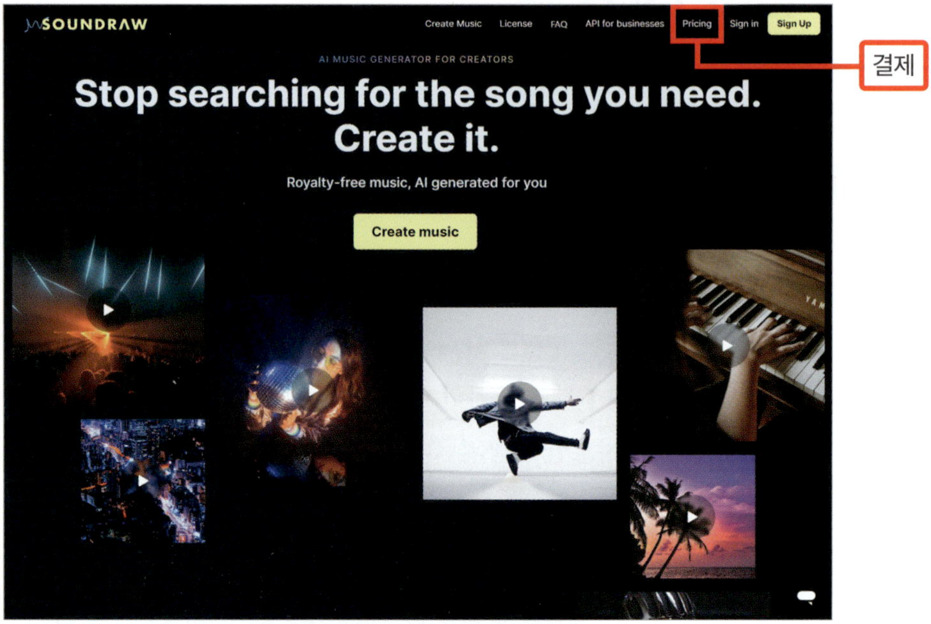

2 왼쪽에 **무료로 이용하기**(Join for free) 버튼을 클릭하세요.

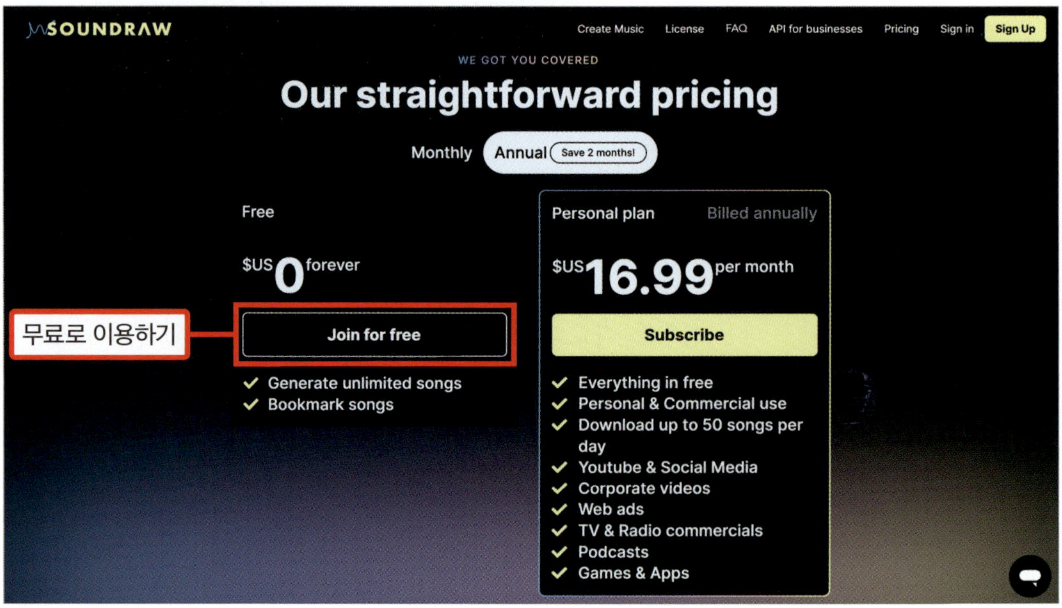

3 **이메일 주소와 비밀번호를 입력**한 후, 하단에 **회원가입**(Sign Up) 버튼을 눌러 계정을 만듭니다.

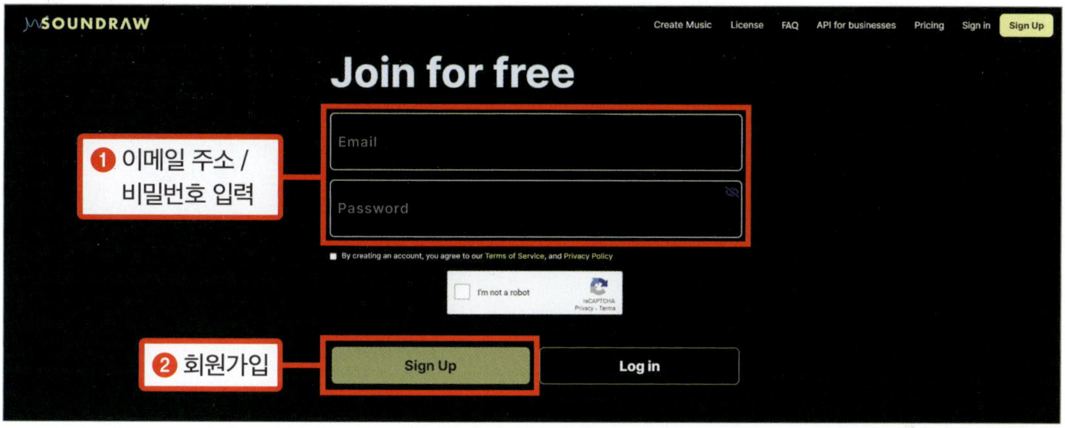

4 계정 생성을 완료하면 앞서 생성한 곡이 자동으로 뜹니다. 그중 마음에 드는 곡을 골라 화면 오른쪽에 ♡ 아이콘을 눌러주세요.

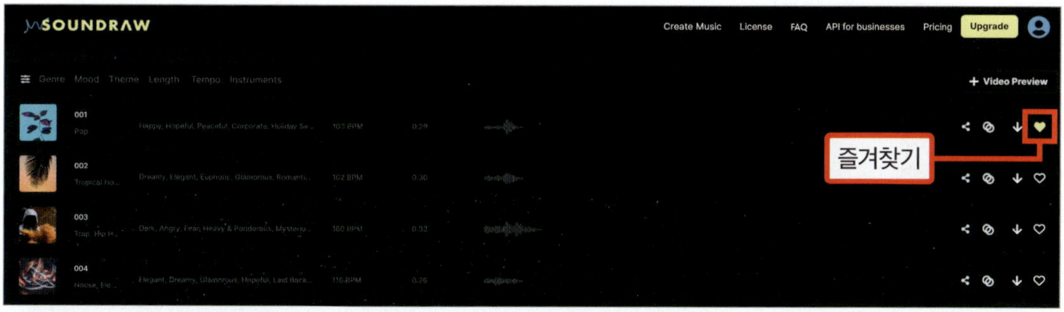

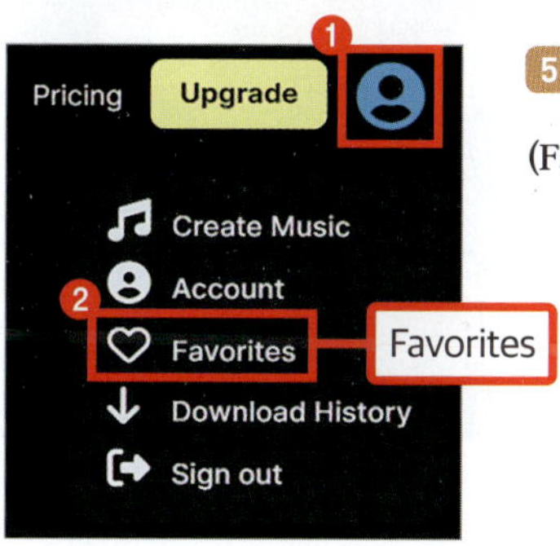

5 화면 오른쪽 상단에 아이콘을 클릭합니다. 그다음 **즐겨찾기**(Favorites)를 누르세요.

6 이곳에서 앞서 저장한 음악을 확인할 수 있습니다. 비록 콘텐츠에는 사용하지 못하지만, 세상에 하나뿐인 나만의 플레이리스트를 만들어 자유롭게 들을 수 있습니다.

04 더 알아보기

1 음악 공유하기

1 공유할 음악을 선택한 후, 화면 오른쪽에 버튼을 누릅니다.

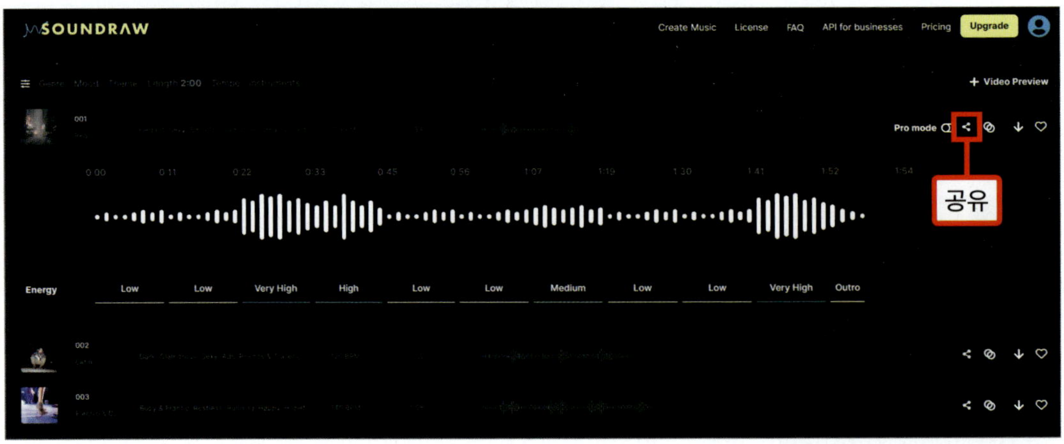

2 오른쪽과 같은 안내창이 뜨면 **복사**(Copy) 버튼을 클릭한 후, 복사된 링크를 메신저나 이메일 등에 붙여 넣으세요.

3 공유받은 사람이 링크를 클릭하면 곧바로 사운드로 웹사이트가 열리면서 음악이 재생됩니다.

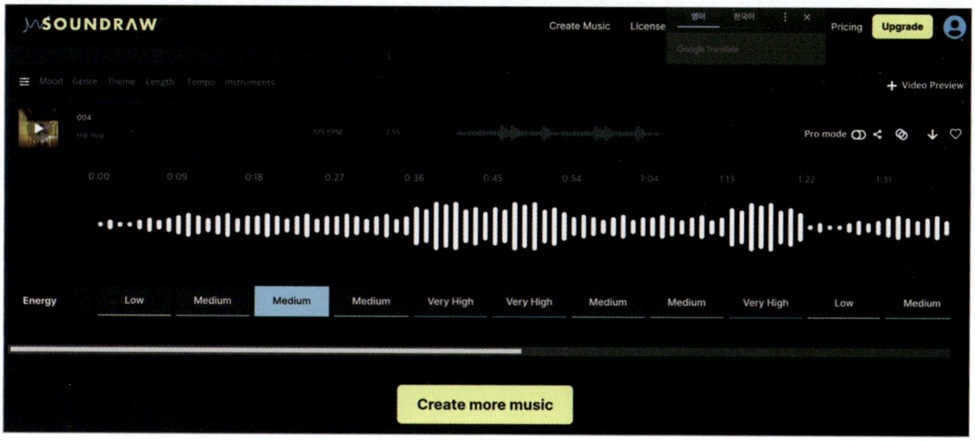

2 영상에 음악 넣기

1 음악을 선택한 후, 화면 오른쪽 상단에 **비디오 미리보기**(Video Preview) 버튼을 클릭합니다.

2 음악을 삽입할 영상 파일을 PC에서 드래그해서 넣거나 🎞 아이콘을 클릭해 영상 파일을 열어주세요.

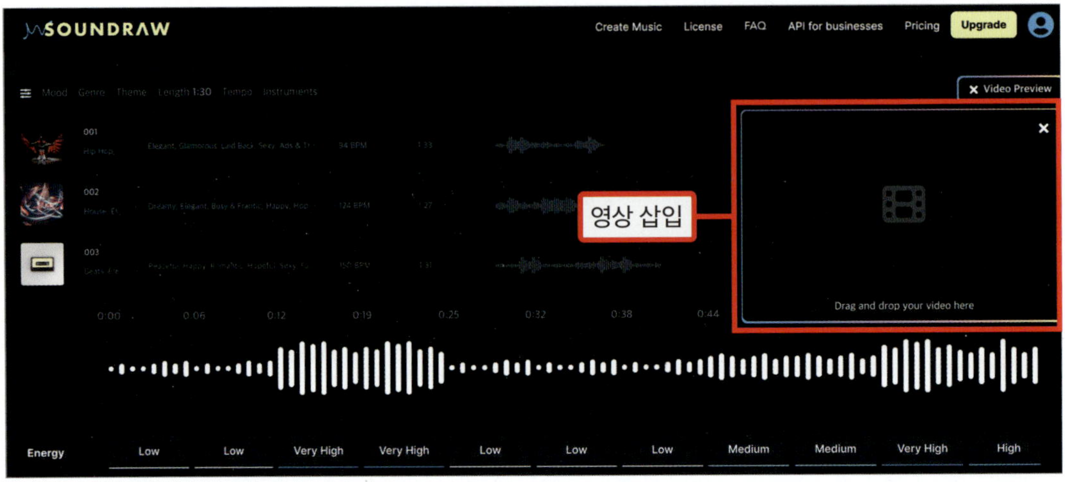

3 사각형 박스 안에 영상이 떴습니다. 음악의 섬네일을 클릭하면 영상과 음악이 함께 재생됩니다.

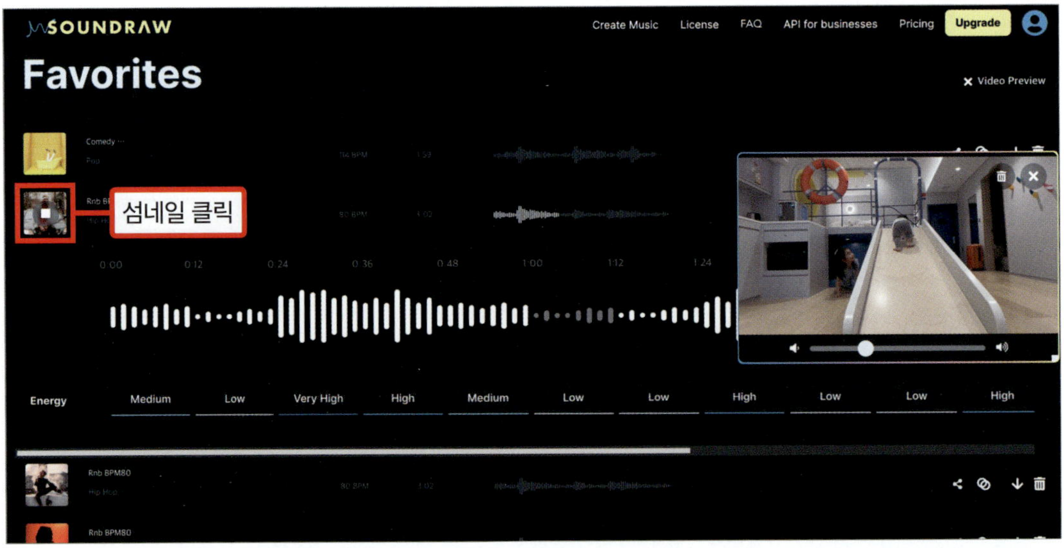

4 영상을 보면서 음악을 편곡해보세요.

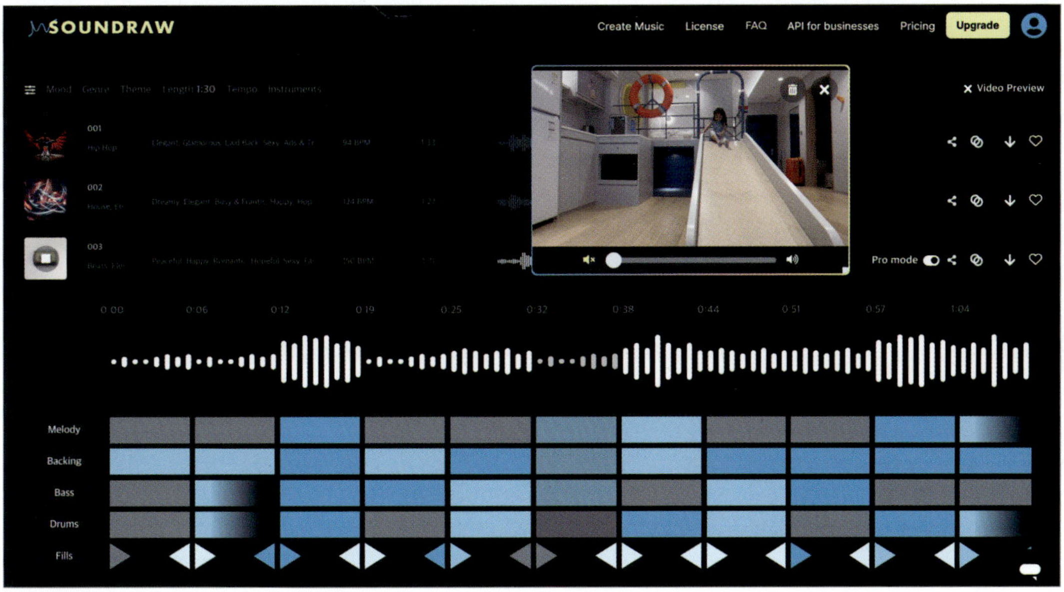

1인 크리에이터 시대! 콘텐츠에 어떤 음악을 넣을지 고민하시나요? 이제 사운드로로 원하는 음악을 쉽고 빠르게 만들어보세요.

CHAPTER 7

01 시작 전 알아두기

02 영작하기

03 크롬에서 활용하기

그래머리 Grammarly

그래머리 프로그램 다운로드 및 회원가입

챕터 7에서는 영문 맞춤법 AI 검사기, 그래머리(Grammarly)를 배웁니다. 그래머리는 철자, 문법, 구두점 등의 오류를 알맞은 표현으로 수정해줄 뿐만 아니라, 더 나은 어휘나 문장을 제안하고 중복되는 단어와 표현들을 대체해줍니다. 영작을 해야 하는데 영어에 자신이 없다면 그래머리를 적극 활용해보세요.

01 시작 전 알아두기

1 무료 버전 VS 유료 버전

그래머리는 무료 버전과 유료 버전으로 나뉩니다. 두 버전의 차이는 오른쪽과 같습니다.

대표 기능	무료 버전	유료 버전
철자 체크	O	O
문법 체크	O	O
구두점 체크	O	O
가독성 보조	X	O
다양한 단어와 표현 사용	X	O
표절 방지	X	O

무료 버전에서는 철자나 맞춤법, 구두점 실수 등 기본적인 내용을 검토합니다. 단, 올바른 표현으로 수정해주지는 않기 때문에 사용자가 직접 고쳐야 합니다.

반면, 유료 버전에서는 기본적인 내용을 직접 수정해줄 뿐 아니라 글의 목적, 용도, 독자 수준 등에 따라 글쓰기 스타일을 제안합니다. 또, 일부 문장을 새로 작성하고 고급 어휘로 교정해주는 등 전문적인 글을 위한 다양한 기능도 제공합니다.

이 책에서는 무료 버전을 기본으로 하되, 유료 버전과의 차이를 알 수 있도록 유료 버전도 일부 다뤘습니다.

02 영작하기

1 무료 버전

1 그래머리 홈 화면입니다. 화면 가운데 **새 문서**(New)를 클릭하면 새 글을 작성하면서 교정을 할 수 있습니다. 그 아래 **올리기**(Upload)를 클릭하면 PC에 저장된 문서를 불러와 교정을 할 수 있습니다. 책에서는 새 문서를 선택했습니다.

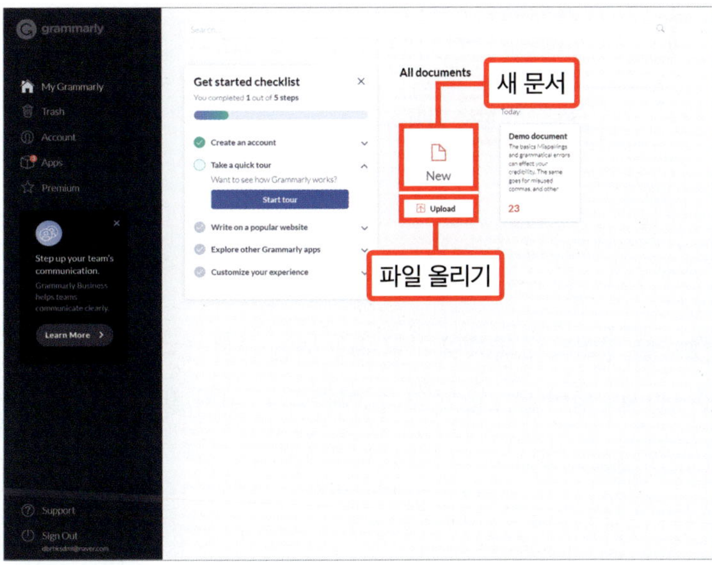

2 문서 작성 화면입니다. **제목**과 **본문**을 입력합니다. 책에서는 '한 권으로 끝내는 AI 활용법(Mastering AI with a Single Book)'을 주제로 짧은 영작을 했습니다. 바로 영작하는 것이 어렵다면 한글로 먼저 글을 쓰고 챗GPT나 빙 챗으로 영문 변환을 한 다음, 그래머리에 붙여 넣으세요. 글이 완성되면 오른쪽 메뉴창에 있는 여러 항목을 통해 검토 결과를 확인할 수 있습니다.

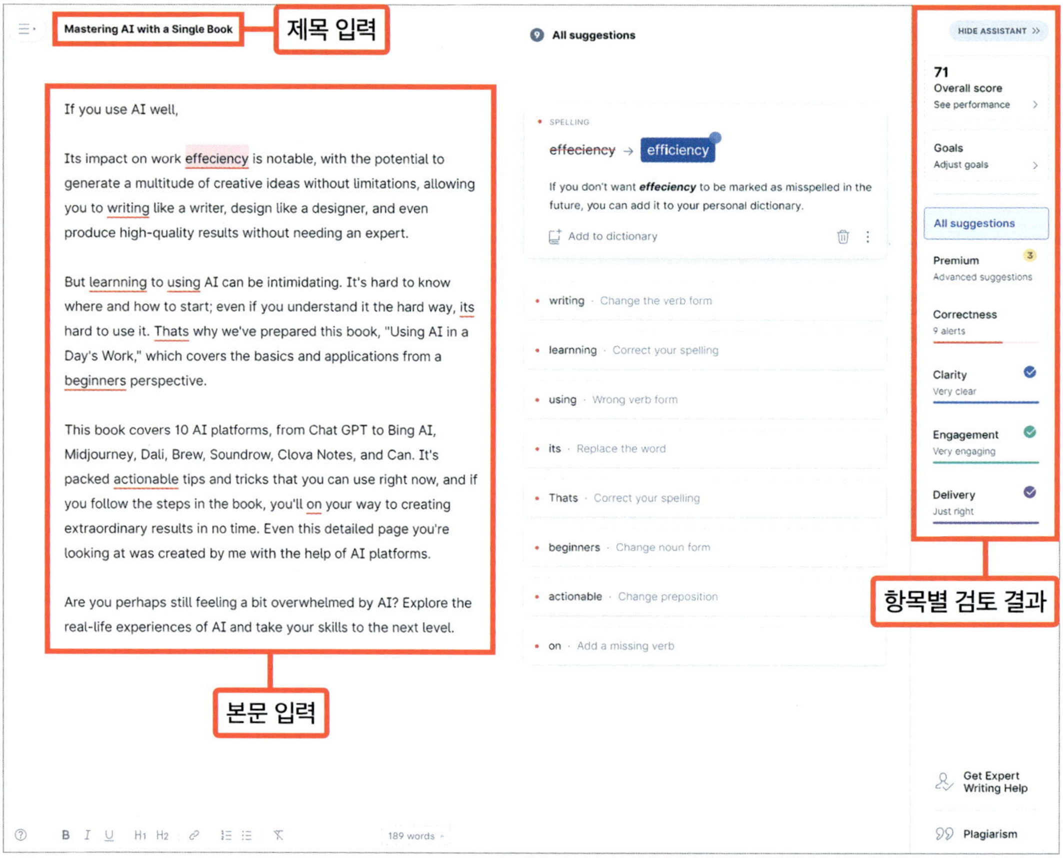

3 같은 영어라도 국가별로 철자나 문법 규칙이 다르죠. 기본 설정된 미국 영어를 영국이나 호주, 캐나다 영어 등으로 바꿀 수 있습니다. 먼저 화면 왼쪽 상단에 ☰ 버튼을 누릅니다.

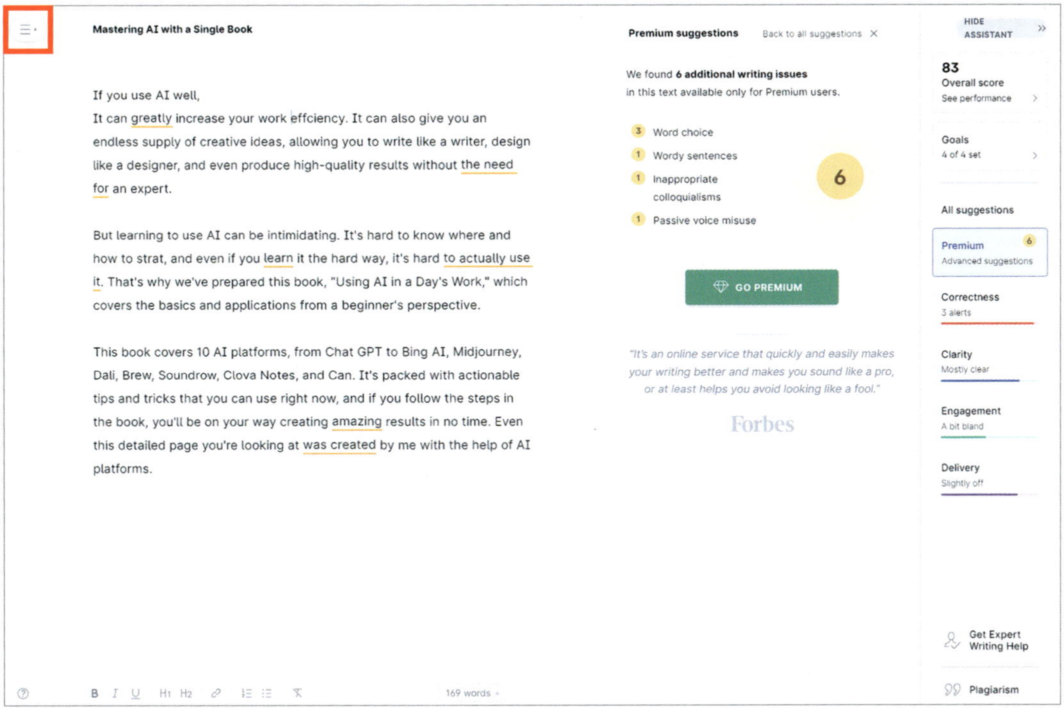

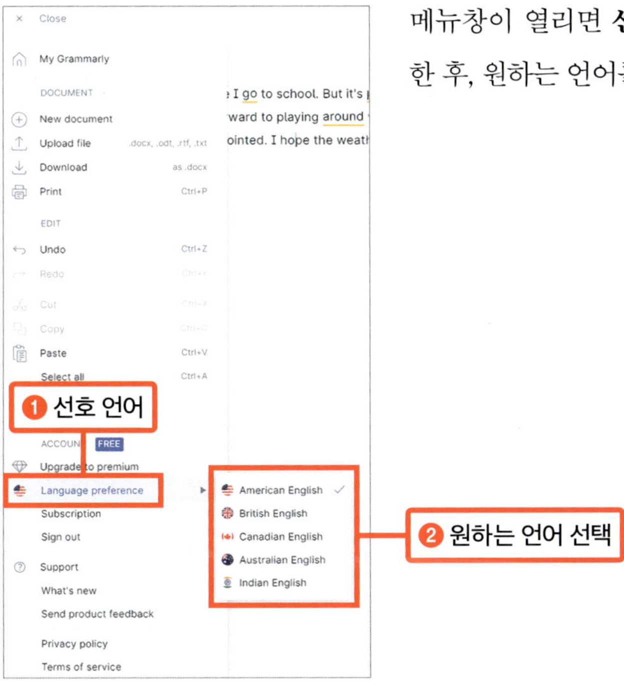

메뉴창이 열리면 **선호 언어**(Language preference)를 클릭한 후, 원하는 언어를 선택합니다.

이제 항목별 검토 결과를 하나씩 살펴보겠습니다.

4 **점수**(Overall score)는 문서의 영작 상태를 판단하는 항목입니다. 100점에 가까울수록 단어, 문법, 문장 등이 완전한 상태를 뜻합니다. 점수를 클릭하면 오른쪽과 같은 세부 항목을 볼 수 있습니다.

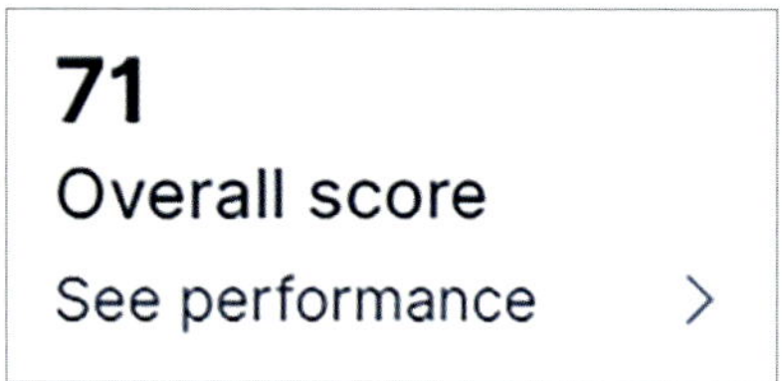

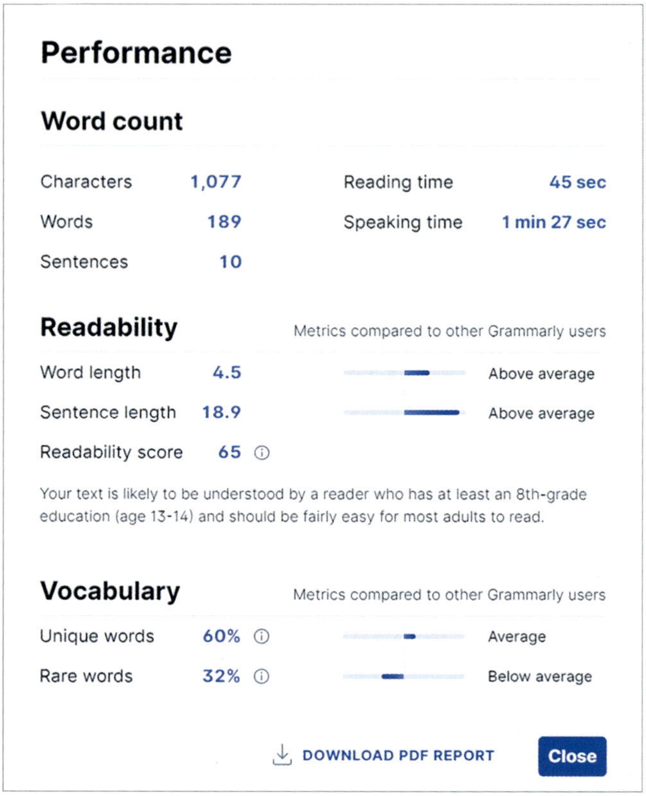

- **글자 수 세기**(Word count) : 문서의 총 단어 수, 읽거나 말하는 데 소요되는 시간 등을 나타냅니다.
- **가독성**(Readability) : 문장의 구조, 단어나 문법의 난이도 등을 고려해 해당 문서가 얼마나 쉽게 읽히는지를 평가합니다.
- **어휘력**(Vocabulary) : 사용자가 작성한 어휘 수준을 분석합니다.

5 **목표(Goals)**는 글의 목적을 설정하는 항목입니다. 클릭하면 오른쪽과 같은 **목표 설정(Set goals)** 화면이 나옵니다. 독자(Audience), 격식(Formality), 의도(Intent) 등을 설정하고 **완료(Done)** 버튼을 누르면 그래머리가 원고를 다시 검토합니다. 목표 설정의 각 항목은 아래와 같은 의미를 갖습니다.

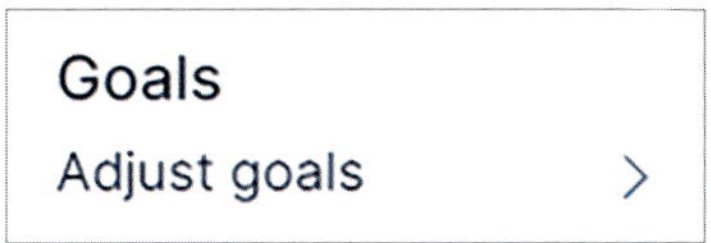

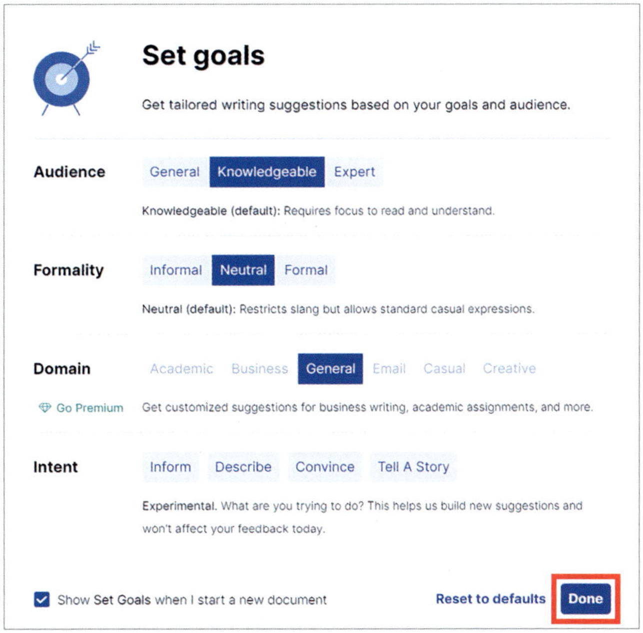

- **독자(Audience)** : 글을 읽는 독자의 수준을 선택합니다. 불특정 다수를 대상으로 한다면 '일반 대중(General)'을, 고급 어휘 이해가 가능한 독자라면 '박식한(Knowledgeable)'을, 전문가 수준의 글 이해가 가능한 독자라면 '전문가(Expert)'를 고르세요.
- **격식(Formality)** : 공식적인 글인지, 비공식적인 글인지를 선택합니다. 은어 및 속어 등을 활용해도 괜찮다면 '비공식(Informal)'을, 은어 및 속어의 활용은 불가하지만 좀 더 편안한 표현을 원한다면 '중립(Neutral)'을, 정제된 표현을 원한다면 '공식(Formal)'을 고르세요.
- **도메인(Domain)** : 글의 성격을 선택합니다. '학술적인(Academic)', '비즈니스(Business)', '일반(General)', '이메일(Email)', '캐주얼(Casual)', '창의적인(Creative)' 중에서 고를 수 있습니다. 단, 이 기능은 유료 회원만 이용 가능합니다.
- **의도(Intent)** : 글의 목적을 묻습니다. 사실 및 정보를 전달하는 글이라면 '정보(Inform)'를, 묘사가 풍부하게 들어가는 글이라면 '묘사(Describe)'를, 독자를 납득시켜야 하는 글이라면 '설득(Convince)'을, 대화하듯 가벼운 글이라면 '스토리텔링(Tell A Story)'을 고르세요.

6 **모든 제안(All suggestions)**을 누르면, 왼쪽에 그래머리가 제안하는 검토사항이 쭉 뜹니다. 각각의 제안을 클릭해 해당 제안의 반영 여부를 선택할 수 있습니다. 예를 들어, 'writing'을 'write'로 수정할 것을 제안했을 때 파란색 박스를 클릭하면 본문에 곧바로 반영됩니다.

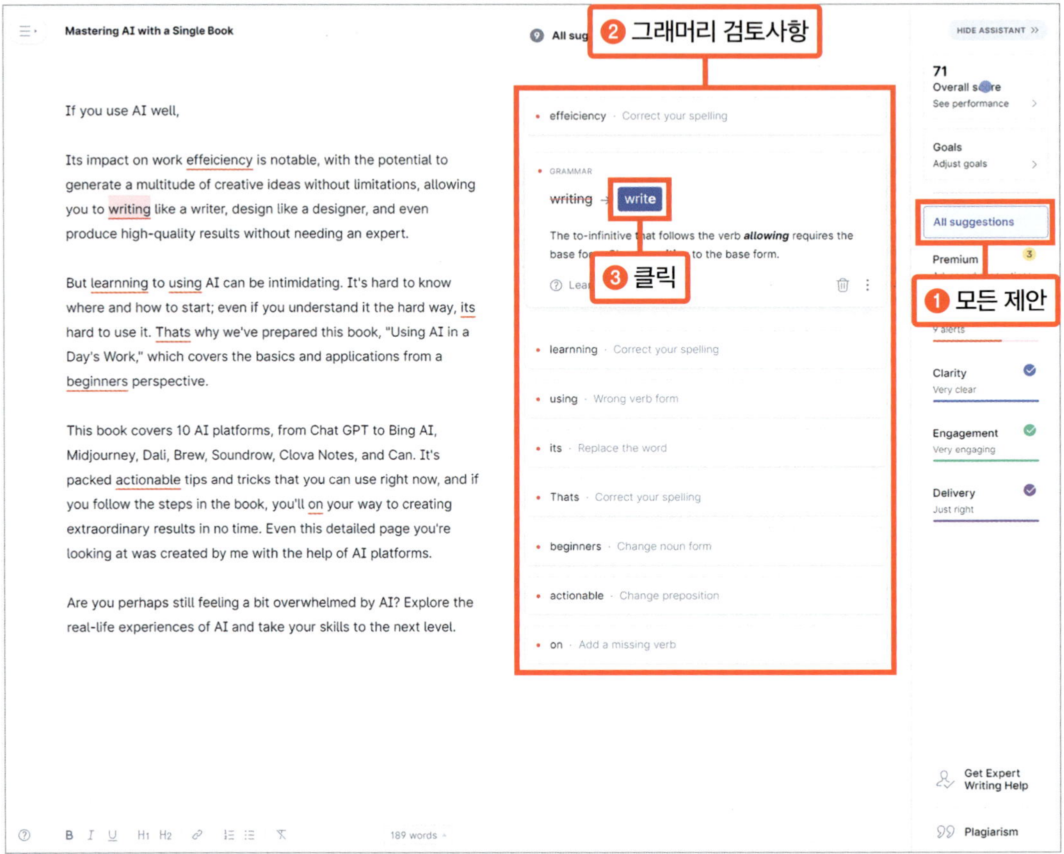

윈도우가 아닌 맥(Mac)을 쓴다면 **승인(Accept)** 버튼을 클릭하세요.

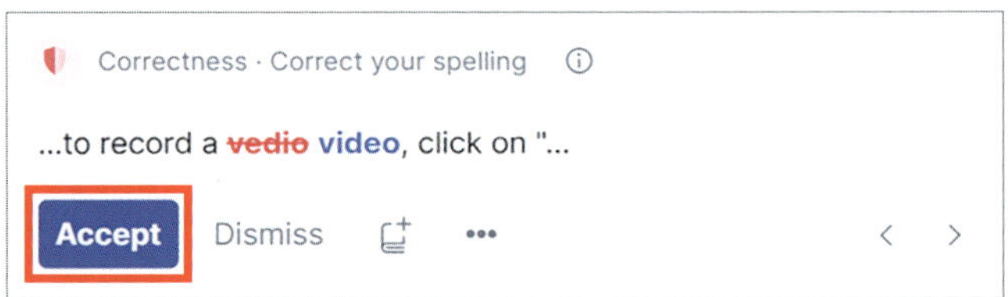

7 모든 제안(All suggestions)을 항목별로 분리해서 볼 수도 있습니다.

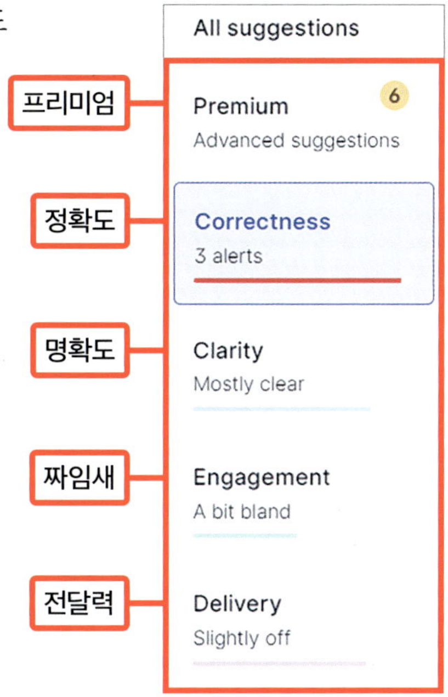

- **프리미엄**(Premium) : 유료 기능으로, 그래머리가 여러 관점에서 수정을 제안합니다. 단, 무료 버전에서는 몇 가지의 제안이 있는지만 확인할 수 있고, 세부 내용을 확인하려면 **프리미엄 바로가기**(GO PREMIUM) 버튼을 눌러 유료 결제를 해야 합니다.

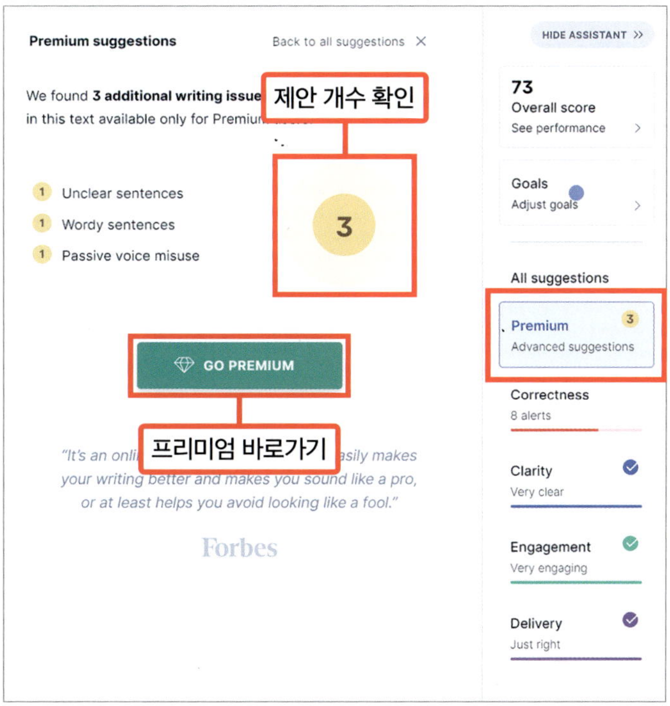

- **정확도**(Correctness) : 철자나 문법, 구두점의 오류를 검토합니다.

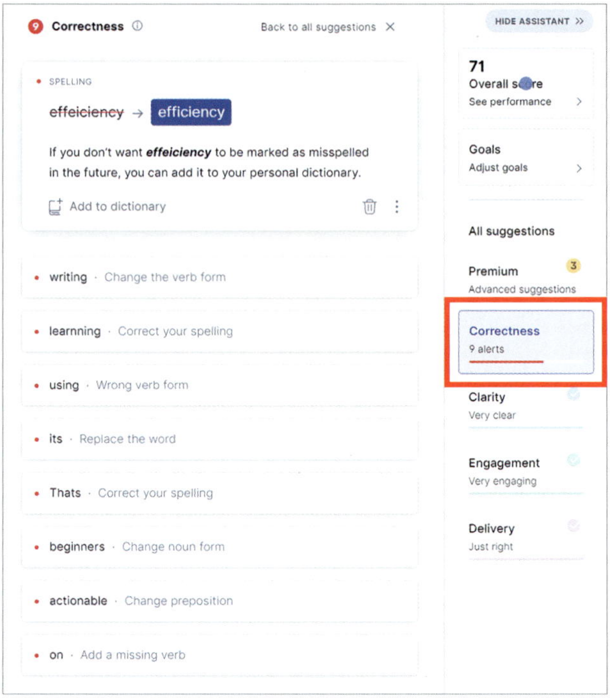

- **명확도**(Clarity) : 명확하고 직관적인 글을 작성하기 위해 불필요하거나 반복되는 단어 및 표현을 검토합니다.

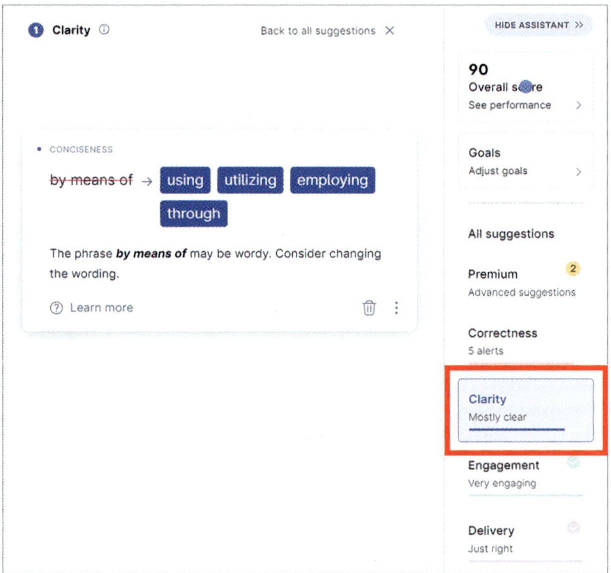

- **짜임새**(Engagement) : 유료 기능으로, 보다 효과적인 어휘와 표현을 제안합니다.
- **전달력**(Delivery) : 유료 기능으로, 사용자가 나타내고자 하는 바를 잘 전달하는지 검토합니다.

2 유료 버전

유료 버전에서는 철자나 문법, 구두점 오류 등의 수정을 제안받는 데 그치지 않고 문맥에 맞는 단어를 추천받거나 일부 문장을 새로 작성하는 등 더욱 다양한 기능을 이용할 수 있습니다.

1 정확도(Correctness) : 무료 버전과 동일하게 철자나 문법의 오류 등을 검토합니다.

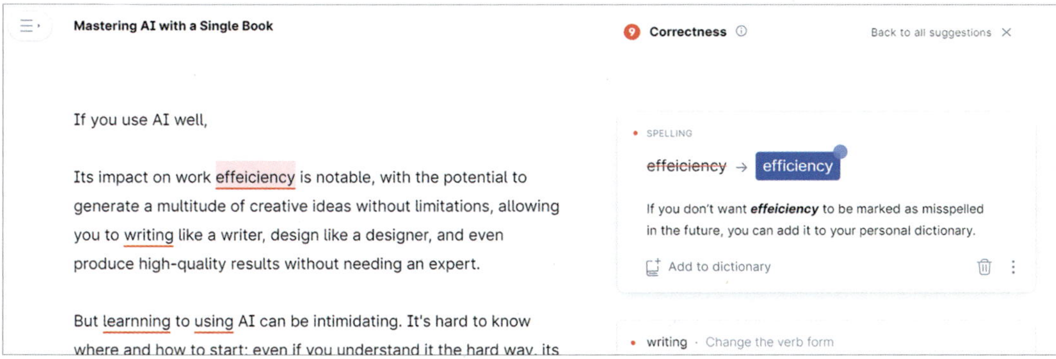

2 명확도(Clarity) : 유료 버전에서는 '명확한 문장 재작성(Rewrite for clarity)'이라는 기능을 이용해 뜻이 모호하거나 불완전한 문장을 좀 더 분명하게 고칠 수 있습니다.

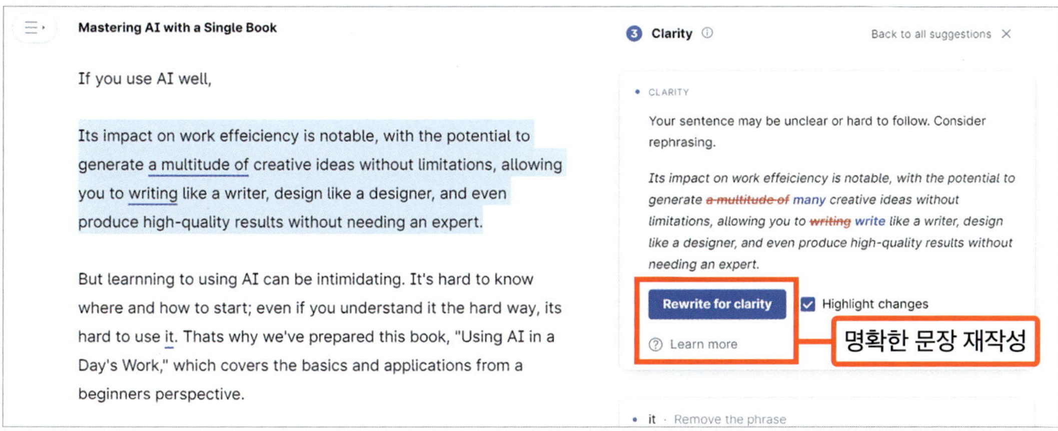

3 짜임새(Engagement) : 유료 버전에서만 제공되는 기능으로, 문맥에 적합한 단어, 글의 목적과 상황에 알맞은 문장 표현 등을 추가·보완합니다. 예를 들어, 'greatly'가 자주 쓰였다면 뜻이 비슷하면서 상황에 잘 어울리는 'significantly'로 수정할 것을 제안합니다.

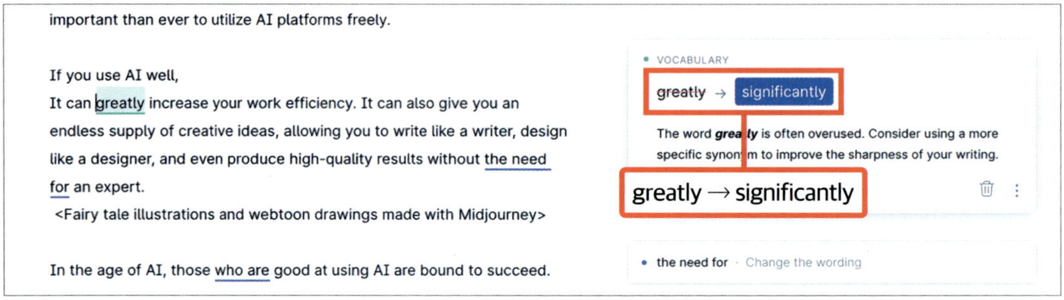

4 전달력(Delivery) : 유료 버전에서만 제공되는 기능으로, 문장이나 표현을 좀 더 분명하게 바꿔줍니다. 아래 이미지에서 볼 수 있듯, 'Still' 대신 'Are you still' 또는 'Is it still'을 넣어, 전달하고자 하는 바를 좀 더 분명하게 만들 것을 제안합니다.

03 크롬에서 활용하기

그래머리 크롬 확장 프로그램을 설치하면 크롬을 이용하는 사이트나 프로그램에서도 그래머리 기능을 이용할 수 있습니다.

1 확장 프로그램 설치하기

1 홈 화면 왼쪽 메뉴창에서 **앱**(Apps)을 클릭합니다.

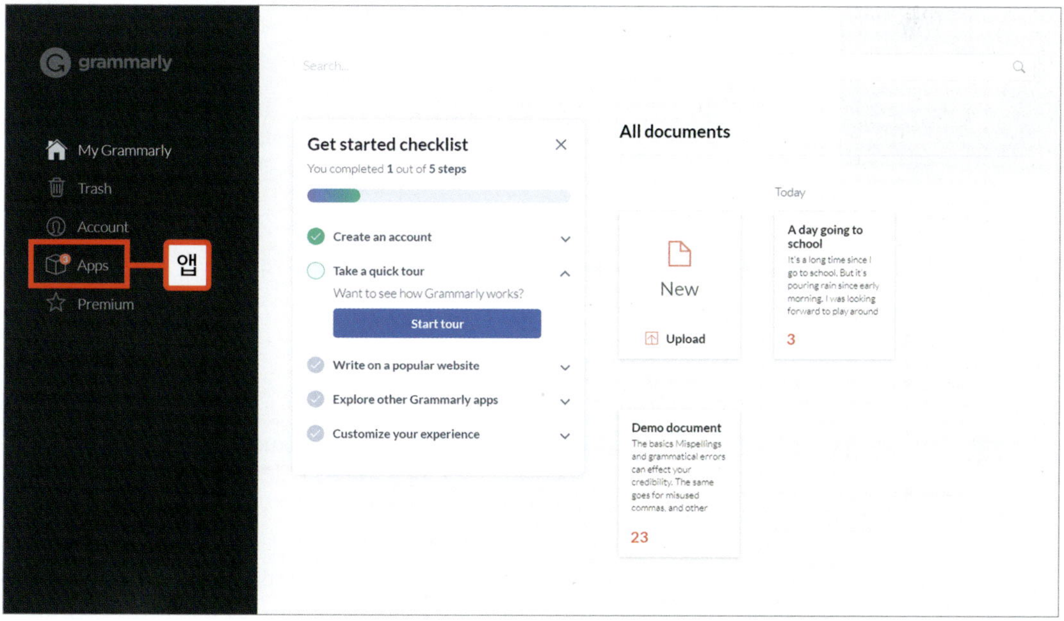

2 **그래머리를 크롬에서 사용하기**(Grammarly for Chrome) 항목 오른쪽에 **설치**(Install) 버튼을 클릭합니다.

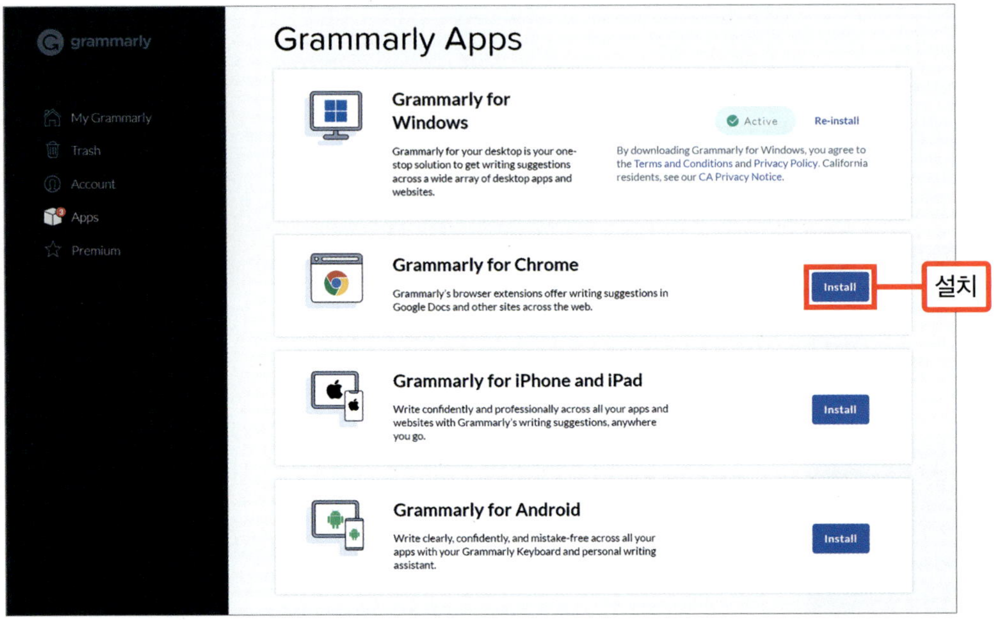

3 오른쪽 상단에 **Chrome에 추가** 버튼을 클릭해 프로그램을 설치합니다.

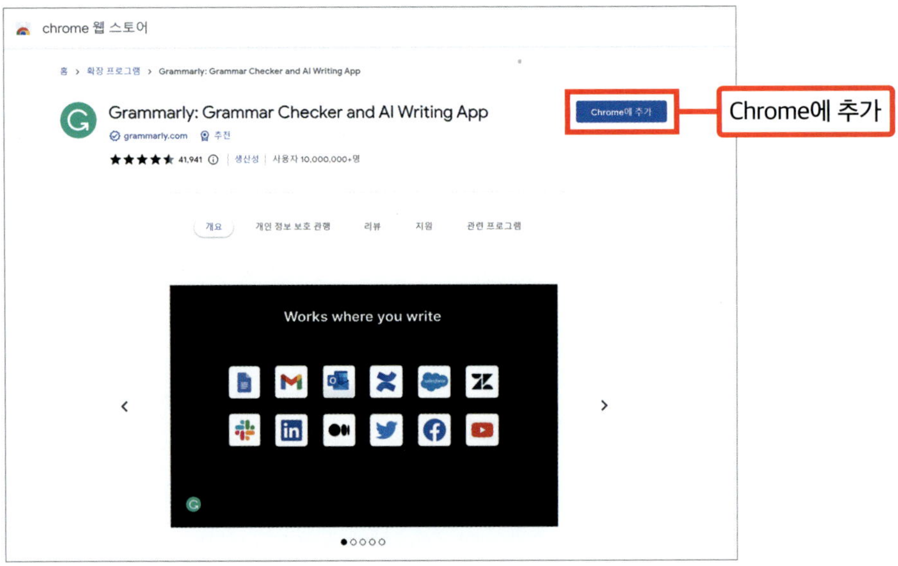

이제 크롬을 이용하는 사이트나 프로그램이라면 어디에서든 그래머리 기능을 동일하게 쓸 수 있습니다. 책에서는 구글 독스(Docs)와 지메일(Gmail)에서 활용하는 방법을 배워보겠습니다.

2 구글 독스에서 활용하기

1 크롬 화면 오른쪽 상단에 아이콘을 클릭해 **독스(Docs)**를 열어주세요.

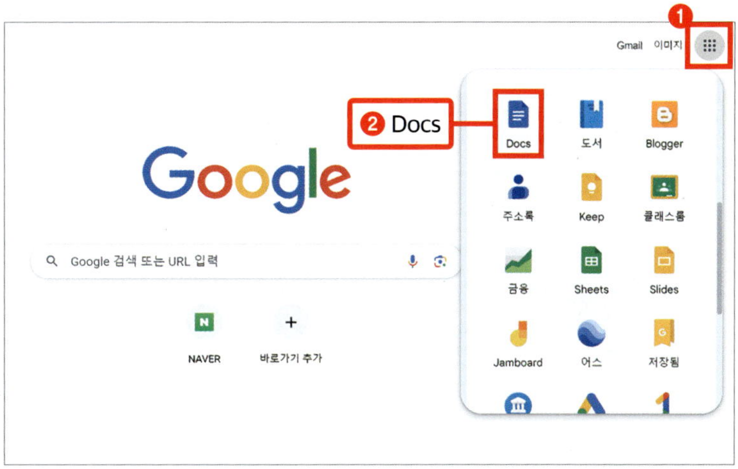

2 새 문서를 연 후, 글을 작성합니다. 그러자 곧바로 오류가 있는 단어나 문장에 밑줄이 생깁니다.

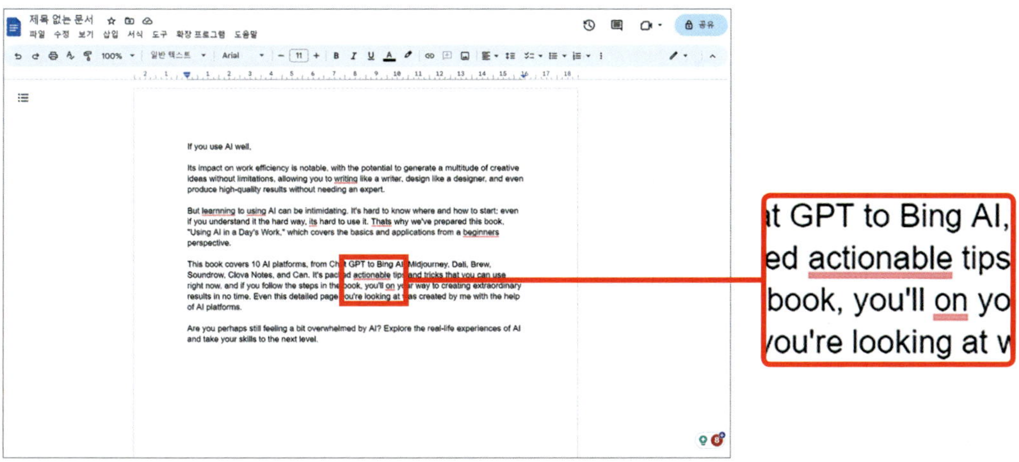

3 화면 오른쪽 하단에 생성된 빨간색 바탕의 원을 클릭합니다. 화면 오른쪽에 그래머리 창이 열리면서 오류가 있는 단어나 문장을 알려줍니다.

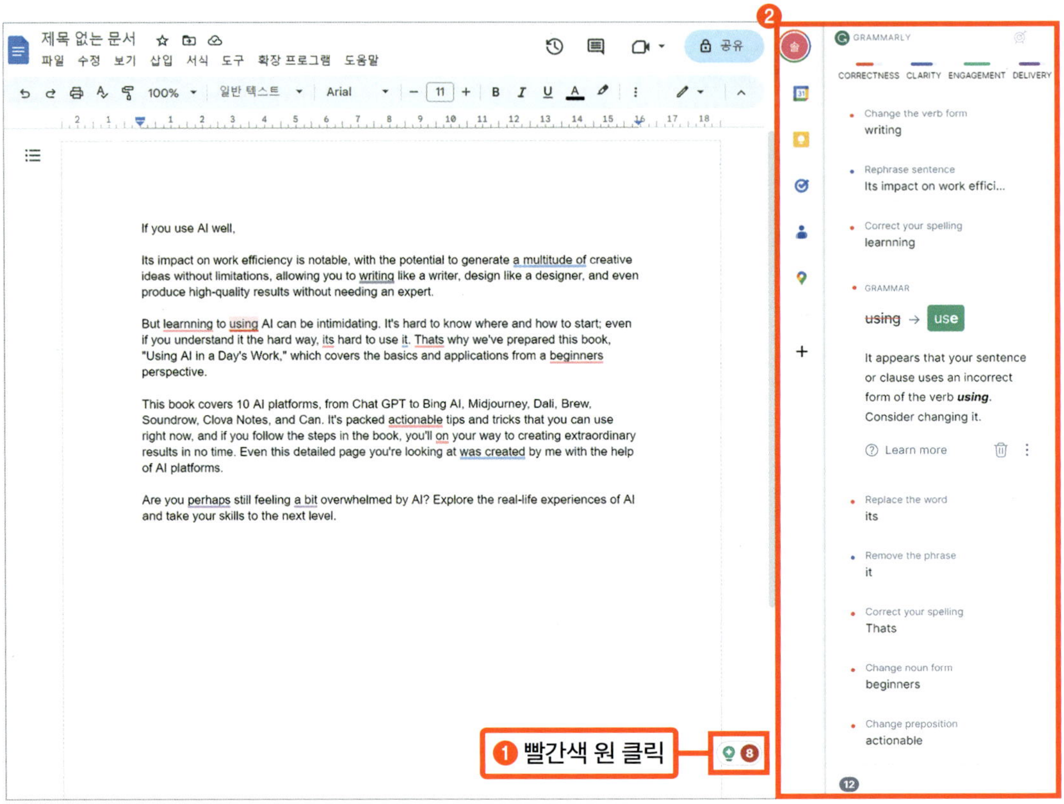

3 지메일에서 활용하기

1 **지메일** 우측 상단에 톱니바퀴 모양의 **설정** 버튼을 클릭합니다.

2 **모든 설정 보기**를 누릅니다.

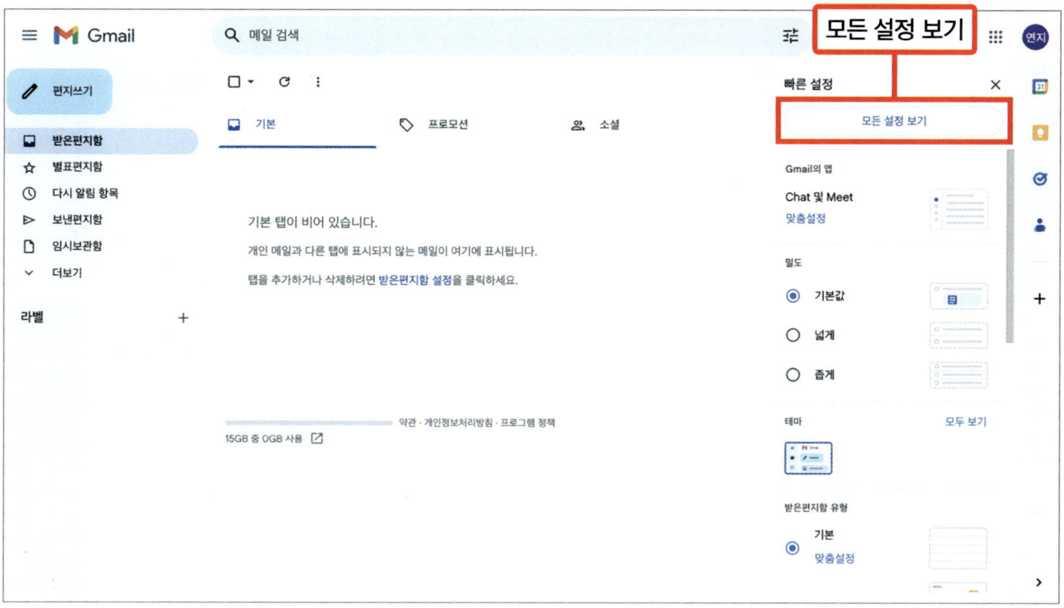

3 설정 화면에서 스크롤을 내려, **문법 검사, 맞춤법 검사, 스마트 편지 쓰기** 항목을 활성화합니다.

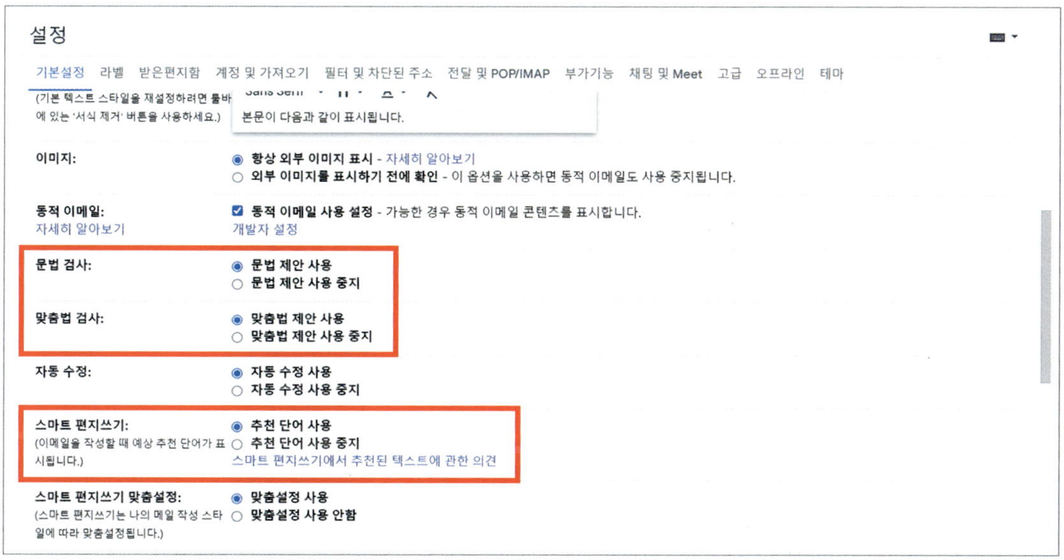

4 새 메일을 열어 내용을 입력합니다. 그러자 메일창 오른쪽에 하얀색 바탕의 원이 생성되었습니다.

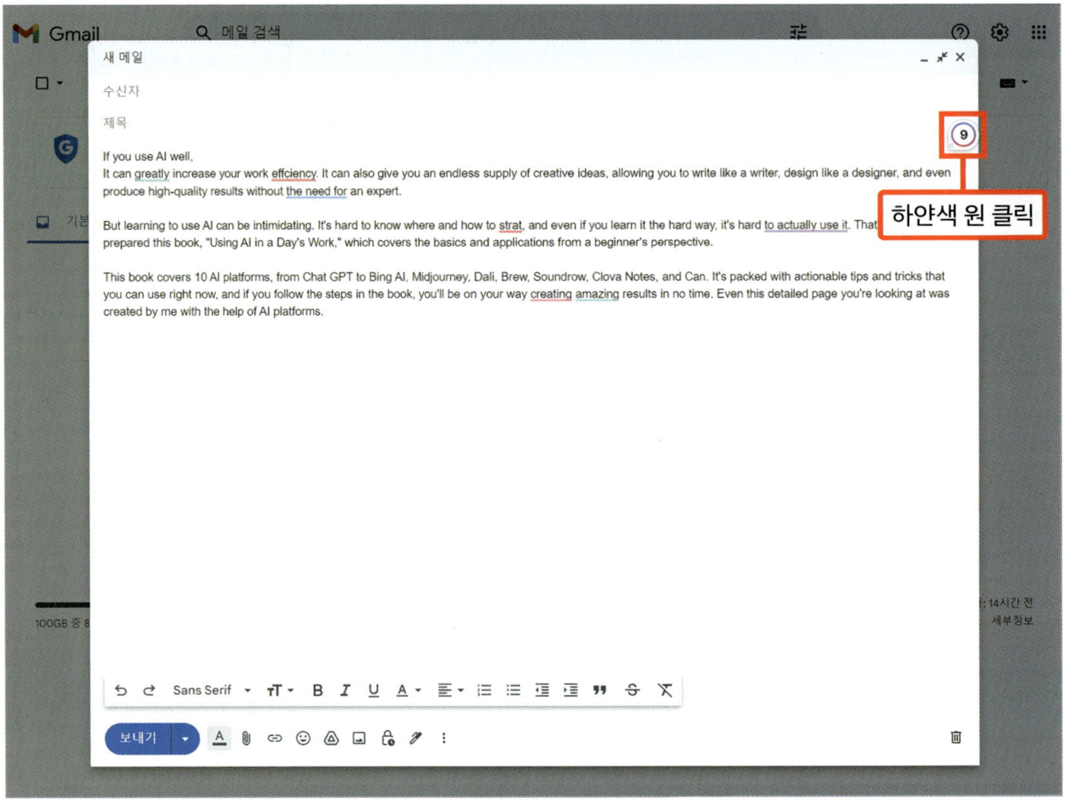

5 원을 클릭하면 앞서 구글 독스에서와 마찬가지로 수정이 필요한 항목을 알려줍니다. 그래머리가 제안한 대로 내용을 수정하려면 **승인**(Accept) 버튼을, 그렇지 않다면 **거절**(Dismiss) 버튼을 누르세요.

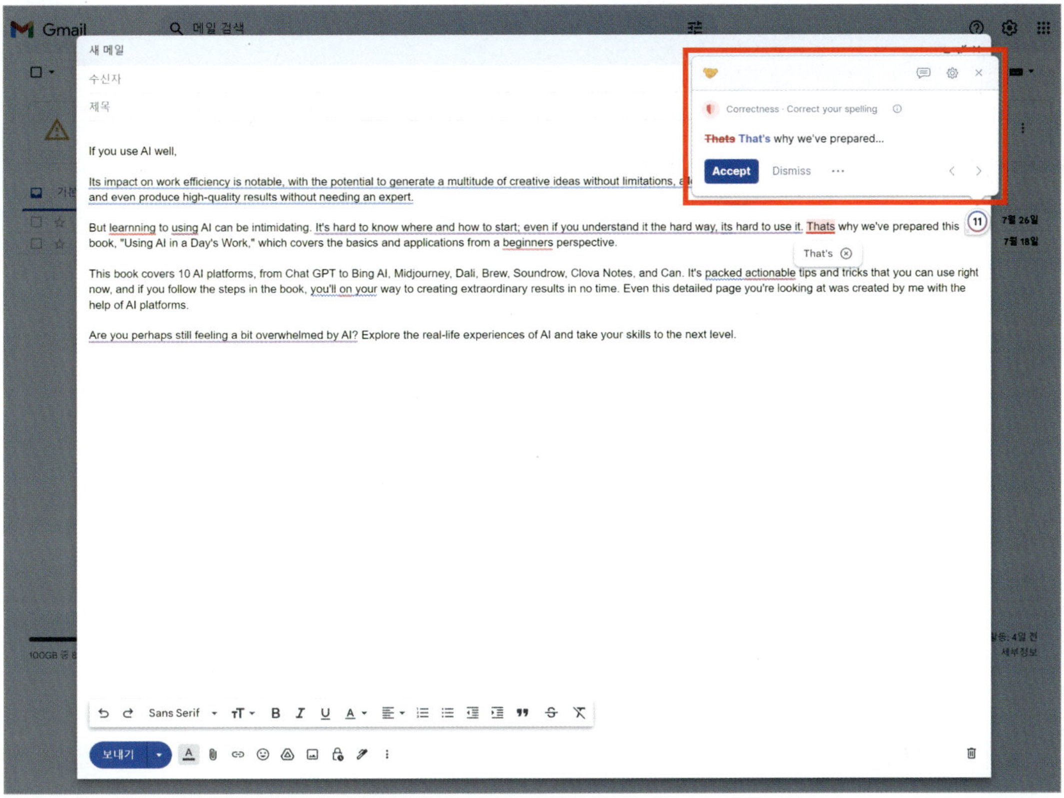

지금까지 그래머리를 활용해 영문 맞춤법을 검토하는 방법을 알아보았습니다. 그래머리를 좀 더 적극적으로 활용하고 싶은 분들은 **그래머리 GO**를 이용해보세요. 그래머리 GO는 챗GPT를 활용해 텍스트를 생성하는 AI 서비스로, 더 나은 글을 위한 가이드를 제시할 뿐 아니라 사용자 요청에 알맞게 문장을 다듬어줍니다. 유료 버전에서만 사용할 수 있는 기능이며, 현재는 베타 서비스 중입니다. 그래머리 GO가 궁금한 분들은 오른쪽 QR 코드를 확인하세요.

그래머리 GO
바로가기

CHAPTER 8

클로바노트 Clova Note

클로바노트 앱
다운로드 및
회원가입

네이버의 AI 서비스인 클로바노트(Clova Note)를 활용해 음성을 텍스트로 변환하는 방법을 배워보겠습니다. 클로바노트로 대화를 녹음하면 음성이 텍스트로 변환될 뿐 아니라 텍스트 내에서 필요한 단어나 키워드 등을 손쉽게 찾을 수 있습니다. 클로바노트는 스마트폰 앱과 PC에서 모두 사용 가능합니다. 앱 사용법부터 알아보겠습니다.

01 앱

1 음성을 텍스트로 변환하기

앱을 실행한 후, 하단 중앙에 + 버튼을 클릭해 새 노트를 만듭니다. 실시간으로 음성을 녹음하려면 **음성 녹음** 버튼을, 스마트폰에 저장된 음성 파일을 업로드하려면 **파일 업로드** 버튼을 누릅니다. 하나씩 따라해보겠습니다.

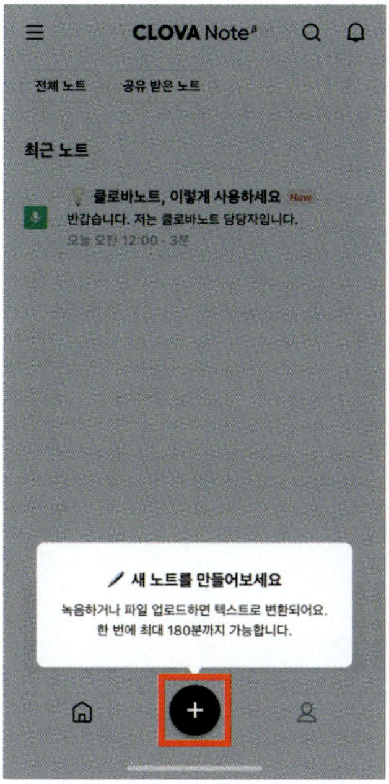

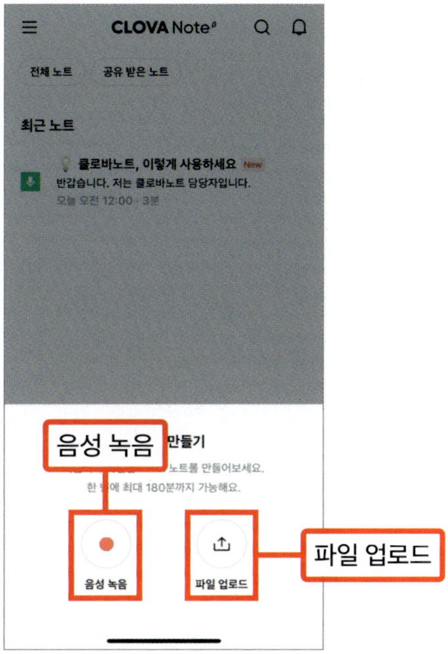

1. 실시간 녹음하기

1 왼쪽에 있는 **음성 녹음** 버튼을 클릭해 녹음을 시작합니다.

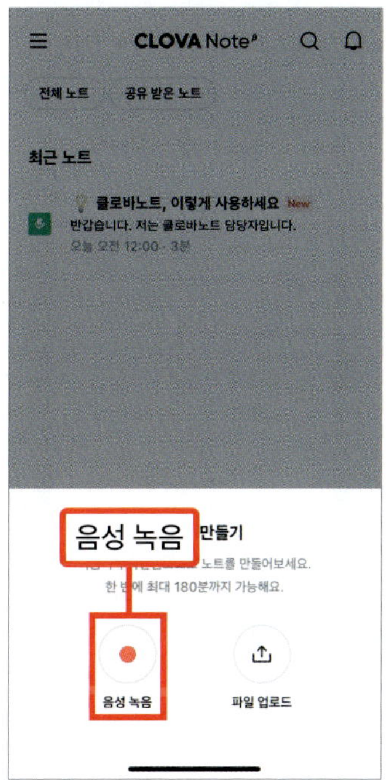

2 녹음이 완료되면 왼쪽에 ■ 버튼을 클릭합니다. 이 버튼을 누르지 않으면 파일이 저장되지 않으니 주의해주세요.

3 '녹음을 종료할까요?'라는 안내창이 나오면 '네'를 클릭합니다.

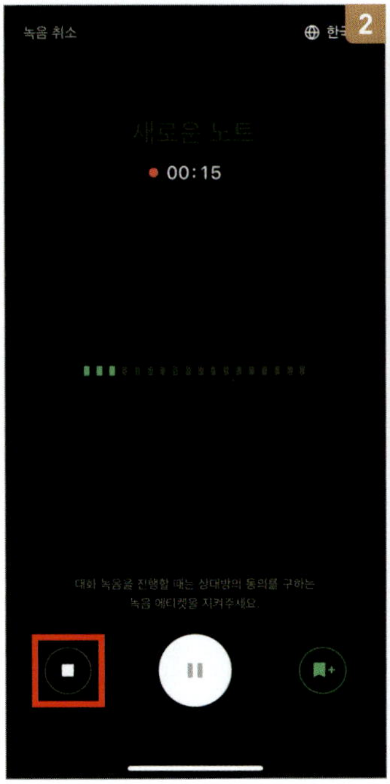

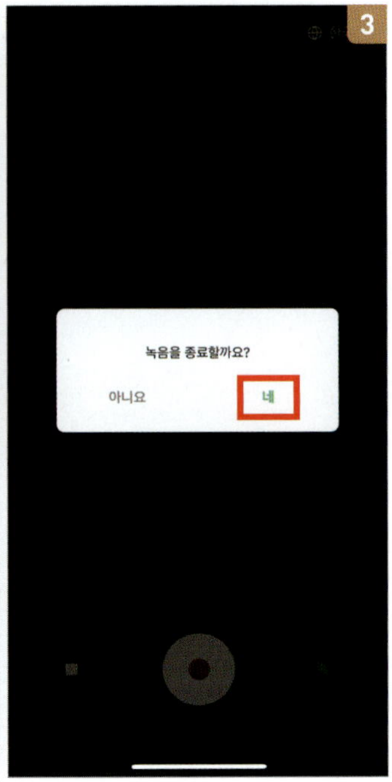

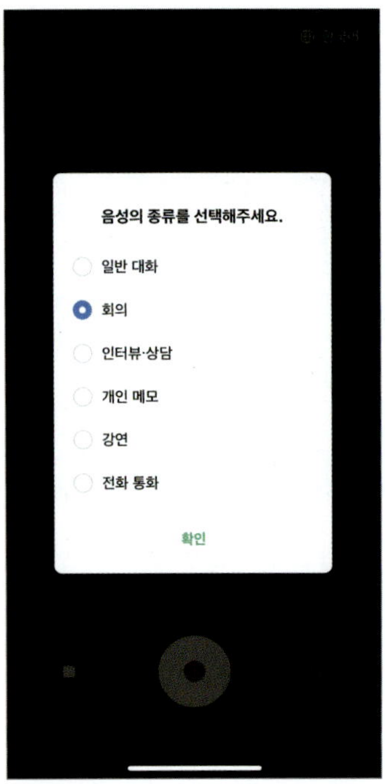

4 **음성 파일의 종류**를 선택합니다. 클로바노트가 대화의 상황과 맥락을 분석해 보다 정확한 텍스트 변환을 도와줍니다.

5 '새로운 노트 변환 중'이라는 메시지가 뜬 후, 곧 텍스트 변환이 완료됩니다.

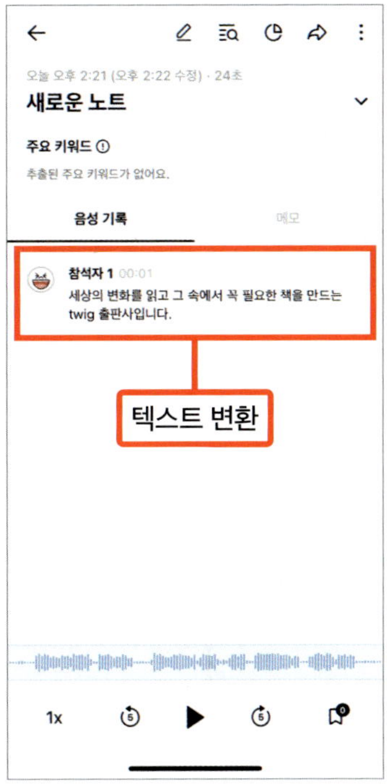

2. 녹음 파일 업로드하기

1 오른쪽에 있는 **파일 업로드** 버튼을 클릭합니다.

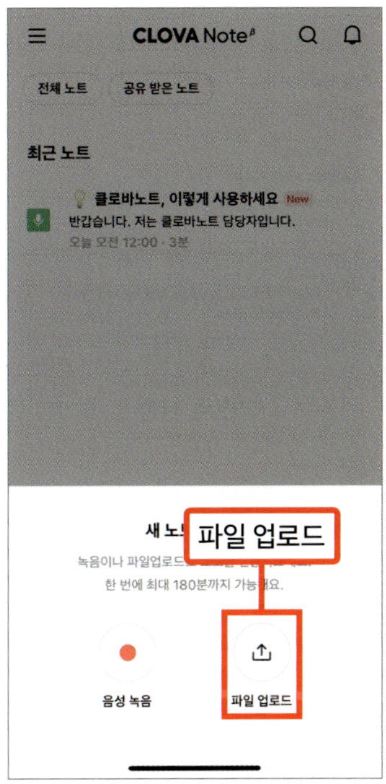

2 스마트폰에서 텍스트로 변환할 녹음 파일을 불러옵니다.

3 업로드할 **음성 파일의 종류**를 선택합니다.

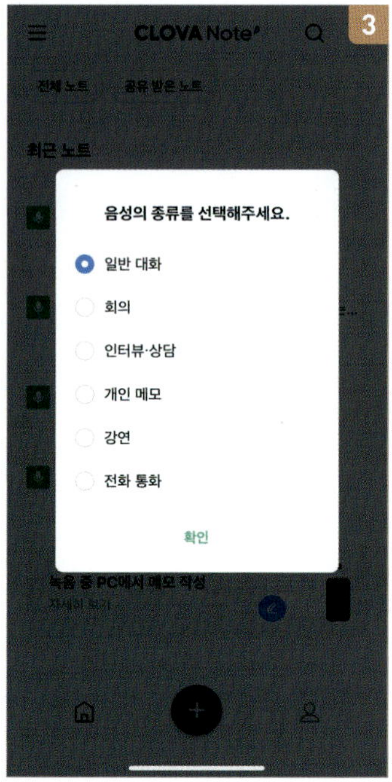

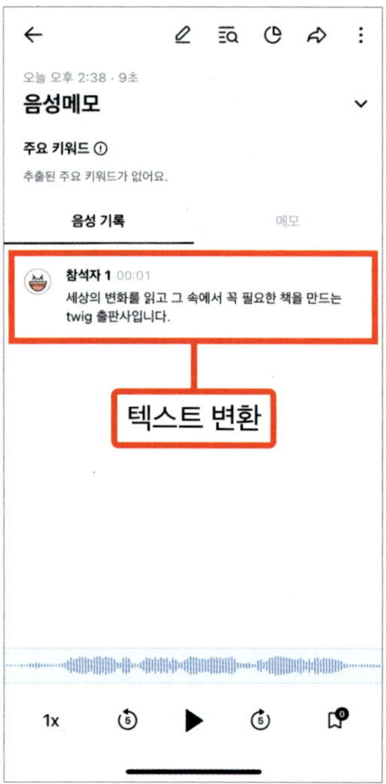

4 '음성메모 변환 중'이라는 메시지가 뜬 후, 곧 텍스트 변환이 완료됩니다.

3. 텍스트 수정하기

변환하는 과정에서 잘못 입력된 텍스트를 수정할 수 있습니다.

1 앱 화면 상단에 있는 ✎ 버튼을 누릅니다.

2 음성 기록 편집창이 열립니다.

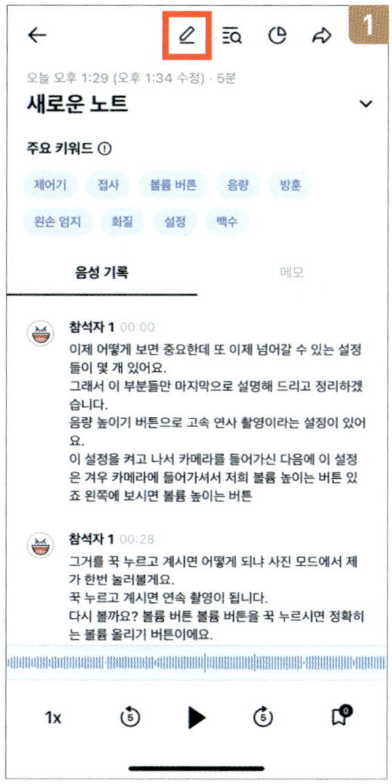

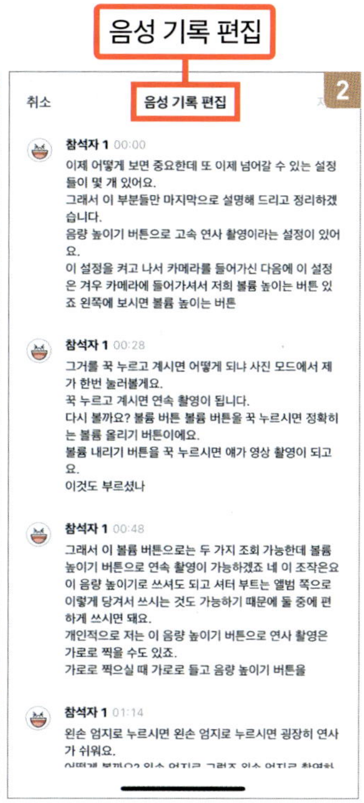

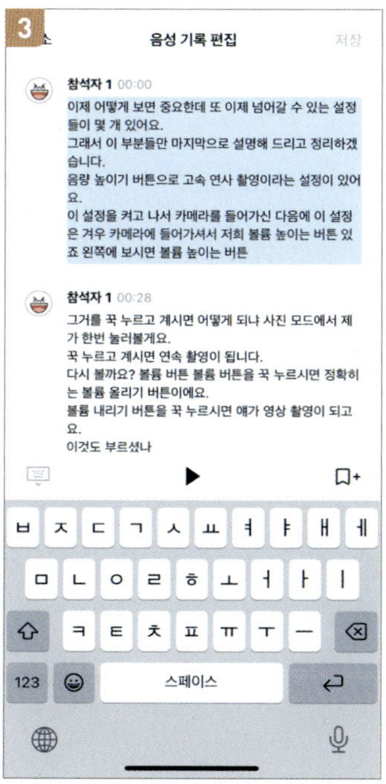

3 수정이 필요한 곳을 손가락으로 가볍게 누르세요. 파란색 배경이 생기면 텍스트를 수정할 수 있습니다.

4. 하이라이트 표시하기

1 중요한 부분에 하이라이트를 표시할 수 있습니다. 원하는 구간을 꾹 누르면 앱 하단에 안내창이 뜹니다. 그중 **하이라이트** 버튼을 클릭합니다.

2 해당 구간의 문장이 전부 뜨는데요, 문장이 시작되고 끝나는 범위를 조절해 하이라이트할 문장을 선택합니다. 문장 선택을 완료한 후, **하이라이트 추가** 버튼을 누릅니다.

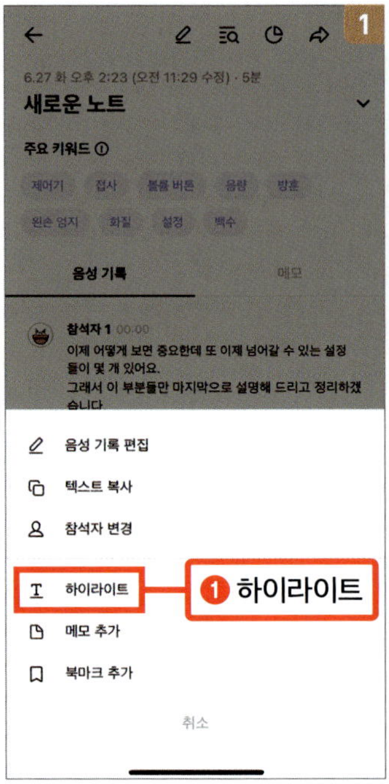

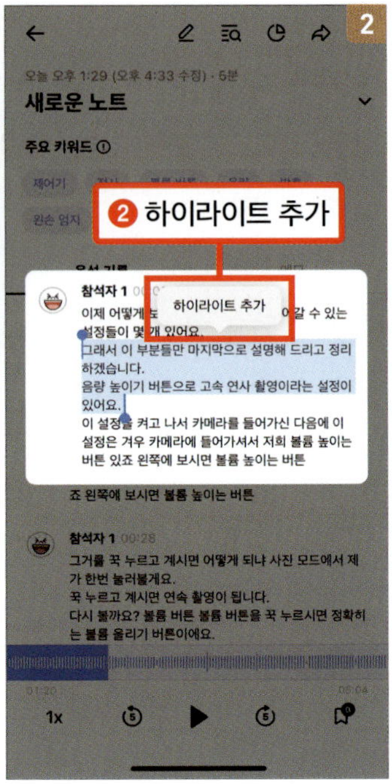

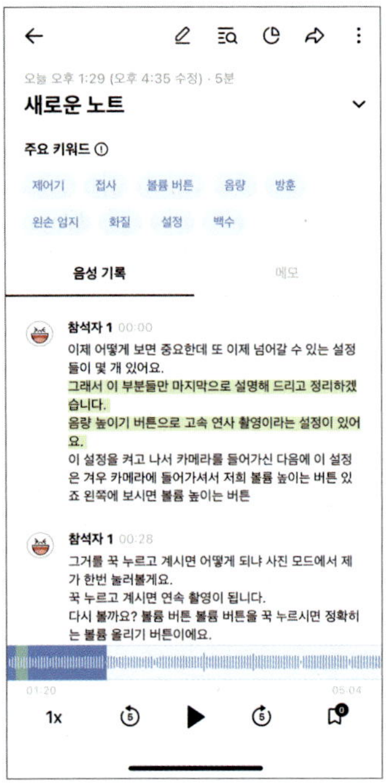

3 해당 문장에 노란색 형광펜으로 하이라이트가 표시된 것을 확인할 수 있습니다.

5. 북마크 추가하기

기억해야 할 대화 또는 추후에 다시 듣고 싶은 내용이 있을 때는 북마크(ex.책갈피)를 해둡니다. 북마크 기능을 이용하면 표시한 부분을 쉽게 찾을 수 있습니다. 북마크는 녹음 중에도 추가할 수 있고, 변환된 텍스트를 편집할 때도 추가할 수 있습니다. 녹음부터 알아보겠습니다.

1 앱을 열고 + 버튼을 클릭해 음성 녹음을 시작합니다.

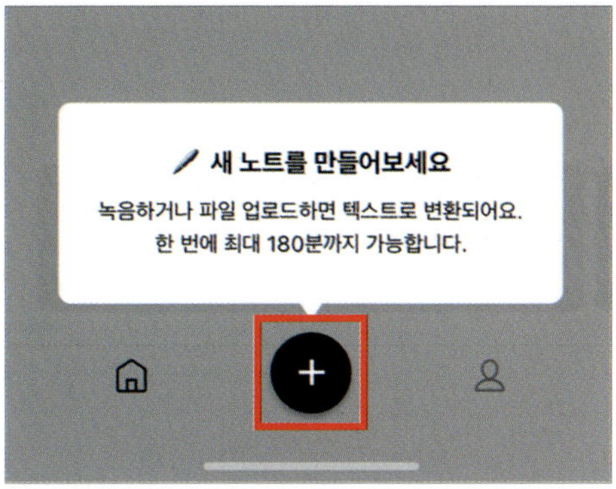

2 북마크하고 싶은 위치에서 오른쪽 하단 버튼을 클릭합니다. 타임라인과 함께 '북마크 되었습니다'라는 안내 문구가 뜹니다.

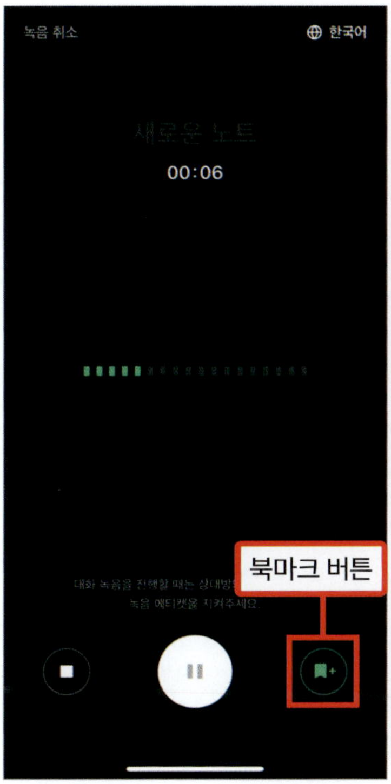

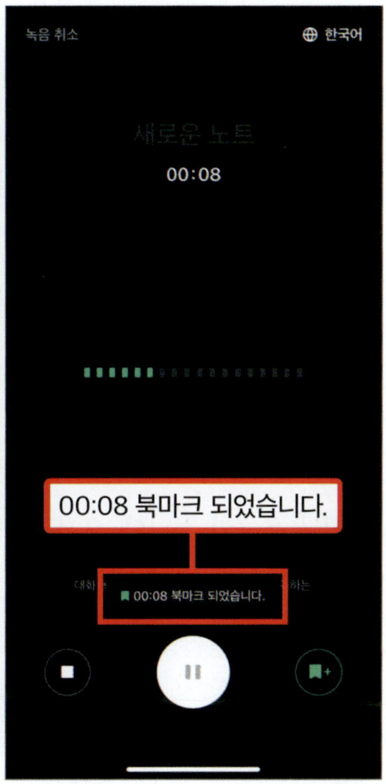

3 음성을 텍스트로 변환한 후, 화면 오른쪽 하단에 ☐ 버튼을 클릭합니다. 북마크를 표시한 구간이 모아서 나오고 해당 구간을 터치하면 음성을 들을 수 있습니다.

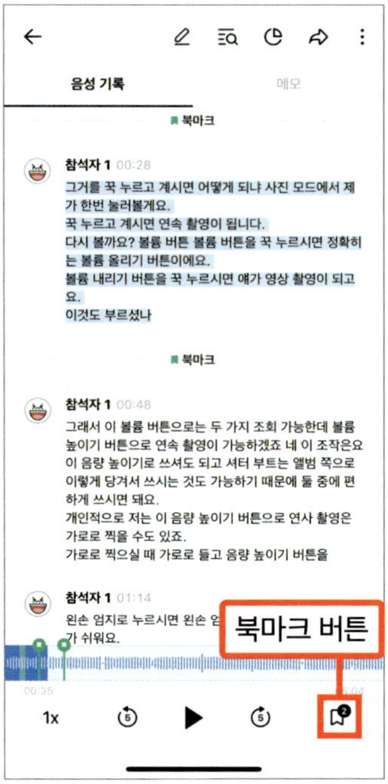

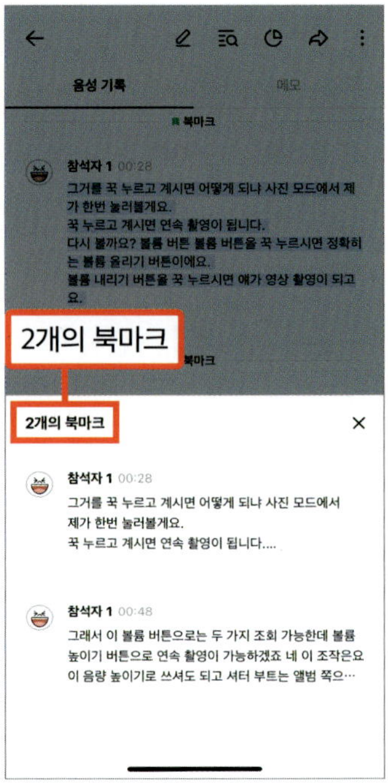

이번에는 음성을 변환한 파일에서 북마크를 추가해보겠습니다.

1 북마크 하고 싶은 음성 구간을 길게 누르면 안내창이 뜹니다. **북마크 추가** 버튼을 클릭합니다.

2 '북마크가 추가되었습니다'라는 안내 문구가 뜹니다. 오른쪽 하단에 ☐ 버튼을 눌러 새로 추가된 북마크를 확인할 수 있습니다.

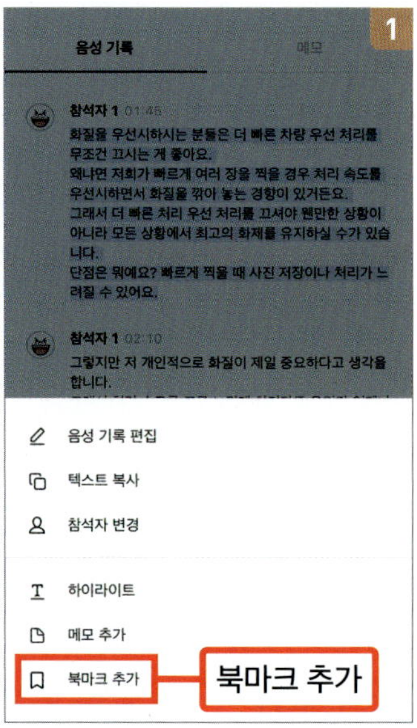

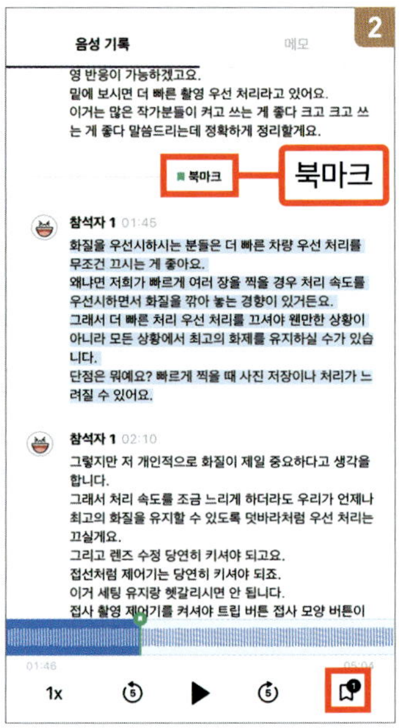

6. 그 외 다양한 기능

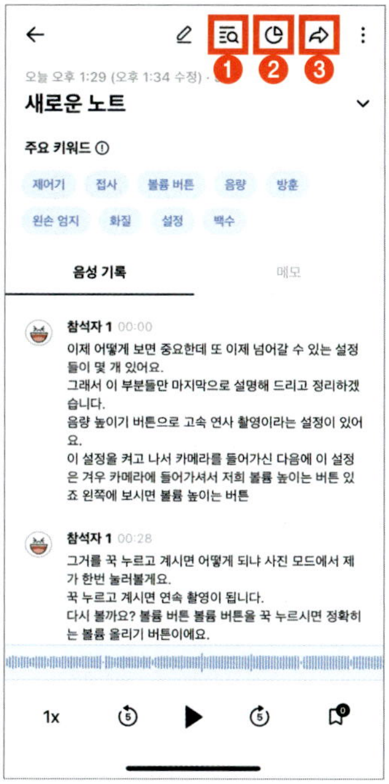

1 특정 단어를 검색하고 싶다면 화면 상단에 ≡Q 버튼을 클릭합니다. 상단에 아래와 같은 검색창이 뜹니다.

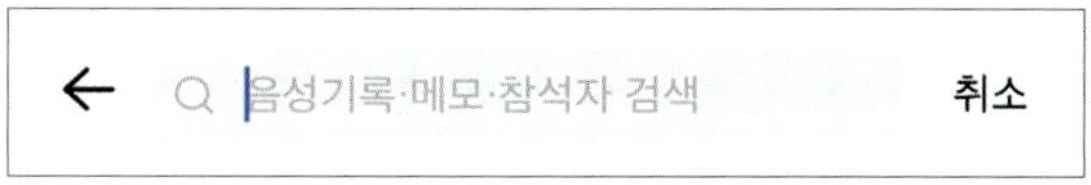

'설정'을 입력하자 음성 기록에서 '설정'이라는 단어가 언급된 위치가 노란색 형광펜으로 표시되었습니다.

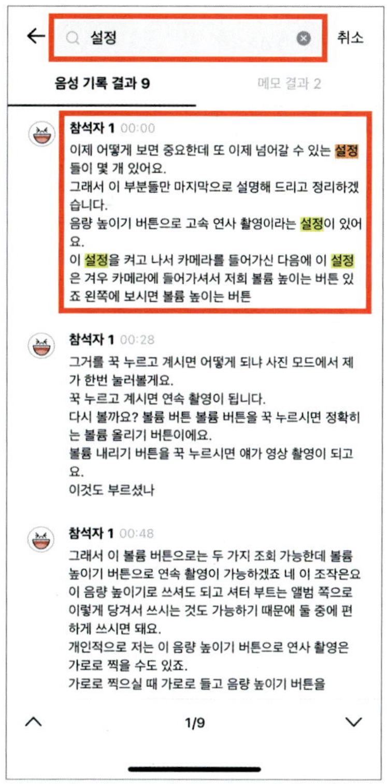

2 여러 사람의 음성을 녹음할 경우에는 참석자별 점유율을 각각 확인할 수 있습니다. 화면 상단에 버튼을 눌러 점유율을 확인해보세요.

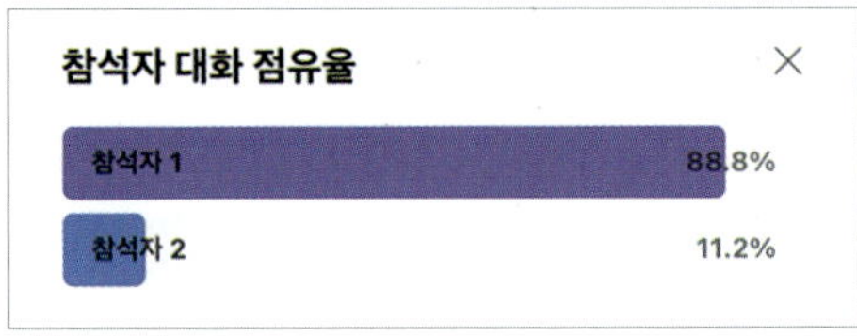

3 음성 기록을 친구와 공유할 수도 있습니다. 화면 상단에 버튼을 누르면 오른쪽과 같은 창이 뜹니다. **링크 만들기** 버튼을 클릭합니다.

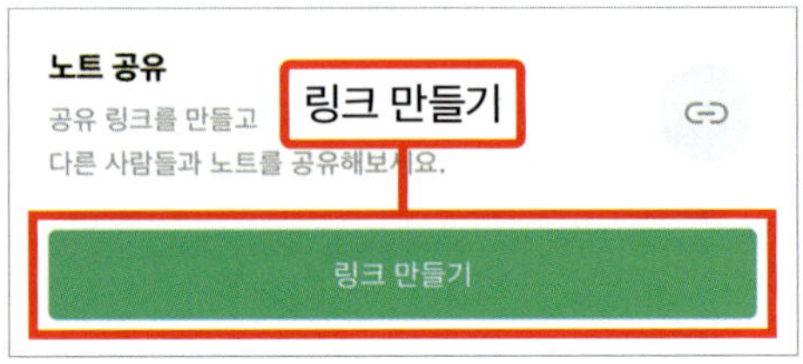

링크에 비밀번호 포함 여부와 **유효 기간**을 설정한 후 **공유하기** 버튼을 누릅니다.

메시지, 이메일, SNS 등 원하는 곳으로 링크를 전달해 보세요.

7. 파일 다운로드하기

텍스트로 변환한 파일을 다운로드해보겠습니다.

1 오른쪽 상단에 ⋮ 버튼을 클릭합니다.

2 하단에 메뉴창이 뜨면 **음성 기록 다운로드** 버튼을 클릭합니다.

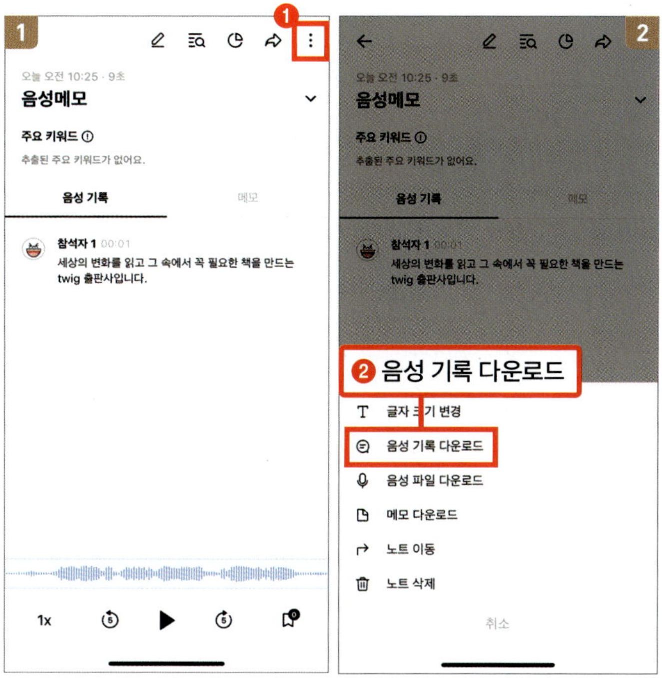

3 사용하려는 프로그램의 **파일 형식**을 골라주세요.

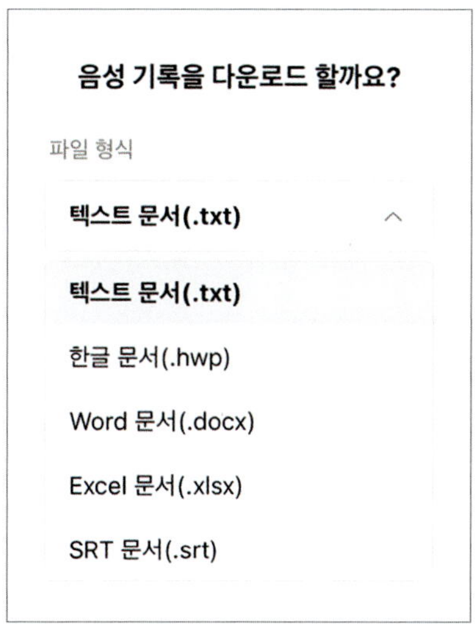

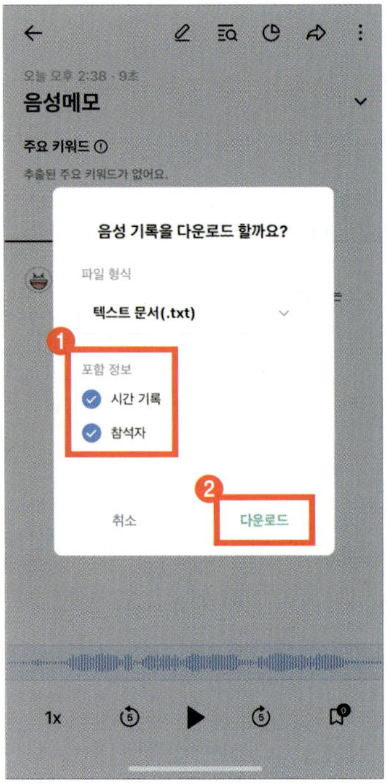

4 **포함 정보** 중 원하는 항목을 선택합니다. 시간 기록은 발화 지점의 시간대를 기록하고, 참석자는 음성에 따라 발화자를 구분하는 기능입니다. 선택을 완료한 후, **다운로드** 버튼을 클릭합니다.

5 **파일에 저장** 버튼을 눌러 스마트폰에 저장합니다.

02 PC

PC 사용법도 앱과 크게 다르지 않습니다. 앱보다 화면도 크고, 타이핑도 빨리 할 수 있는 만큼 더 편리하게 사용할 수 있습니다.

클로바노트 PC 버전
▶ https://clovanote.naver.com/

1 음성을 텍스트로 변환하기

1. 녹음 파일 변환하기

1 홈 화면 왼쪽 상단에 **새 노트 만들기** 버튼을 클릭합니다. 그다음 하단 중앙에 있는 **파일 첨부** 버튼을 누릅니다.

2 PC에 저장된 **음성 파일을 업로드**합니다.

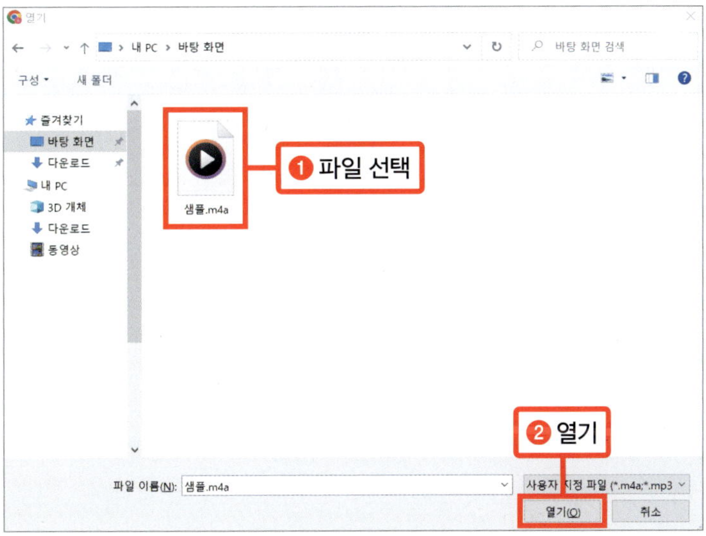

3 **음성 파일의 종류**를 선택합니다. 녹음 참여자 수, 목소리의 높낮이와 빠르기 등을 분석해 보다 정확한 텍스트 변환을 도와줍니다.

4 '변환 중'이라는 안내 문구가 뜬 후, 텍스트 변환이 완료됩니다. 화면 왼쪽에서는 음성을 텍스트로 변환한 **음성 기록**을 볼 수 있고, 오른쪽에서는 주요 키워드와 AI 요약이 담긴 **메모**를 볼 수 있습니다.

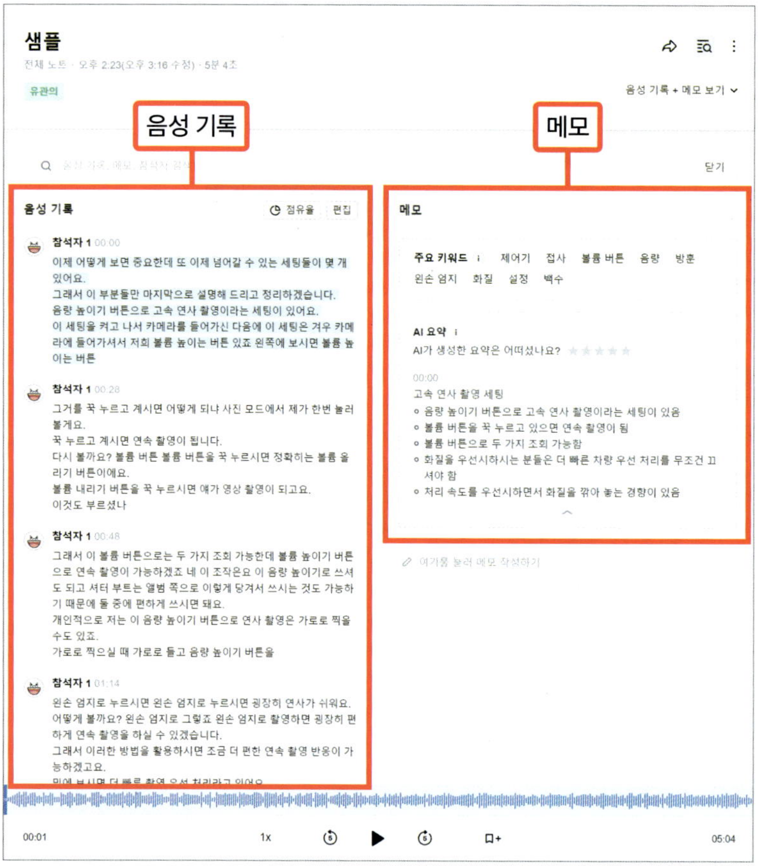

5 음성 기록창에서 각 문단을 클릭하면 해당 지점의 음성이 재생됩니다.

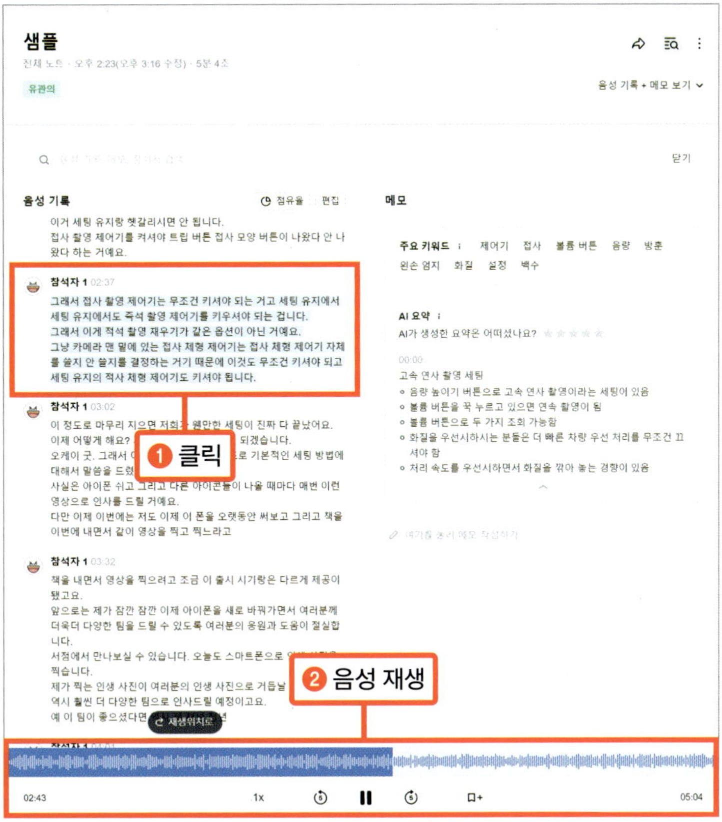

2. 텍스트 수정하기

1 음성 기록창 오른쪽 상단에 **편집** 버튼을 누릅니다.

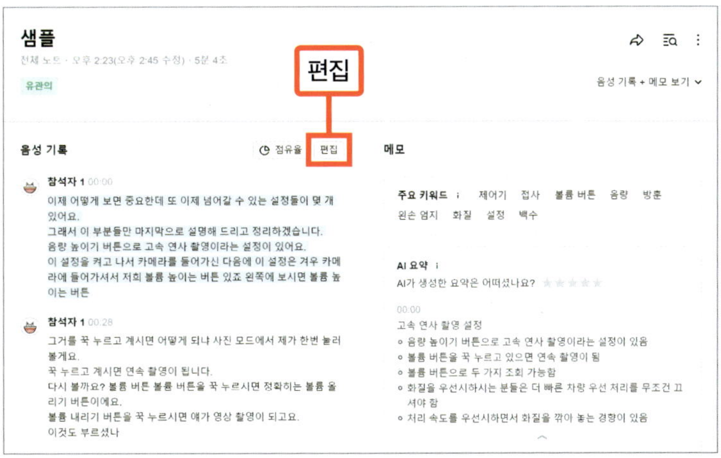

2 음성 기록 편집창이 열립니다. 전체 항목을 자유롭게 수정할 수 있습니다. 편집이 완료되면 **편집 완료** 버튼을 누릅니다.

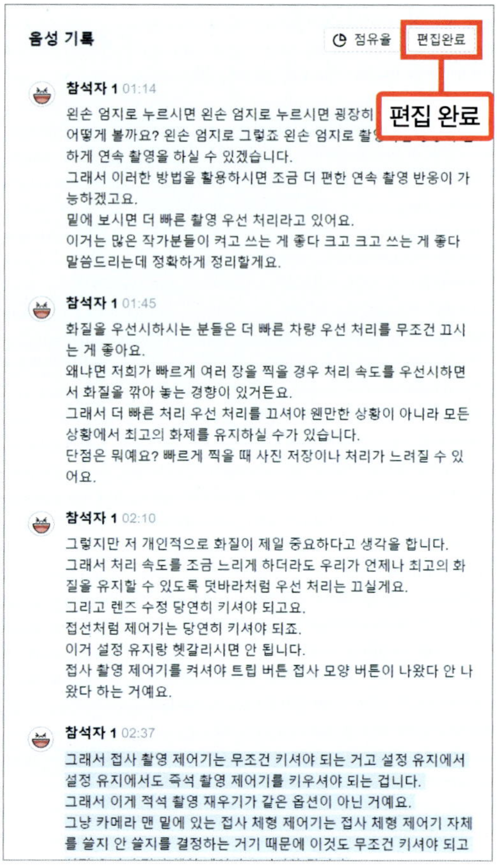

3. 텍스트 변환하기

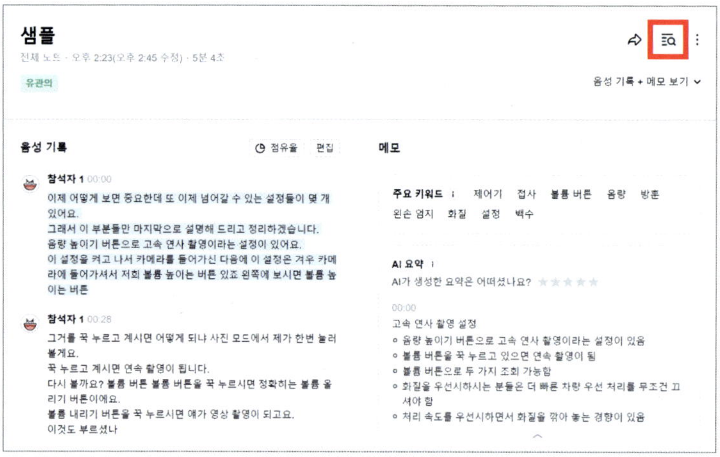

1 오타나 띄어쓰기, 고유명사 등을 한 번에 바꿀 수 있습니다. 상단에 ≡Q 버튼을 누릅니다.

2 아래와 같은 검색창이 뜨면 바꾸려는 단어를 입력합니다.

3 '설정'을 입력하고 엔터키를 누르자 대화 내 '설정'이 들어간 단어가 모두 노란색 형광펜으로 표시되었습니다. 상단에 **단어 바꾸기** 버튼을 클릭합니다.

4 바꿀 단어를 입력합니다. 현재 선택한 단어만 바꿀 경우에는 '바꾸기' 버튼을, 전체 스크립트에서 해당 단어를 전부 바꿀 경우에는 '전체 바꾸기' 버튼을 클릭합니다.

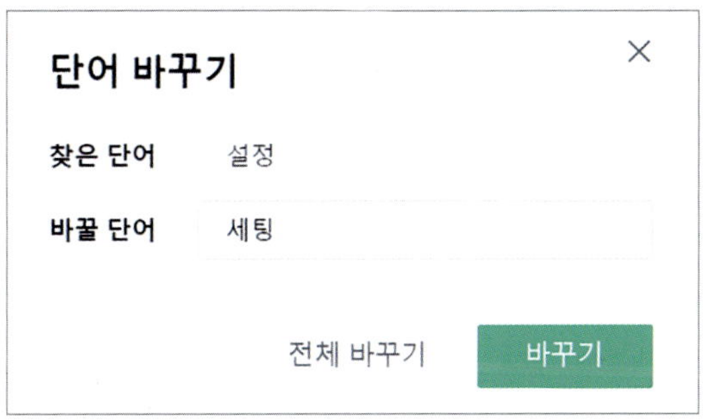

5 '설정'이 '세팅'으로 바뀌었습니다.

4. 하이라이트 표시하기

1 음성 기록 중, 원하는 구간을 드래그하면 오른쪽과 같은 검은색 창이 뜹니다. **하이라이트 추가** 버튼을 누릅니다.

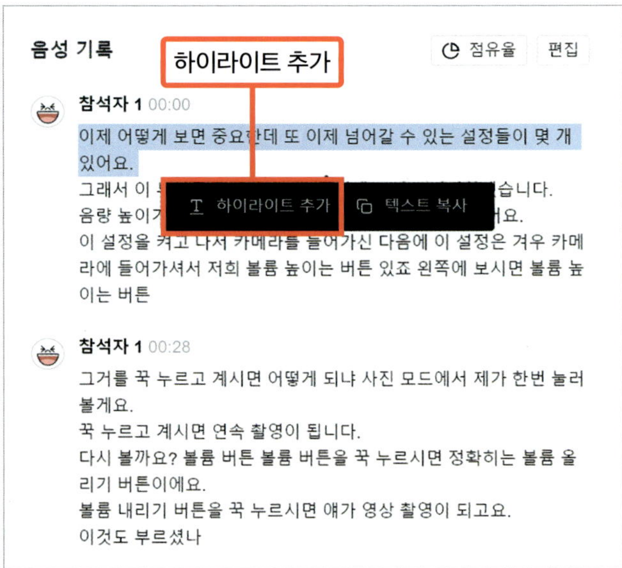

2 해당 문장에 노란색 형광펜으로 하이라이트가 표시되었습니다.

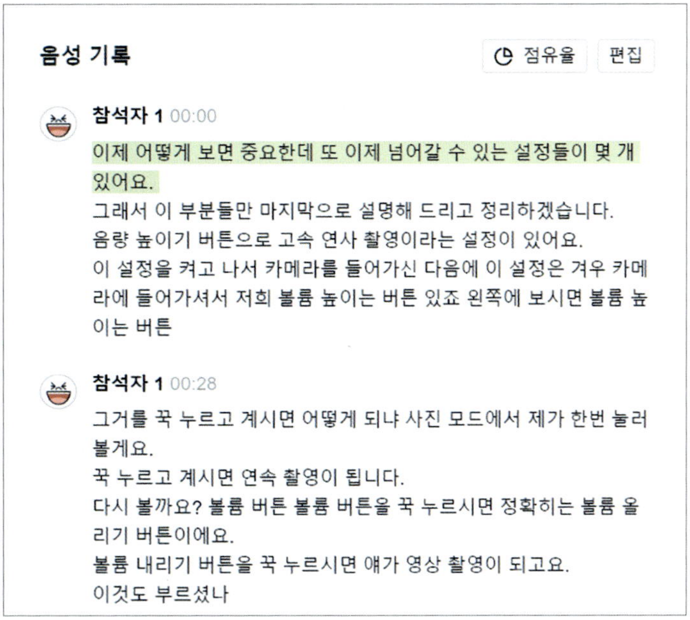

5. 참석자 변경하기

음성을 텍스트로 변환하면 파일에 등장하는 인물들의 이름이 '참석자1', '참석자2' 등으로 자동 표시되는데요. 참석자명을 변경하거나 추가할 수 있습니다.

1 음성 기록창 참석자명 위에 마우스 커서를 올리면 ✎ 아이콘이 뜹니다. 클릭해주세요.

2 참석자 변경창이 뜨면 **변경할 이름을 입력**합니다. **적용 구간**을 지정한 후, **변경** 버튼을 누릅니다.

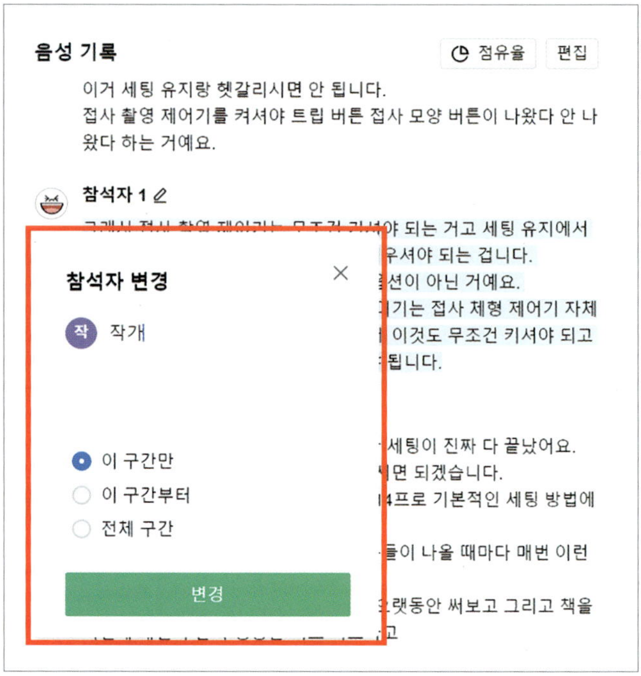

3 선택한 구간의 참석자명이 '참석자 1'에서 '작가'로 변경된 것을 확인할 수 있습니다.

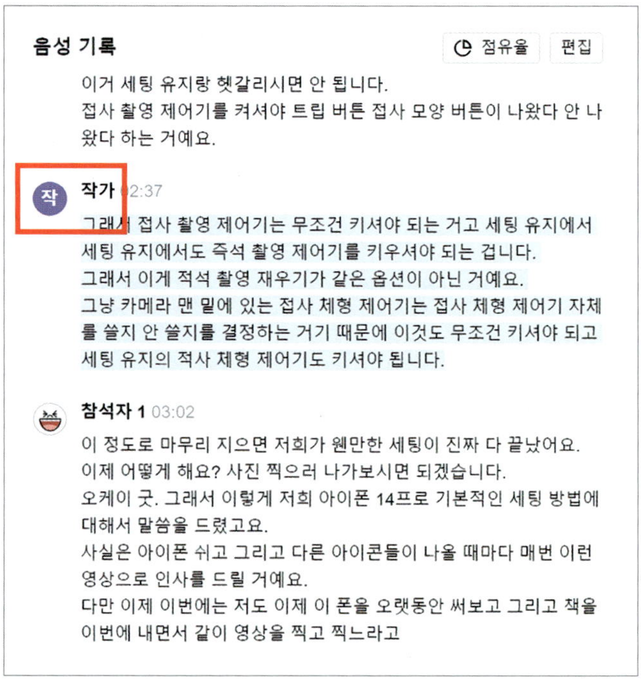

6. 북마크 추가하기

1 음성 파일을 재생한 상태에서 하단의 ⎕+ 버튼을 누릅니다.

2 하단의 초록색으로 북마크가 표시되었습니다. 참고로 북마크는 음성 구간당 한 개만 가능합니다.

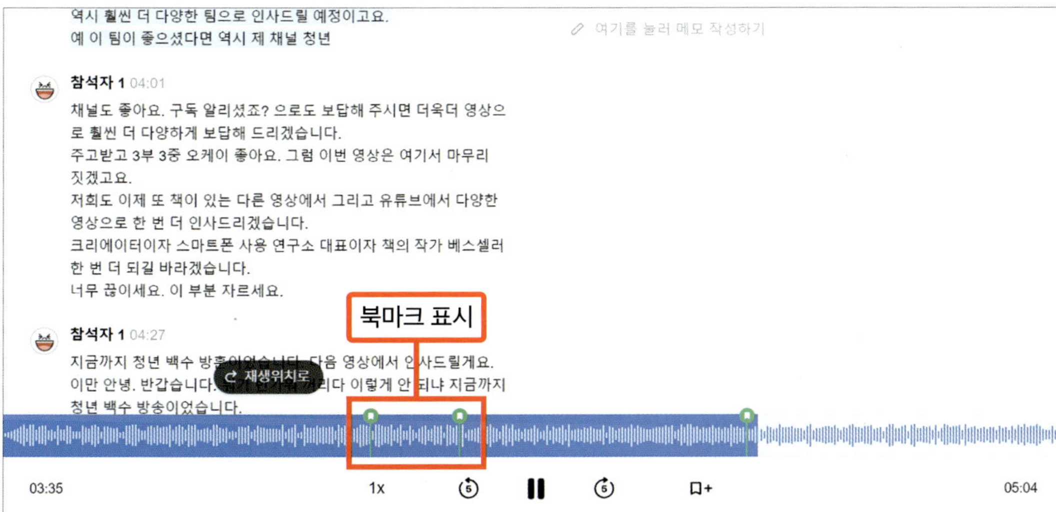

3 텍스트에 직접 북마크를 표시할 수도 있습니다. 먼저 북마크할 문장을 드래그합니다.

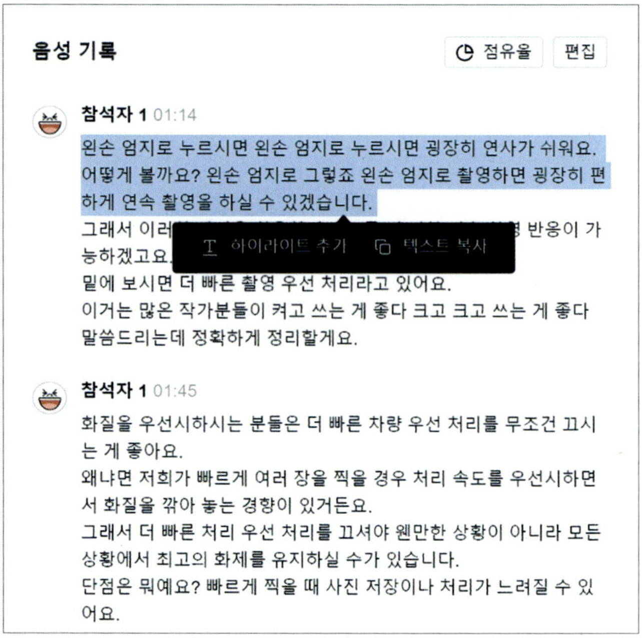

4 마우스 오른쪽 버튼을 클릭하면 오른쪽과 같은 메뉴창이 뜹니다. **북마크 추가** 버튼을 눌러주세요.

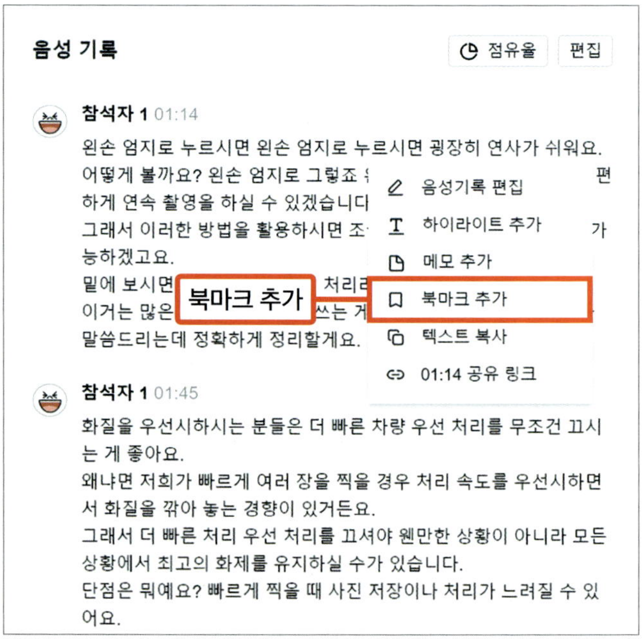

5 해당 문장이 북마크된 것을 확인할 수 있습니다.

7. 파일 다운로드하기

1 화면 오른쪽 상단에 ⋮ 버튼을 클릭합니다.

2 아래와 같은 메뉴창이 뜨면 **음성 기록 다운로드** 버튼을 클릭합니다.

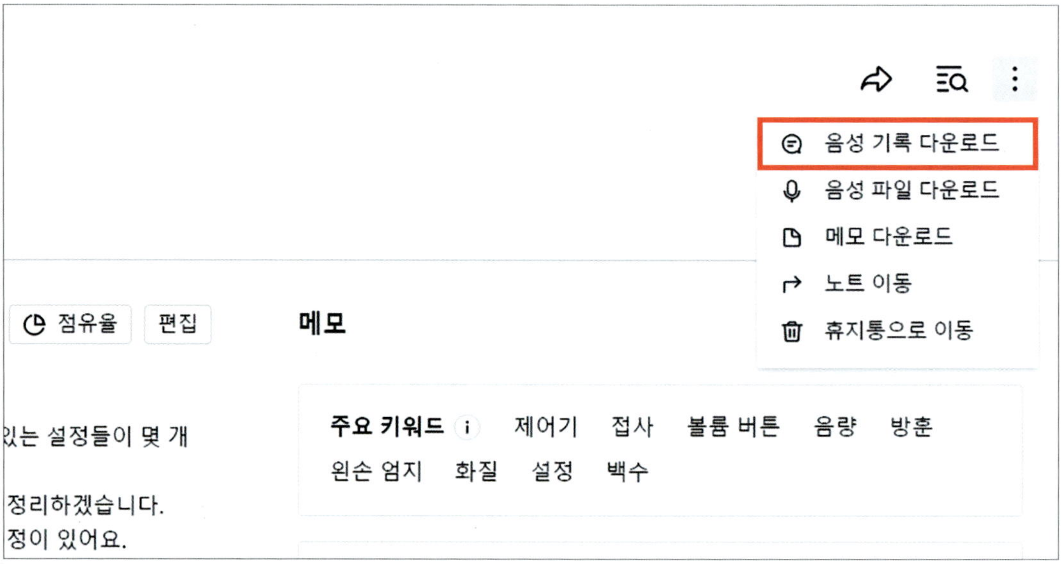

3 **파일 형식**을 고르고, **포함 정보** 중 원하는 항목을 선택합니다. **다운로드** 버튼을 클릭합니다.

4 다운로드한 문서를 열어주세요. 포함 정보에서 선택한 항목들이 모두 반영된 것을 확인할 수 있습니다.

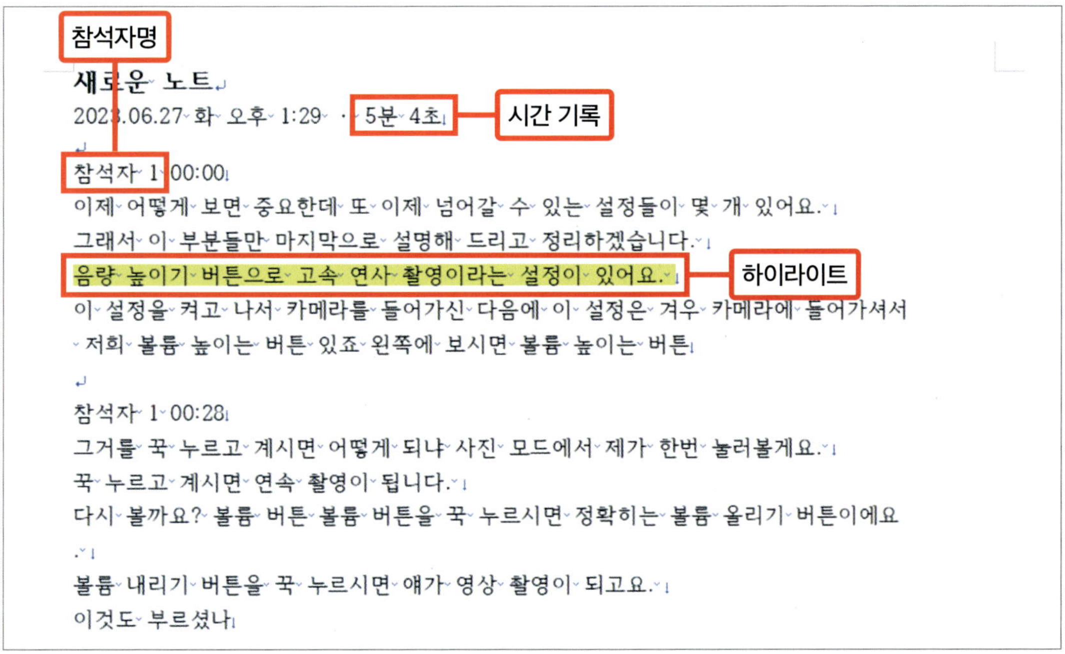

01 책에서 배운 AI 플랫폼을 활용해 아래 결과물을 직접 만들어보세요

1. 뮤직비디오

❶ 음악 - 사운드로

❷ 애니메이션(장면) - 미드저니

❸ 영상 편집 - 브루

2. 웹툰

❶ 줄거리 - 챗GPT

❷ 그림 - 미드저니

3. 영어로 운영하는 블로그(영어권 국가 대상)

❶ 글과 번역 - 챗GPT, 빙 챗

❷ 교정 및 교열 - 그래머리

4. 상세 페이지

❶ **초안 및 본문 쓰기 - 챗GPT, 빙 챗, 뤼튼**

❷ **카피 라이팅 - 뤼튼, 챗GPT**

❸ **이미지 삽입 - 미드저니**

❹ **영상 삽입 - 브루**

02 책에서 다루지 않은 AI 플랫폼도 학습해보세요

1. 대화형 챗봇

❶ **구글 바드(Bard)(출시 예정)** : 구글이 만든 대화형 챗봇으로 챗GPT처럼 사용자의 질문이나 요청에 텍스트 형식으로 답변합니다. 구글 검색을 통해 더 포괄적이고 최신 정보를 제공합니다.

❷ **네이버 하이퍼클로바X(2023년 8월 말 출시 예정)** : 네이버가 만든 초거대 AI 플랫폼입니다. 50년 치 뉴스와 9년 치 블로그 데이터를 학습한 만큼(챗GPT 한국어 학습량의 6,500배), 한국어에 특화된 서비스가 될 것으로 예상됩니다.

2. 그림 및 디자인

❶ **달리(DALL-E)** : 텍스트로 이미지를 생성하는 AI 플랫폼입니다. 미드저니보다 사용법이 쉽습니다.

❷ **스테이블 디퓨전(Stable Diffusion)** : 미드저니, 달리와 같은 이미지 생성 AI 플랫폼입니다. 사용법은 다소 어렵지만 고퀄리티의 이미지를 만들 수 있습니다.

❸ **어도비 파이어플라이(Adobe Firefly)** : 어도비에서 만든 이미지 생성 AI 도구입니다. 이미지를 생성하고, 개체를 추가하고, 색상을 바꾸고, 이미지를 확장하는 등 다양한 기능을 수행합니다. 현재 포토샵과 일러스트레이터에 적용되어 있습니다.

❹ **웹툰 AI 페인터(WEBTOON AI PAINTER)** : 딥러닝 기술을 활용한 자동 채색 스마트 툴입니다. 색을 선택한 후, 원하는 곳을 터치하면 AI가 필요한 영역을 구분하고, 스케치 맥락에 맞게 색을 입혀줍니다.

❺ **세그먼트 애니띵(Segment Anything)** : 메타 AI에서 개발한 배경 제거 플랫폼으로 손쉽게 배경을 제거할 수 있습니다.

3. 동영상

❶ **Gen 2** : AI 영상 생성 플랫폼입니다. 미드저니가 텍스트를 입력해 이미지를 만든다면, Gen 2는 텍스트를 입력해 영상을 만듭니다. 예를 들어, '바다 위를 날아다니는 고래'라고 입력하면 해당 내용에 맞는 영상을 만들어줍니다.

❷ **Studio DID** : 말하는 AI 아바타 생성 프로그램입니다. 캐릭터 이미지를 업

로드하고, 텍스트를 입력하면 음성과 함께 텍스트에 맞춰 입모양이 움직이는 대화형 AI 아바타가 생성됩니다.

❸ **Pictory ai** : AI 영상 제작 프로그램입니다. 대본 또는 뉴스 기사 URL을 붙여 넣으면 AI가 이미지와 동영상, 자막, 오디오 등을 넣어 해당 내용에 맞는 영상을 만듭니다.

4. 음성 더빙/내레이션

❶ **클로바더빙** : 텍스트를 음성으로 변환하는 플랫폼입니다. 텍스트를 입력하면 AI 성우 목소리로 오디오가 생성됩니다. 네이버가 만든 만큼 한국어 음성을 매우 자연스럽게 구현합니다. 한국어 외에도 영어, 일본어, 중국어(간체), 대만어, 스페인어를 지원합니다.

❷ **일레븐랩스** : 클로바더빙과 마찬가지로 텍스트를 음성으로 변환하는 플랫폼입니다. 원래의 화자 목소리를 유지하면서 다른 언어로 텍스트를 읽는 음성 복제 기능도 제공합니다.

5. 업무

❶ **마이크로소프트 365 코파일럿(출시 예정)** : 마이크로소프트가 만든 생산성 향상 AI 도구로 오피스 365 제품에 적용되어 있습니다. 코파일럿은 부조종사란 뜻을 가지고 있는데요, 대화형으로 업무 지시를 하면 코파일럿이 작업을 도와줍니다. 즉, 사용자는 코파일럿을 활용해 함수를 몰라도 엑셀

을 잘 쓸 수 있고, 디자인을 몰라도 PPT를 멋지게 만들 수 있습니다. 본격 출시가 되면 업무 환경에 많은 변화가 있을 것으로 예상됩니다.

❷ **노션 AI :** 협업 툴 노션 안에 탑재된 글쓰기 도우미입니다. 특정 키워드를 입력하면 AI가 다양한 아이디어를 제시하고 주제를 입력하면 글의 초안 작성부터 이어 쓰기 기능까지 제공합니다. 보고서부터 보도자료, 블로그, 시, 에세이 등 다양한 장르의 글쓰기에 활용할 수 있습니다.

❸ **재스퍼 AI :** 소셜 미디어 게시물, 제품 광고 문구, 웹사이트 카피 등 마케팅·비즈니스 콘텐츠에 최적화된 텍스트 생성 AI입니다. 구글이나 페이스북 광고에 노출 빈도를 높이는 문구를 작성해주는 것으로 유명합니다. 모든 템플릿에서 문법 체크, 표절 여부 등을 확인할 수 있고, 최근에는 텍스트를 그림으로 바꾸는 '재스퍼 아트'도 선보였습니다. 단, 월 49달러(약 6만 1천원)를 내야 쓸 수 있는 유료 서비스입니다.

03 AI 플랫폼은 앞으로도 계속 등장하겠죠?

책이 출간된 후에 새로 나오는 플랫폼들은 왼쪽 QR 코드에서 확인할 수 있습니다.

04 책의 내용이 안 맞아요!

플랫폼의 업데이트 속도가 매우 빠릅니다. 실습을 하다 보면, 보고 있는 화면과 책의 내용이 일치하지 않을 수 있습니다. 실습을 하는 데 지장이 생길 정도의 큰 변화는 왼쪽 QR 코드에서 확인할 수 있으니, 참고해주세요.

05 AI 관련 영상 강의를 제공합니다

〈기자 김연지〉 유튜브 채널에서 AI 활용과 관련한 다양한 영상을 볼 수 있습니다.

1. [기자 김연지] 채널 바로가기

2. AI 활용 영상만 모아보기

06 새로운 기회, 떠먹여드립니다

코로나19가 터졌을 때, 화상 미팅 프로그램 줌(ZOOM)의 기능을 재빨리 익힌 사람들이 있습니다. 이후 이들은 온라인 화상 미팅 전문가로 활동하며 기업 강의와 교육, 출판(전자책) 등을 통해 많은 돈을 벌어들였죠.
새로운 AI 플랫폼이 등장할 때, 해당 플랫폼을 빠르게 마스터하세요. 그럼, 여러분도 전문가로 활동할 수 있습니다. 문제는 새로운 플랫폼이 너무 많다는 것이죠. 수많은 플랫폼 중 어떤 것을 골라야 할까요? 그 기준은 다음과 같습니다.

1. 오랫동안 살아남을 플랫폼

스타트업에서 만든 플랫폼은 금방 사라지기 쉽습니다. 어렵게 기능을 익혔는데 플랫폼이 사라지면 의미가 없겠죠? 따라서 가급적 IT 대기업이 만든 플랫폼을 선택하는 것이 좋습니다.

2. 업무에 도움을 주는 플랫폼

챗GPT나 마이크로소프트 365 코파일럿 등을 잘 다루면 업무에 큰 도움을 받을 수 있습니다. 업무에 도움이 된다는 건, 곧 기업 강의 수요가 있다는 의미기도 합니다. 우리가 생각하는 것보다 기업 강의 시장이 큽니다. 단가 역시 높고요. 기업 강의까지 염두에 두고 있다면, 업무 생산성을 향상시키는 플랫폼을 선택하세요.

3. 난이도가 살짝 있지만, 탁월한 결과물이 나오는 플랫폼

이미지 생성 플랫폼 달리의 유료 강의는 없지만, 미드저니나 스테이블 디퓨전의 유료 강의는 많습니다. 왜 그럴까요? 사용이 너무 쉬운 플랫폼, 결과물의 퀄리티가 중간 정도인 플랫폼은 인터넷만 봐도 충분하기에 굳이 돈을 주고 배우려는 수요가 적습니다. 반면 독학으로 익히기에는 다소 어렵지만, 뛰어난 결과물이 나오는 플랫폼은 교육 수요가 많죠. 이런 점을 고려해 플랫폼을 고르면 실패 확률을 줄일 수 있습니다.

제가 알려드린 (1)~(3)번 기준을 잘 적용해 AI 시대에 새로운 기회를 잡아보세요.

에필로그

책을 쓰면서 저 역시 많은 것을 배웠습니다. 제가 알게 된 지식과 경험이 여러분께 온전히 전달되었기를 바랍니다. 그리고 책이 나오기까지 많은 분들의 도움이 있었습니다. 지면을 빌려 고마운 마음을 전합니다.

먼저, 책을 읽어주신 독자 여러분과 유튜브 채널 [기자 김연지] 구독자분께 진심 어린 감사 인사를 드립니다. 또, 쏟아지는 AI 파도 속에서 책 출간의 기회를 건네 준 티더블유아이지 출판사에도 감사 인사를 드립니다.

가족들의 지지가 없었다면 이 책은 세상에 나오지 못했을 것입니다. 엄마가 책을 쓰니 자신도 책을 쓰겠다는 딸, 엄마 대신 지루할 틈 없이 누나를 애착하는 아들, 항상 고맙고 사랑해! 그리고 엄마보다 더 엄마 같은 근남매의 아빠이자 든든한 남편에게도 깊은 감사와 사랑을 전합니다.

이 책이 AI 공부의 끝이 아닌 시작이 되었으면 좋겠습니다.

2023년 여름
김연지 드림

진짜 하루만에 끝내는

AI 활용

초판 1쇄 발행 2023년 9월 26일

지은이 김연지
펴낸곳 티더블유아이지(주)
펴낸이 자몽

기획총괄 신슬아
편집 자몽, 유관의
디자인 윤지은
마케팅 자몽

출판등록 제 300-2016-34호
주소 서울특별시 종로구 새문안로3길 36, 1139호 (내수동, 용비어천가)
이메일 twigbackme@gmail.com

ISBN 979-11-91590-22-7 (13000)